Henry Cloud, John Townsend

Die Ausredenfalle

W0236842

Henry Cloud, John Townsend

Die
Ausredenfalle

SCM Hänssler

SCM

Stiftung Christliche Medien

Bestell-Nr. 394.806
ISBN 978-3-7751-4806-1

Originally published in English under the title: It's not my fault
It's not my fault © 2007 by Henry Cloud & John Townsend
Published in Nashville, Tennessee, by Thomas Nelson. Thomas Nelson
is a trademark of Thomas Nelson, Inc.
All Rights Reserved. This Licensed Work published under license.

© Copyright der deutschen Ausgabe 2008 by Hänssler Verlag
im SCM-Verlag GmbH & Co. KG · 71088 Holzgerlingen
Internet: www.haenssler-verlag.de
E-Mail: info@haenssler.de
Übersetzung: Janet Reinhardt
Umschlaggestaltung und Titelbild: Sebastian Reichardt
Satz: typoscript GmbH, Kirchentellinsfurt
Druck und Bindung: CPI – Ebner & Spiegel, Ulm
Printed in Germany

Dieses Buch ist all denen gewidmet, die mit der Schuldzuweisung anderer umgehen und mit ihrer eigenen fertig werden wollen. Mögen Sie für Ihre Schwierigkeiten Lösungen finden und Ihre Träume erreichen.

Gott segne Sie!

Inhalt

Danksagungen

Die Autoren möchten den folgenden Personen Dank sagen, die geholfen haben, dieses Buch zu verwirklichen:

Sealy Yates und Jeana Ledbetter, unseren Buchagenten: Wie immer habt ihr uns während des gesamten Prozesses weit über eure Pflicht hinaus beraten und richtungsweisend beeinflusst. Danke für euer Engagement, dieses Buch zu publizieren.

Byron Williamson und Joey Paul: Euch beiden Dank für die Idee und den Willen, sie umzusetzen. Byron: Deine Vision und Kreativität halfen dabei, das ursprüngliche Konzept voranzutreiben und zu formen. Joey: Deine Fürsorge und Kompetenz haben den Prozess für uns auf dem richtigen Weg gehalten.

Rob Birkhead: Danke für dein großes künstlerisches Talent, das eine wunderbare grafische Darstellung der Ideen ermöglichte.

Tom Williams, Anita Palmer und Jennifer Day: Euer Achten auf Bedeutung und Klarheit hat die Lesbarkeit des Buchs enorm verbessert.

Den Mitarbeitern von Cloud-Townsend Resources: Maureen Price, Steffanie Brooks, Jodi Coker, Kevin Doherty, Belinda Falk, Erin Kershaw, Debra Nili, Kris Patton, Patti Schenkel, Edrey Torres und Melanie Whittaker: Wir schätzen euren Eifer, eure Werte und euren Humor.

John möchte gern den folgenden Personen seinen Dank aussprechen:

Meiner Chefassistentin Janet Williams: Deine Gewissenhaftigkeit und Fürsorge haben mir meine Arbeit möglich gemacht.

Meiner Frau Barbi und unseren Söhnen Ricky und Benny: Noch einmal Danke dafür, dass ihr solch eine großartige, liebevolle und wachsende Familie seid.

Einleitung

Jemand hat einmal gesagt, dass es auf der Welt zwei verschiedene Typen von Menschen gibt: Diejenigen, die bekommen, was sie wollen, und diejenigen, die nicht bekommen, was sie wollen. Gewinner und Verlierer. Die, die haben, und die, die nicht haben. Und das Traurige daran ist, dass manche Leute das Gefühl haben, sie stecken in der falschen Gruppe fest und sind auf ewig dazu bestimmt, nie vom Leben zu bekommen, was sie sich wünschen.

Die Wirklichkeit ist jedoch nicht so schwarz-weiß. Obwohl es manche offensichtlichen Gewinner oder Verlierer gibt, sehen wir eher, dass die meisten Menschen einige Bereiche in ihrem Leben haben, wo sie alles im Griff haben, und andere Bereiche, wo sie nicht weiterkommen. Da Sie dies lesen, ist es eher zweifelhaft, dass alles in Ihrem Leben schiefgeht. Es *ist* aber wahrscheinlich, dass es doch einen Bereich gibt, in dem Sie es nicht ganz geschafft haben, die Kluft zwischen dem, was Sie sich wünschen, und den Ergebnissen, die Sie tatsächlich erzielen, zu schließen. Wenn das der Fall ist, dann ist dieses Buch richtig für Sie.

Wenn es auch nicht ganz wahr ist, dass sich Menschen in zwei Typen unterteilen lassen, die sich als nur Gewinner und nur Verlierer bezeichnen lassen, können sie doch auf eine andere Art aufgeteilt werden. Und welcher dieser Typen Sie sind *wird den absoluten Ausschlag geben, ob Sie mehr von dem finden, was Sie sich im Leben wünschen, oder nicht.* Welche beiden Typen sind das?

Diejenigen, die die Verantwortung für ihr Leben übernehmen, und diejenigen, die es nicht tun.

Das ist das Thema dieses Buches. Wir können aufgrund von Forschung und Erfahrung mit größter Zuversicht Folgendes behaupten: Die Informationen und Leitlinien, die wir Ihnen in diesem Buch geben, haben nicht nur die Kraft, die Bereiche, in denen Sie festgefahren sind und sich bewegen wollen, zu verändern. Sondern Sie können sogar scheinbar hoffnungslose Situationen aufbrechen. Das ist nicht nur Theorie. Seitdem es Aufzeichnungen über Menschen gibt, deren Leben verändert wurde, hat sich dieser »Keine Ausreden«-Plan immer wieder als wirksam erwiesen.

Gewinner in einer Kultur der Schuldzuweisung

Wir leben in einer Kultur der Schuldzuweisung. Menschen geben eher jedem und allem die Schuld für ihre eigene Misere, als dass sie die Verantwortung übernehmen, sie für sich zu akzeptieren und es besser zu machen. Die Zuweisung von Schuld ist in unseren Gerichten, gesetzgebenden Gremien und Schulen institutionalisiert worden. Unsere Einstellung, unser medizinisches Denken und sogar unser moralisches und geistliches Leben sind davon gänzlich durchdrungen. Und das Ergebnis? Mehr Menschen mit mehr Elend, aber immer mit etwas und jemandem, dem sie dafür die Schuld geben können.

Während die Zuweisung von Schuld einen Teil der Sorge, der Schuld, der Angst oder des Gefühls der Verantwortung leichter erträglich machen kann, *tut sie nichts dafür, um das Problem zu lösen.* Solange wir denken oder fühlen oder handeln, als ob wir nichts tun könnten in der Sache, mit der wir uns herumschlagen, bleiben wir festgefahren.

Sie kennen wahrscheinlich selbst Menschen, die immer eine Ausrede parat haben, die niemals zu dem stehen, was sie tun könnten, um ihre Situation zu verbessern. Wenn Sie einen solchen Menschen kennen, dann sind Sie auch vertraut mit der Frustration, die entsteht, wenn man jemandem helfen möchte, der keine Verantwortung übernehmen will. In unserer Eigenschaft als Psychologen haben wir das schon tausend Mal erlebt. Oft können wir innerhalb der ersten fünf Minuten eines Gesprächs feststellen, dass es ein langer harter Kampf sein wird, dieser Person mit ihren Problemen zu helfen. Nicht weil das entsprechende Problem unlösbar oder der Zustand unheilbar wäre, sondern weil der wichtigste, zur Überwindung nötigste Faktor fehlt: die Fähigkeit, die Verantwortung für sein eigenes Leben zu übernehmen.

Hat jemand allerdings diese eine Voraussetzung – die Fähigkeit, Verantwortung zu übernehmen –, haben wir mehr als nur eine vage

Hoffnung auf eine Besserung. *Wir wissen, dass es mit dieser Person besser werden wird.* Es ist eine fast absolute Gewissheit.

Und das glauben wir ebenso von Ihnen. Wenn Sie willens sind, in dem Bereich Ihres Lebens, in dem Sie scheinbar festgefahren sind, das zu tun, was alle Gewinner dieser Welt tun, dann kann Ihre Zukunft anders aussehen. Die Verantwortung in dieser Weise zu übernehmen, impliziert nicht, dass die Situation, in der Sie sich befinden, Ihre *Schuld* ist oder dass Sie sie verursacht haben. Es heißt nur, dass Sie, da Sie sich darin befinden, willens sind, sie mit offenen Armen zu akzeptieren und die Verantwortung dafür übernehmen, sie zu verbessern.

Wir verstehen, dass es manchmal mehr braucht als nur den guten Willen dazu. Es gibt willige, verantwortliche Menschen, die manchmal weiterhin festgefahren bleiben. Aber in solchen Fällen sind die fehlenden Zutaten meistens die Informationen, die Beratung und die Hilfsmittel, die notwendig sind, um eine Änderung herbeizuführen. Und wir werden Ihnen helfen, indem wir genau diese Dinge bereitstellen. Wir schließen uns Ihrer Bereitschaft an, für Ihr eigenes Leben Verantwortung zu übernehmen, auch wenn Sie Ihr Problem oder Ihre Situation nicht verursacht haben. Und wir werden Sie anleiten, die Schritte zu tun, die Sie dorthin bringen können, wo Sie sein wollen. Manchmal ist es nur nötig zu wissen, was die nächsten Schritte sind, um es guten, verantwortlichen Menschen möglich zu machen, ihr Leben selbst in die Hand zu nehmen.

Zum Beispiel kann jemand eine Beziehung mit einer Person haben, die wirklich »ein Problem« ist. Es ist *tatsächlich* die Schuld des anderen. Aber auch im Umgang mit einer problematischen Person werden Sie etwas lernen: dass Sie, wenn Sie nur wissen, welche verantwortlichen Schritte Sie von sich aus unternehmen können, eine Beziehung und manchmal sogar die Person verändern können. Oder wenn Sie wissen, welche verantwortlichen Schritte bei Depression oder Angstzuständen nötig sind, wo die Symptome manchmal durch Traumata oder schlechte Behandlung durch andere verursacht wurden, können Sie eine Situation verändern, die Sie nicht verursacht haben.

Das fehlende Stück finden

Ob es sich um eine Krankheit handelt wie eine Depression, Angstzustände oder eine Sucht; ein Beziehungsproblem, wie Ehe oder Partnerschaft, oder eine Karriere, die nicht vorangeht: Wenn Sie willens sind, die Verantwortung für das zu übernehmen, was Sie tun *können,* und Ihren Fokus davon abwenden, was Sie *nicht* kontrollieren können, können Sie die Situation verbessern oder das Problem lösen. Gott hat Sie so geschaffen, dass Sie das tun können, und er wird Sie befähigen es umzusetzen.

Also, wir laden beide Arten von Menschen, die dieses Buch lesen, dazu ein, weiterzulesen: diejenigen, die noch nicht die Verantwortung für ihr Leben übernommen haben, und diejenigen, die bereit sind es zu tun, aber nicht wissen, was sie in einer bestimmten Situation unternehmen sollen. Entdecken Sie, dass Verantwortung kein negatives Wort ist, sondern das Eine, was Ihnen bei Ihrem Streben nach der Verwirklichung Ihrer Träume und Wünsche gefehlt hat.

Dr. Henry Cloud
Dr. John Townsend

Kapitel 1
Sie können über Ihr
eigenes Leben bestimmen

Ausreden verändern nichts, aber alle fühlen sich wohler dabei.

Mason Cooley

»Wo sollte man die Grenze ziehen zwischen der eigenen Verantwortung eines Menschen, für sich selbst zu sorgen, und der Verantwortung der Gesellschaft, dafür zu sorgen, dass andere ihn schützen?«

Worauf nehmen diese Worte wohl Bezug? Welches Übel lauert wohl dort draußen, das die Gesellschaft unter Kontrolle bringen sollte, damit Sie und ich sicher sind?

Ein Atomkrieg? Ganz Ihrer Meinung. Eine Gesellschaft sollte die Verantwortung dafür übernehmen, uns alle von einer nuklearen Katastrophe zu bewahren. Wie steht es mit Serienmördern? Noch ein guter Punkt. Unsere Polizei verwendet viel Zeit und Ressourcen darauf, die Verantwortung dafür zu übernehmen, dass Sie vor den Hannibal Lecters dieser Welt sicher sind. Was ist mit einer Epidemie, der Vogelgrippe, einer Seuche durch Kolibakterien oder einer anderen tödlichen Krankheit? Wieder korrekt. Die Gesundheitsbehörde schützt Sie.

Auf welche dieser tödlichen Gefahren nimmt das Zitat am Anfang des Kapitels Bezug, wenn es die Frage stellt, wann die Gesellschaft einschreiten sollte, um Ihr Wohlergehen sicherzustellen?

Die Antwort ist: auf *keine*. Raten Sie mal, welche Gefahr dieses Zitat hervorgebracht hat. Ich gebe Ihnen einen Hinweis. Das Zitat stammt aus einem Urteil eines Bundesrichters der USA. Immer noch nicht erraten?

Der Bösewicht, der so gefährlich ist, dass man zum Schutz vor ihm möglicherweise die komplette Macht unserer gesamten Gesellschaft einsetzen muss, ist –

ein Hamburger von McDonald's.

Überlegen Sie nur. Ein Richter am Bundesgerichtshof der USA war nötig, um die Antwort auf diese Frage herauszufinden. Warum? Weil zwei Mädchen übergewichtig waren und behaupteten, McDonald's sei verantwortlich für ihre Essgewohnheiten. Der Anwalt der Anklage argumentierte, dass das Essen bei McDonald's »körperlich oder seelisch süchtig macht«. So gesehen, hatten die armen Mädchen überhaupt keine Chance. McDonald's streckte die Arme nach ihnen aus, packte sie, zog sie hinein und zwang sie zu essen.

Aber der gesunde Menschenverstand und – wie wir behaupten werden – die Schöpfungsordnung setzten sich durch. In seinem Urteil legte der Richter dar: »Falls Verbraucher um die potenziellen Gesundheitsrisiken des Essens bei McDonald's wissen (oder vernünftigerweise wissen müssten), dann können sie nicht McDonald's dafür die Schuld geben, wenn sie trotzdem die Entscheidung treffen, ihren Appetit mit überdimensionierten Portionen dort zu stillen.«[1]

Danke, Herr Richter, dass Sie wieder etwas Vernunft ins Spiel gebracht haben. Trotzdem wirft diese Angelegenheit eine größere Frage auf: Wie ist es dazu gekommen, dass überhaupt jemand auf die Idee kommt, eine Restaurantkette wegen des persönlichen Problems mit dem Übergewicht zu verklagen? Lag es an den freizügigen Sechzigerjahren, die persönliche Verantwortung in unserer Gesellschaft abgeschafft haben? War es der Humanismus, der behauptete, die Menschheit sei grundsätzlich gut und es liege an unserem Umfeld, dass wir Fehler machen? War es die antiautoritäre Erziehung, die eine ganze Generation gelehrt hat zu denken, sie sei für nichts verantwortlich – nichts, was an Schlimmem passiert, ist jemals meine Schuld? Waren es die Psychologen, die behaupteten, dass die Bestrafung eines Kindes dessen Selbstbewusstsein schädigen könnte? Oder waren es die vielen Hamburger, die wir gegessen haben, die uns so denken lassen?

So sehr wir gern darüber reden, wie weit die Gesellschaft vom Weg abgekommen ist (und da ist schon was Wahres dran), ist das

Abwälzen von Schuld auf andere kein neues Problem des 21. Jahrhunderts. Obwohl es uns scheinbar gelungen ist, die Schuldzuweisung als kulturelle und rechtliche Kunstform zu perfektionieren, ist sie kein modernes Phänomen. Tatsächlich ist sie seit Anbeginn der Zeiten ein Teil der menschlichen Natur.

Als Gott Adam das Gegenstück zur Frage »Warum hast du den Hamburger gegessen?« stellte – in Adams Fall war es die verbotene Frucht –, beschuldigte Adam schnell seine Frau: »Die Frau‹, antwortete Adam, ›die du mir zur Seite gestellt hast, gab mir die Frucht. Und deshalb habe ich davon gegessen«« (1 Mose 3,12).

Als Gott Eva dazu befragte, wies sie die Verantwortung auf ähnliche Weise von sich. »Die Schlange verleitete mich dazu‹, antwortete sie. ›Deshalb aß ich von der Frucht«« (1 Mose 3,13).

Es fehlte eigentlich nur noch der Anwalt, und Adam hätte Gott, Eva und die Schlange verklagen können. Oder vielleicht hätten sie sich zusammentun und die erste Sammelklage einreichen können. Aber die Wahrheit ist, dass es ein fundamentales Problem in der menschlichen Natur gibt, wie Philosophen, Psychologen und Theologen schon seit Jahrhunderten bemerkt haben. Das Problem ist ganz einfach: *Wir übernehmen nicht die Verantwortung für unser eigenes Leben.*

Wir wälzen die Schuld und die Verantwortung auf andere ab. Das ist einfach ein Teil dessen, wie wir sind, und es ist vom ersten Tag an so gewesen. Wir haben es nicht von unserem Umfeld gelernt, obwohl unser Umfeld es steigern kann. Stattdessen bringen wir es selbst als Tendenz unserer Menschlichkeit mit in die Welt.

Wir haben natürlich *Gründe* dafür, weshalb wir nicht zu unserem eigenen Handeln und unserem Leben stehen. Adam und Eva taten es zum Teil nicht, weil sie sich schämten und fürchteten. Das sind auch für uns wichtige Gründe. Niemand behauptet, dass wir nicht mit gutem Grund anderen die Schuld zuschieben. Auch die Mädchen mit dem Prozess gegen McDonald's hatten Schwierigkeiten und bestimmende Faktoren, die es ihnen schwer machten, Selbstbeherrschung zu üben. Daran gibt es keinen Zweifel. Vielleicht schämten sie sich, fühlten sich machtlos oder fürchteten sich. Jemand, der denkt, er könne einem Menschen mit Übergewicht helfen, indem er einfach sagt: »Es ist deine Entscheidung. Hör auf zu essen!«, hatte entweder selbst nie Übergewicht oder hat nie viel mit übergewichtigen oder abhängigen Menschen gearbeitet. Äußere Faktoren beeinflussen unser Handeln. Selbst die Bibel bestätigt das.

Aber die Tatsache, dass es Gründe gibt, die uns zu bestimmten Verhaltensmustern treiben, und die Frage, ob wir dafür verantwortlich sind, was wir damit tun, sind zwei ganz verschiedene Dinge. Das Entscheidende ist dies: Egal aus welchem Grund jemand zu viel isst, ob es Stress, die McDonald's-Reklame, Langeweile, schlechte Bildung, eine schlimme Kindheit oder sonst etwas ist: Es bleibt immer noch die eine Wahrheit: *Wenn Sie zu viel essen, werden Sie zunehmen.* Das »Warum«, und mag es ein noch so guter Grund sein, wird das Problem nicht lösen. Das Gleiche passiert jeden Tag in unserem Leben. *Wenn es uns gelingt, jemand anderem die Schuld für unsere Probleme zuzuschieben, sind wir dennoch einer Lösung keinen Schritt näher.* Trotzdem tun wir es, um uns vorübergehend besser zu fühlen. Und wenn wir es tun, bestehen unsere Probleme immer noch.

Hätten diese Mädchen ihren Prozess gewonnen, wäre das das Schlimmste gewesen, was ihnen hätte passieren können. Denn es hätte die Überzeugung bestätigt, dass jemand anderes ihr Handeln kontrolliert. Dadurch wären sie der Lösung ihres Problems mit dem Übergewicht keinen Schritt näher gekommen.

Es hätte den Mädchen vielleicht geholfen, sich irgendwie besser zu fühlen, wenn ihnen eine große Schadensersatzsumme zugesprochen worden wäre, weil McDonald's sie dick gemacht hat. Sie hätten vielleicht vorübergehend ein paar schlechte Gefühle bezüglich ihres Übergewichts überwunden. Ich kenne sie nicht, also kann ich es nicht sagen. Aber eines kann ich sehr wohl sagen: Sie wären einem Normalgewicht keinen Schritt näher gewesen. Nicht ein Gramm. Nicht einen Bruchteil. Warum? Weil sie die Einzigen sind, die etwas wegen des wahren Problems unternehmen können. Sie sind die Einzigen, die sich weigern können, Hamburger zu essen. Sie sind die Einzigen, die darüber die Kontrolle haben. Und am Ende geht es nur um die Kontrolle. Wer hat sie letztlich? Wie wir sehen werden, ist das schließlich das Einzige, das wichtig ist.

Es geht nur um die Kontrolle

Ich kenne einen Mann, dessen Kindheit nicht die beste war. Seine Mutter benutzte ihn, um ihre eigenen Bedürfnisse zu befriedigen. Und sein Vater gab ihm nicht die wichtige Unterstützung, die er gebraucht hätte, um Selbstvertrauen zu entwickeln, um seine Träume zu verwirklichen. Er wurde um wichtige Dinge betrogen. Nun hat er eine Arbeitsstelle, die ihm nicht gefällt, und geht mit einer Frau aus, die ihn so ähnlich behandelt, wie seine Eltern es taten. Sie benutzt ihn und unterstützt ihn nicht.

Jedes Mal, wenn er über seinen verhassten Job oder seine schlechte Beziehung nachdenkt, reagiert er nach einem vertrauten Muster. Er regt sich auf und beschwert sich. Keines seiner Probleme ist seine eigene Schuld. Er beschwert sich darüber, dass er der Firma egal ist und dass sie ihre Angestellten nur ausnutzen. Und er beschwert sich darüber, dass seine Freundin nur an sich selbst denkt und dass sie immer ihren Willen kriegt. Als ich ihn fragte, ob er nicht eine neue Arbeitsstelle suchen wolle, antwortete er: Bei seiner Freundin sei momentan so viel los und er helfe ihr so viel, dass keine Zeit für die Arbeitssuche übrig bleibe. »Außerdem«, sagte er, »stellen sie in meinem Fachbereich gegenwärtig kaum Leute ein.«

»Wie wäre es mit einem anderen Bereich?«, fragte ich. »Was ist mit deinem Interesse an Computer-Technologie, von dem du mir erzählt hast?«

»Da würde ich noch eine Fortbildung machen müssen«, meinte er.

»Naja, und warum tust du das nicht?«, hakte ich nach.

»Du weißt doch, wie die Schulen sind mit Menschen, die schon im Beruf stehen. Sie nehmen nicht gerne Leute in die Erwachsenenbildung auf, die keine Erfahrung auf dem Gebiet haben. Die mit der Erfahrung kriegen auch die Studienplätze«, behauptete er.

Und so drehte sich die Unterhaltung in einer endlosen Spirale. Schließlich gab ich auf. *Armer Kerl*, dachte ich. *Er ist wie in einem Käfig eingesperrt.* Aber die Sache mit seinem Käfig ist die, dass er selber dazu die Schlüssel in der Hand hat, und doch weiß er es nicht. Er ist derjenige, der die Kontrolle über sein Leben hat, und dennoch hat er das Gefühl, dass alle anderen ihn kontrollieren. Er ist der

Einzige, der etwas wegen seines Problems unternehmen kann, und doch ist er derjenige, der behauptet, dass er nichts tun könne. Aus seiner Sicht sind seine Schwierigkeiten nicht seine Schuld. Wenn nur seine Freundin weniger hilfsbedürftig und fordernd wäre; oder wenn nur seine Firma sich mehr um ihn sorgen und ihn unterstützen würde; oder wenn nur die Fortbildungsinstitute verständnisvoller wären – nur dann könnte sich sein Leben jemals verändern. Es hängt immer an den anderen, die Dinge besser zu machen. Und da sie es nicht tun, wird nichts besser.

Wenn Sie ihn jetzt fragen würden, würde er das nie so direkt zugeben. Aber das ist es, was er eigentlich jeden Tag sagt und auslebt. Denn wenn seine Freundin, sein Arbeitgeber und das Fortbildungsinstitut die Ursachen dafür sind, das die Dinge für ihn nicht besser stehen, dann ist seine einzige Hoffnung auf Besserung, dass sie sich für ihn verändern. In seiner Vorstellung haben sie die ganze Macht und Kontrolle über sein Leben.

Die übergewichtigen Mädchen hatten die gleiche Einstellung. »Wenn ich wegen McDonald's so bin, dann ist meine einzige Hoffnung, dass McDonald's etwas tut, um mich zu verändern.« Wissen Sie was? Weder McDonald's noch die Freundin meines Bekannten, seine Firma oder die Fortbildungsinstitute überlegen sich gerade, wie sie das Leben dieser Menschen verändern können. Nur die betroffenen Menschen selbst können das tun.

Ich habe noch eine Bekannte mit einem ähnlichen Hintergrund. Sie bekommt sehr wenig Unterstützung, Ermutigung oder Hilfe von ihrer Familie. Sie haben sie in zweifacher Hinsicht verletzt: Zuerst durch die verschiedenen verletzenden Dinge, die sie ihr angetan haben. Und dann dadurch, dass sie ihr die guten Dinge, die sie brauchte, vorenthalten haben. Aber ihre Reaktion unterscheidet sich sehr von der des Freundes, den ich erwähnt habe.

Irgendwann in ihren Leben lernte sie, den Unterschied zu erkennen zwischen dem, was uns geschieht, und dem, was wir damit machen. Sie hat gelernt, dass nicht die schlimmen Dinge, die uns zustoßen, unser Schicksal bestimmen. Es geht darum, wie wir darauf reagieren. Sie hat gelernt, dass niemand dein Leben kontrollieren kann, wenn du es nicht zulässt. Mit anderen Worten: Sie »besitzt« ihr eigenes Leben, kein anderer. Und der Besitzer hat die Rechte daran.

Sie lernte: Wenn ihre Familie ihr nicht die Unterstützung und Bestätigung gab, die sie brauchte, stand es ihr frei, bei anderen Menschen danach zu suchen. Und das tat sie auch. Sie schloss sich einer geistlichen Gemeinschaft an, die sie liebte und unterstützte. Auf dieser Basis wuchs ihre emotionale Stärke. Obwohl ihre Eltern sie emotional sehr verletzten, lernte sie: Sie hatte die Freiheit, sich Hilfe zu suchen, um mit diesem Schmerz umzugehen, neue Muster in Beziehungen zu erlernen und gesund zu werden. Also ging sie eifrig zu einer längeren Therapie, schloss sich Selbsthilfegruppen an und überwand den großen Schmerz in ihrem Leben. Heute ist sie gesund.

Obwohl die Eltern dieser Frau ihre intellektuellen Interessen in keiner Weise, auch nicht finanziell, unterstützten, lernte sie, dass sie ihre eigenen Entscheidungen treffen und die Verantwortung für diese Interessen selbst übernehmen konnte. Also nahm sie Jobs an, bezahlte für die Ausbildung, machte schließlich ihren Universitätsabschluss und arbeitet jetzt in einem gut bezahlten Fachgebiet.

Diese Frau lernte auch, dass man sich, egal wie schmerzhaft und schädlich Beziehungen in der Kindheit sind, im Erwachsenenleben für Beziehungen entscheiden kann, die nicht schädlich oder schmerzlich sind. Sie traf die Wahl, einen guten, ehrlichen und verantwortungsvollen Mann zu heiraten.

Obwohl Gott diese Frau nicht sofort in dem Moment, in dem sie betete, von ihren Leiden erlöst hat, weder in ihrer Kindheit noch danach, lernte sie: Sie musste nicht resignierend glauben, dass er nicht da sei oder sich nicht um sie kümmerte, bloß weil die Heilung nicht sofort geschah. Stattdessen entschied sie sich, das zu glauben, was er über unser Leben in einer Welt aussagt, in der die Menschen Freiheit und Wahlmöglichkeiten haben und in der sie manchmal diese Freiheit nutzen, um uns zu verletzen. Sie verstand, dass er daran nicht schuld ist. Als Resultat erhielt sie sich einen Glauben, der ihr viele Erlebnisse seines Eingreifens, seiner Heilung und Erlösung schenkte. Sie wurde nicht bitter gegenüber Gott oder gab ihren Glauben auf, wie die Israeliten es bei ihren Schwierigkeiten in der Wüste taten. Stattdessen wurde sie eine von denen, die ihm *durch* die Wüste hindurch in das Verheißene Land folgten.

Und diese Frau lernte, dass man, obwohl die eigenen Eltern einem vielleicht nicht das geben, was man im Leben braucht, dieses

Muster nicht fortsetzen und an die nächste Generation weitergeben muss. Das ist für meine Begriffe ihre größte Leistung. Sie war stattdessen ihren Kindern eine wunderbare Mutter und sie wuchsen zu gesunden, verantwortlichen Menschen heran.

Ihr Leben gehörte nicht ihren Umständen, ihren Eltern, ihrem Mangel an Mitteln oder ihrem Mangel an Möglichkeiten. Ihr Leben gehörte ihr. Es war ein Geschenk Gottes. Und sie wollte nicht zulassen, dass das, was ihr passiert war, den Rest ihres Lebens bestimmen sollte. Bloß weil die Behandlung, die ihr widerfuhr, die Schuld von anderen war, was sie ja auch war, hat sie nicht darauf gewartet, dass jemand anders es besser macht. Sie nahm Besitz von ihrem Leben. Auch wenn sie die Probleme nicht verursacht hat, ergriff sie die Initiative zur Lösung. Von dem Punkt an hatte sie die Kontrolle darüber, was geschah. Das war der Unterschied zwischen meinen beiden Bekannten. Der eine war ein ewiges Opfer und die andere war ein siegreicher Mensch.

Was ist ein Mensch?

Am Anfang, sagt uns die Bibel, schuf Gott die Menschen »nach seinem Bild« (1. Mose 1,27). Das hat vielfältige Bedeutungen, aber im Hinblick auf unser Thema sticht eine Bedeutung hervor: Die Fähigkeit zu wählen, was man sein möchte. Diese Fähigkeit zu wählen ist das, was man mit »Wille« bezeichnet. Wörtlich bedeutet das Wort Wille »Verlangen«. Aber für Menschen, die nach Gottes Bild geschaffen sind, bedeutet es viel mehr als das. Tiere haben Verlangen oder Appetit. Aber lediglich die Menschen haben nicht nur die Fähigkeit, nach Dingen zu verlangen, sondern auch den kreativen Willen, um die Verantwortung für das Verlangen zu übernehmen und die Erfüllung des Verlangens zu erreichen. Diese kreative Fähigkeit gehört zu Gottes Natur und er hat sie an uns weitergegeben. Ihr Hund wird so in etwa dort leben, wo Sie entscheiden, dass er leben soll. Aber Sie, weil Sie Mensch sind und nicht Tier, haben eine kreative Wahlmöglichkeit. Gott hat Ihnen zwei Dinge übergeben:

- die Fähigkeit, Leben zu schaffen und darauf zu reagieren
- die wirklichen Konsequenzen Ihrer Wahl ·

Oft kann man sich nicht aussuchen, was einem geschieht. Man kann nicht bestimmen, was einem zugeteilt wird. Aber man kann immer etwas tun:

Man kann immer eine Anzahl von Möglichkeiten schaffen, suchen und finden, wie man auf das, was geschieht, reagieren und wie man die Karten, die man in der Hand hat, ausspielen wird.

Adam hat sich nicht ausgesucht, wie viele Bäume ihm im Garten gegeben wurden. Aber er hat sich entschieden, von welchem er aß. Die Mädchen, die geklagt haben, haben sich nicht ausgesucht, dass McDonald's Essen herstellt und bewirbt, das zu Übergewicht führt. Aber sie haben sich entschieden, wie sie auf die Werbung reagieren. Mein Bekannter hat sich seine Eltern nicht ausgesucht, die ihm beibrachten, wie nicht-unterstützende Beziehungen aussehen. Aber er hat sich dafür entschieden, eine Freundin zu haben, die genauso war wie sie. Und zusätzlich entschied er sich zuzulassen, dass ihre fehlende Unterstützung und ihre Ichbezogenheit sein Leben kontrollierten. Er entschied sich auch dafür, in der Verfassung zu bleiben, in die seine Familie ihn gebracht hatte, anstatt den Versuch zu machen, dieser zu entwachsen. Es war leichter, anderen die Schuld zu geben, als sich zu ändern. Als Ergebnis entschied er sich für sein Leben: eine Schuldzuweisung nach der anderen.

Nicht immer gefällt uns die enorme Wahlfreiheit, die wir tatsächlich haben. Sie macht uns Angst. Sie überträgt uns Verantwortung. Aber sie ist Realität. Die Freiheit zu wählen ist die Komponente, die den Unterschied zwischen meinen beiden Bekannten erklärt. Beide kamen aus schwierigen Verhältnissen und standen schwierigen Hindernissen gegenüber. Aber die Art, in der jeder von ihnen sich entschied, auf die Umstände zu reagieren, war sehr unterschiedlich. Und ihre unterschiedlichen Entscheidungen brachten sehr unterschiedliche Ergebnisse hervor.

Jeder von uns wird im Leben mit schwierigen Umständen konfrontiert. Gott gibt jedem von uns Talente, Intelligenz und Fähigkeiten, um ihnen zu begegnen. Und dann gibt er uns die Wahl, wie wir reagieren wollen. Er gibt uns enorme Freiheit und Verantwortung. Lesen Sie, wie dieses Übertragen der Verantwortung am Anfang beschrieben wurde:

> »Und Gott, der Herr, formte aus Erde alle Arten von Tieren und Vögeln. Er brachte sie zu Adam, um zu sehen, welche Namen er ihnen geben würde. Und Adam wählte für jedes Tier einen Namen« (1. Mose 2,19).

Gott hat nicht für Adam den Tieren ihre Namen gegeben. Er hat Adam die kreative Fähigkeit gegeben, sich Möglichkeiten auszudenken und ihnen Namen zu geben. Wäre mein oben genannter Freund Adam gewesen, hätte er vielleicht gesagt: »Das ist ja so typisch für Gott. Er sagt mir, ich soll all den Tieren Namen geben, und er stellt mir noch nicht einmal eine Liste mit den Möglichkeiten zur Verfügung. Wie soll ich das denn bloß machen? Er unterstützt mich so wenig. Vielleicht sollte ich ihn verklagen wegen schlechten Arbeitsklimas, fehlender Weiterbildung und schwacher Personalführung.«

Das ist dem sehr ähnlich, was der Verlierer der Verantwortungs-Lotterie in dem Gleichnis von den Talenten gesagt hat. Erinnern Sie sich daran? Der Herr gibt drei verschiedenen Männern unterschiedlich viel Geld, das sie investieren sollen. Die ersten beiden machen ihre Investitionen und erzielen gute Gewinne. Der Herr gibt ihnen noch mehr Geld. Aber der dritte ist wie mein Freund. Er beschuldigt den Herrn, ihm nicht das gegeben zu haben, was er zu brauchen meint, damit es funktioniert. Also tut er nichts mit dem, was ihm anvertraut wurde. Lesen Sie seine Worte dazu:

> »Dann kam der Diener mit dem einen Beutel Gold und sagte: ›Herr, ich weiß, du bist ein strenger Mann, der erntet, was er nicht gepflanzt hat, und sammelt, was er nicht angebaut hat. Ich hatte Angst, dein Geld zu verlieren, also vergrub ich es in der Erde. Hier ist es.‹
>
> Aber der Herr erwiderte: ›Du böser, fauler Diener! Du hältst mich für einen strengen Mann, der erntet, was er nicht gepflanzt hat, und der sammelt, was er nicht angebaut hat? Du

hättest wenigstens mein Geld zur Bank bringen können, dann hätte ich immerhin noch Zinsen dafür bekommen. Nehmt diesem Diener das Geld weg und gebt es dem mit den zehn Beuteln Gold. Wer das, was ihm anvertraut ist, gut verwendet, dem wird noch mehr gegeben, und er wird im Überfluss haben. Wer aber untreu ist, dem wird noch das wenige, das er besitzt genommen. Und nun werft diesen nutzlosen Diener hinaus in die Dunkelheit, wo Weinen und Zähneknirschen herrschen«« (Matthäus 25,24-30).

Beachten Sie eines. Gott hat nicht gesagt:»Wovon redest du? Ich habe dich nicht schlecht behandelt! Ich habe dir alles gegeben, was du brauchtest, um mit deinem Talent erfolgreich zu sein!« Er sagte auch nicht:»Stimmt. Es ist schwierig, nur ein Talent zu haben. Hier, ich tue die Arbeit für dich.« Weder das, was Gott diesem Mann gegeben hatte, noch das, was er ihm nicht gegeben hatte, war hier der Punkt. Es gab nur einen Punkt: Was hatte er mit dem getan, *was* ihm anvertraut worden war? Wie hatte er es genutzt? Wie hatte er auf die Möglichkeiten reagiert, die ihm zur Verfügung standen? Hätte er sein Bestes gegeben und versagt, wäre ihm das Versagen nicht angekreidet worden. Er wurde ganz einfach danach beurteilt, ob er mit dem, was ihm gegeben worden war, verantwortlich umgegangen war oder nicht.

Als der Mann sich herausredete und Gott Härte vorwarf, weil er zu viel von ihm erwartet hätte, hätte Gott sagen können:»Nein, ich bin nicht hart. Ich fordere nicht zurück, wo ich nichts gegeben habe. Hattest du nicht ein Talent bekommen?« Aber das hat er nicht gesagt, weil *das Problem ein tieferes war als die Frage, ob der Diener eine gute Ausrede hatte oder nicht.* Tatsächlich deutet Gottes Antwort an, dass die Ausreden des Mannes durchaus hätten legitim sein können! Aber sie hatten keine Bedeutung. Gott sagt: Auch wenn dies wahr wäre, hätte der Mann trotzdem *irgendetwas* tun sollen! Zumindest hätte er Verantwortung übernehmen und das Geld irgendwie nutzen sollen. Mit anderen Worten, *es gibt keine Ausrede.*

Es mag sein, dass unsere Ausreden unsere Möglichkeiten ein wenig definieren und beschreiben, aber sie entbinden uns nicht von unserer Verantwortung. Wir haben immer noch die Freiheit, auf das, was auf uns zukommt, zu reagieren, ob wir tonnenweise Talente haben oder nur ein einziges.

Wir haben alle bestimmte Bereiche in unserem Leben, in denen wir nur »ein Talent« zugeteilt bekommen haben. Und das sind die Bereiche, in denen wir uns am meisten davor fürchten, eine positive Wahl zu treffen. Aber Gott hat das Universum so gestaltet, dass er von uns erwartet, die Freiheit, die er uns gegeben hat, zu nutzen, die Verantwortung für unsere Situation zu übernehmen, unsere Möglichkeiten zu finden und darauf zu reagieren.

Und die Auswirkungen unserer Entscheidungen werden einfach so sein, wie sie sind. Er schützt uns nicht immer vor schlechten Ergebnissen, obwohl er das zuweilen auch tun mag. Meistens erlaubt er uns, die Resultate unserer Entscheidungen zu ernten, ob positiv oder negativ. Er wird nicht nachlässig über unsere törichten Entscheidungen lächeln und meinen, er sei dafür verantwortlich, uns zu retten. Das war sogar ein Teil der Versuchung von Jesus durch Satan. Satan sagte Jesus, er solle von dem hohen Berg springen und sich keine Gedanken darüber machen, weil Gott ihn retten würde. Er benutzte sogar ein Zitat aus der Bibel, um seine Versuchung zu begründen. Aber Jesus begegnete ihm mit einer sehr starken Bekräftigung des Prinzips der Verantwortung. »In der Schrift steht auch: ›Fordere den Herrn, deinen Gott, nicht heraus‹« (Lukas 4,12). Dabei zu versagen, die Verantwortung für unser Leben zu übernehmen, und dann zu glauben, dass Gott irgendwie für das Ergebnis verantwortlich ist, ist kein Akt des Glaubens.

Es begann damit, dass Gott Adam und Eva ein Paradies übergab, zusammen mit den Fähigkeiten, darüber zu herrschen, und sie dann dafür verantwortlich machte, was geschah. Das war ganz einfach die geschaffene Ordnung der Dinge. Und die gleiche geschaffene Ordnung gilt noch heute, obwohl sie jetzt durch die Sünde beschädigt und durcheinander ist. Gott schenkt uns ein Leben und verschiedene Mengen von Mitteln, um es zu managen und damit zurechtzukommen. Manchmal lässt er zu, dass schlimme Dinge geschehen, und bietet uns Hilfe an und andere Wege, um aus den Schwierigkeiten heraus- oder hindurchzukommen. Aber auch wenn er uns hilft und uns Mittel schenkt, fordert er trotzdem von uns, unser Leben so zu leben, dass wir verantwortliche Entscheidungen treffen. Die Resultate werden immer darüber entscheiden, wie gut wir unsere Wahl getroffen haben.

Das ist nicht nur irgendeine Art theoretischer Theologie. Wenn Sie mir nicht glauben, stellen Sie sich auf die Waage und werfen Sie einen Blick auf die Wirklichkeit. Ob McDonald's oder nicht, die Waage lügt nicht; unser Leben wiegt so schwer, wie es wirklich ist. Die Wirklichkeit ist, wie sie ist. Und vieles von dem, woraus letztendlich die Wirklichkeit besteht, ist unsere Entscheidung. Es hängt viel von uns ab.

Wie wir die Kontrolle aufgeben, indem wir fordern, das Leben solle fair und gerecht sein

Wenn wir an die Begriffe *gerecht* oder *fair* denken, denken wir daran, wie das Leben sein sollte. Das Wörterbuch definiert *gerecht* als *richtig* oder *verdient*. Wenn Sie sagen:»Das geschieht ihm recht«, meinen Sie, dass er das bekommen hat, was er in dieser Situation verdient hat. Ihm ist Gerechtigkeit widerfahren, und Gerechtigkeit ist eines der wichtigsten Konzepte im ganzen Universum. Die Bibel führt als eines der Kennzeichen eines geistlichen Menschen auf, Gerechtigkeit zu üben und sich für diejenigen darum zu bemühen, die sie nicht bekommen, besonders für diejenigen, die sich nicht für sich selbst darum bemühen können.

Wir wollen Gerechtigkeit anstreben und ausüben, weil wir in einer Welt leben, die nicht gerecht ist. Die Welt, wie wir sie heute vorfinden, ist einfach kein gerechter oder fairer Ort. Sie funktioniert nicht nach den Regeln, wie die Dinge »sein sollten«. Die Menschen erhalten oft nicht das, was sie verdienen. Tatsache ist, dass Menschen oft Dinge erleiden, die sie nicht verdienen, furchtbare Dinge, die sie auf erhebliche Arten verletzen. Das ist die Wirklichkeit, der wir in dieser Welt begegnen. Wenn man an Gott glaubt und ihm dient, gehört es dazu, dass man alles, was andere verletzt, richtet und so mit dieser harten Wirklichkeit umgeht.

Menschen, die im Besitz ihres Lebens sind, besitzen es in der Wirklichkeit, nicht in der Fantasiewelt, wie es *sein sollte*. Das bedeutet, dass sie die Verantwortung für ihr Leben übernehmen in der Welt, so wie sie ist, und nicht wie sie sich wünschen, dass sie sei. Sie gestehen ein, dass wir in einer Welt leben, die weder fair noch gerecht ist, und sie gehen mit dieser Wahrheit um. Sie verschwenden nicht viel Energie damit, gegen diese unfaire Wahrheit zu protestieren, zu fordern, dass die Welt anders sein sollte. Sie gehen mit ihrer Welt um, so wie sie sie vorfinden. Deswegen sind sie effektiv in ihrer Suche nach Lösungen für ihr Leben, sogar wenn das Leben ihnen harte Wahrheiten zugeteilt hat, die einfach »nicht sein sollten«.

Jedoch gibt es andere Menschen, die der Wirklichkeit nicht so realistisch ins Auge sehen. Sie weigern sich, für ihr eigenes Leben einzustehen in ihrer Welt. Sie wollen eine andere Welt – eine, die fair und gerecht ist, wo die Leute tun, was sie tun sollen. Sie wollen eine Welt, in der andere sie so behandeln, wie sie behandelt werden sollten, und wo guten Menschen gute Dinge passieren und schlechten Menschen schlechte Dinge geschehen. Das ist fair und so sollte es sein.

Das ist eine wunderbare Wunschvorstellung. Das ist die Art von Welt, die Gott von Anfang an für uns vorgesehen hat. Aber das ist nicht die Welt, die existiert. Gott hat die Tatsache akzeptiert, dass die Sünde die geschaffene Ordnung durcheinandergebracht hat. Er hat unvollkommenen Menschen Vergebung angeboten und eine Chance, sich durch das Unfaire und die Ungerechtigkeit hindurchzuarbeiten, um ein erfülltes Leben zu erreichen. Aber manche dieser Menschen verstehen das nie; sie akzeptieren nie die Tatsache, dass die Welt nicht länger vollkommen ist. Sie wollen, dass sie immer noch vollkommen ist, und sitzen herum und protestieren dagegen, dass sie es nicht ist. Sie geben anderen die Schuld für ihre Situation, manchmal sogar zu Recht. Es ist nicht ihre Schuld. Und während sie ihre Zeit damit vertun, darüber nachzudenken, wie die Welt sein *sollte*, bleiben sie mit ihren Problemen festgefahren, weil sie nicht mit der Realität umgehen wollen.

Effektive Menschen sind wie meine oben genannte Freundin. Sie verlangen nach Gerechtigkeit und bemühen sich darum. Aber wenn sie sich nicht einstellt, bleiben sie nicht festgefahren. Sie werden aktiv und finden die beste Lösung für ihre Situation. Sie finden Antworten, die von denen, die sich ihr Leben mit der Last des Unfair-Seins vermiesen, nicht gefunden werden. Wie Gott blicken sie auf diese unvollkommene Welt und gehen damit um. Sie bleiben nicht gebunden durch das »Das Leben sollte fair sein und ich bleibe hier sitzen und verlange, dass es das ist«-Syndrom. Sie entscheiden sich für die »Wenn das Leben nicht fair ist, werde ich alles in meiner Macht stehende tun, um eine Antwort für das anstehende Problem zu finden«-Einstellung.

Einmal rief eine Frau in unserer Radiosendung an und erzählte, dass ihre Mutter sie während der gerade zurückliegenden Feiertage furchtbar schlecht behandelt habe. Die Anruferin hatte vor Kurzem damit begonnen, sich weiterzubilden, und verwirklichte so ihre Träume. Und ihre Mutter hatte bemängelt, dass sie durch den Versuch, sich zu verbessern, ihre Zeit verschwende. »Meine Mutter war so kritisch«, beklagte sie sich. »Sie sagte die gemeinsten Sachen wie: ›Warum tust du das? In diesem Fachgebiet wirst du nie deinen Lebensunterhalt verdienen. Du bist zu alt für so was. Warum nimmst du nicht eine richtige Arbeit an und gibst dich damit zufrieden?‹ Es war furchtbar. Sie hat mir die ganzen Feiertage ruiniert.«

Weil ich merkte, dass diese Anruferin kein Kind mehr war, sagte ich: »Das ist schlimm. Übrigens, wie alt sind Sie?«

»Vierzig.«

»Und das ist dieselbe Mutter, die Sie die ganzen vierzig Jahre hatten?«

»Natürlich.«

»Und das ist das erste Mal, dass sie so kritisch war und Sie nicht unterstützt hat?«

»Natürlich nicht! Sie macht das immer so. Sie ist so gemein. Sie ruiniert immer meine Pläne und Träume. Sie hat mich noch nie unterstützt.«

»Hmm. Und was war es an diesem bestimmten Feiertag, das Sie denken ließ, sie würde sich wie von Zauberhand verändern und ein anderer Mensch sein?«, fragte ich und fügte sanft hinzu: »Warum haben Sie erwartet, dass das geschehen würde? Wer ist hier wohl die Verrückte?«

Die Anruferin hat meinen Standpunkt nicht sehr gemocht, aber sie hat ihn verstanden. Klar, ihre Mutter sollte sie unterstützen. In einer perfekten Welt hätte jedermann eine Mutter, die ihn unterstützt. Aber ihre Mutter war nicht so, und nicht alle Mütter sind so. Also ruinierte die Anruferin ihr Leben, indem sie damit in einer

»So wie das Leben sein sollte«-Art umging. Anstatt sich selbst zu sagen: »Meine Mutter ist keine Person, die mich unterstützt, deswegen sollte ich das besser akzeptieren und die Verantwortung für mein Bedürfnis, unterstützt zu werden, übernehmen«, war sie blind weitergegangen und hatte sich so verhalten, als ob die Welt so wäre, wie sie sie sich gewünscht hätte. Als Ergebnis war sie enttäuscht.

Wenn sie sich nicht an der Voraussetzung der Fairness festklammern würde, dann könnte sie in ihrem Leben weiterkommen. Ihr Anruf bei mir wäre anders ausgefallen. Ich hätte eher so etwas gehört:

»Ich hatte gerade die schönsten Feiertage. Nachdem ich mich an der Schule angemeldet hatte, habe ich meine Mutter besucht. Wie sonst auch hat sie sich über meine Entscheidung lustig gemacht und mich kritisiert. Früher hätte ich mir gewünscht, dass sie mich unterstützt. Und wenn sie es nicht getan hat, war ich verletzt und deprimiert. Aber jetzt habe ich mir die Unterstützung bei Freunden geholt, bevor ich meine Mutter besucht habe, und musste mir nicht wünschen, dass sie jemand wäre, der sie nicht sein kann. Ich musste nichts von ihr erwarten. Stattdessen konnte ich einfach mit ihr zusammen sein und sie so lieben, wie sie ist. Ich habe sie so akzeptiert, mit ihren Grenzen, und habe mich an ihr und dem Besuch dort erfreut. Ich habe ihr nicht die Macht über mein Leben gegeben, die sie früher hatte. Es war eine tolle Zeit.«

Das ist übrigens ein Gespräch, das ich tatsächlich mit einer echten Person geführt habe, die ihr eigenes Leben verantwortet. Das Ergebnis ist, dass sie leben und lieben kann, so wie Gott es tut, die Menschen annimmt, so wie sie sind, und die Wirklichkeit akzeptiert, so wie sie ist. Das ist die einzige Art, mit dem Leben effektiv umzugehen.

Die große Lektion dabei ist folgende: *Gehen Sie mit dem Leben so um, wie es ist.* Bleiben Sie nicht gefangen in der Protesthaltung, dass das Leben so nicht sein sollte. Wenn Sie die Forderung aufgeben, das Leben und die Menschen sollten etwas anderes sein, als sie sind, wird es Ihnen gelingen, für jede schwierige Situation kreative Lösungen zu finden. Und Sie werden ein liebevollerer Mensch sein.

Und bevor Sie pessimistisch denken, dass der Mensch, den Sie gern haben, sich niemals ändern wird, wollen wir Ihnen sagen, dass es uns darum gar nicht geht. Wir werden später mehr dazu sagen, wie man Menschen, die man liebt, so beeinflussen kann, dass sie sich ändern. Aber zuerst müssen Sie die Verantwortung für Ihre eigene Situation übernehmen, was immer sie auch sein mag. Wenn Ihr Problem ein Ehepartner ist, der Sie nicht unterstützt, akzeptieren Sie das Problem und gehen Sie verantworlich damit um. Dann und erst dann werden Sie in der Lage sein, die beste Lösung zu finden. Wenn Sie festgefahren bleiben und sich darüber beschweren, dass er oder sie anders sein sollte, und Sie machtlos und unglücklich bleiben, bis die Person sich ändert, dann sind Sie wie in einem Käfig gefangen. Holen Sie sich die Macht zurück. Sie können von jeder Situation in dem Ausmaß befreit sein, in dem Sie willens sind, die Verantwortung dafür zu übernehmen und sie sich zu eigen zu machen, auch wenn es nicht Ihre Schuld ist.

Jeden Tag verändern Menschen schlechte Beziehungen. Jeden Tag verändern Menschen schlechte Voraussetzungen. Jeden Tag verändern Menschen ihr unfaires Leben. Wie machen sie das? *Dadurch, dass sie die Wirklichkeit, so wie sie ist, offen annehmen, zu ihrer eigenen Situation stehen und die Verantwortung dafür übernehmen.* Wenn Sie das tun, sind Sie der Welt um Längen voraus. Und davon handelt dieses Buch. Wir möchten Sie befähigen, erfolgreich zu leben, trotz nicht idealer Situationen – seien es schlechte Beziehungen, eine schlechte Kindheit oder schlechte Umstände. Es hängt alles von *Ihnen* ab. Nur Sie können den ersten Schritt tun: Sie können sich entscheiden, Ihre Forderung, das Leben solle etwas sein, das es nicht ist, aufzugeben und es so annehmen, wie es ist. Akzeptieren Sie diese Wirklichkeit und hören Sie auf, dagegen zu protestieren. Es regnet, na und? Sie können sich einen Schirm nehmen und sich einen schönen Tag machen oder Sie können rausgehen und sich darüber beschweren, dass Sie nass werden. Es ist Ihre Entscheidung. Geben Sie »fair« auf und beginnen Sie zu leben.

Eingestehen, dass dies nicht das erste Mal ist

»Ist es das erste Mal, dass Ihre Mutter Sie nicht unterstützt?«, fragte ich die Anruferin.

»Ist es das erste Mal, dass Sie mit jemandem ausgehen, der keine Bindung aufbauen kann?«, fragte ich die Single-Frau, die seit sechs Monaten eine enttäuschende Beziehung pflegte.

»Ist das das erste Mal, dass Sie auf die Versprechungen eines wunderbaren neuen Deals hereingefallen sind, der dann nichts wurde?«, fragte ich den Geschäftsmann, der sich wieder über den Tisch gezogen fühlte.

»Ist es das erste Mal, dass Ihr Wille und Ihr Engagement nicht zu dem Gewichtsverlust geführt haben, den Sie erreichen wollten?«, fragte ich die Frau, die wegen ihres Misserfolgs beim Abnehmen enttäuscht war.

Ich könnte noch mehr aufzählen, aber Sie verstehen schon. Es ist bei uns allen die gleiche Geschichte. Wir haben Versagensmuster und sie funktionieren gut. Wir brauchen keine neuen Muster, denn die alten funktionieren wunderbar. Denken Sie darüber nach. Blicken Sie zurück auf die Misserfolge, die Sie bei Beziehungen, Launen, Zielen, Ihrer Karriere, Gewohnheiten oder was auch immer gehabt haben. Bei allen zeigt sich die Tendenz, demselben Muster zu folgen. Lerne den Mann kennen, verliebe dich, lasse dich von ihm umwerben, passe dich dem an, was er haben will, erlebe eine gute Zeit, er verliert das Interesse, du versuchst, ihn zurückzugewinnen und schließlich ist er weg. Und dann das Ganze noch mal von vorn in den nächsten sieben Beziehungskisten.

Oder spüre ein starkes Bedürfnis nach einer bestimmten Beziehung, werde darin enttäuscht, streite dich, bleibe im Konflikt stecken, entfremde dich, komme wieder mit demjenigen zusammen, finde keine Lösung und warte auf die nächste Runde.

Es gibt viele Beispiele für diese sich wiederholenden Zyklen, aber die Wahrheit bleibt: Wir haben Muster des Versagens. Sie sind sehr gut vorhersehbar. Wenn ein Paar zu mir in die Beratung kommt, passiert es sehr oft, dass einer der beiden über den anderen etwas Vorwurfsvolles sagt. »Moment, stopp«, schreite ich dann ein. »Wissen Sie schon, was Ihr Partner als Reaktion auf diese Aussage sagen oder tun wird? Wissen Sie schon, in welche Richtung diese Unterhaltung gehen wird?« Unweigerlich ist die Antwort Ja. Das führt zu der naheliegenden Frage: »Warum tun Sie es dann?«

Und das ist die Antwort: Wir rutschen in Verhaltens- und Reaktionsmuster hinein, die fixiert bleiben, bis wir sie wahrnehmen und sie ändern. Wir funktionieren auf Autopilot. Wir geben die bewusste Kontrolle auf und wiederholen immer und immer wieder das Gleiche. Das ist unsere angeborene Natur und sie wird sich nicht ändern, bis wir nicht daran arbeiten sie zu verändern. Wie das Sprichwort sagt, der Narr wiederholt seine Dummheit, oder viel plastischer ausgedrückt, der Hund kehrt zu seinem Erbrochenen wieder zurück. (Siehe Sprüche 26,11). Dies bedeutet, dass wir, solange wir unsere eigenen Verhaltensmuster nicht sehen und die Verantwortung dafür übernehmen, sie wiederholen werden.

Sie sich zu eigen zu machen heißt, sie zu erkennen und die Verantwortung dafür zu übernehmen. Wenn Sie ständig von bestimmten sich wiederholenden Situationen enttäuscht werden, dann ist es an der Zeit, das unproduktive Muster zu erkennen und es sich zu eigen zu machen. Das alte Sprichwort enthält schon einige Wahrheit: »Einmal, Schande über dich. Zweimal, Schande über mich.« Mit anderen Worten, jeder wird mal getäuscht. Aber wenn wir einmal getäuscht worden sind, dann müssen wir uns unsere Reaktionen und Erwartungen zu eigen machen und die Verantwortung dafür übernehmen, um zu verhindern, dass es noch einmal passiert.

Manchmal heißt das, uns nicht wieder in die gleiche Situation zu begeben, oder zumindest nicht mit den gleichen Erwartungen. Erinnern Sie sich an die Anruferin, die Tochter mit der Mutter, die sie herabwürdigte. Sie konnte sich entweder dafür entscheiden, ihre Mutter nicht mehr zu besuchen und dadurch die Situation zu vermeiden. Oder dafür, sie zu besuchen, aber ihre Erwartung, dass die Mutter ermutigend sein wird, zu ändern.

Bei anderen Gelegenheiten heißt das Sich-zu-eigen-Machen, dass wir verstehen, mit wem wir es zu tun haben. Wir verstehen diejenigen so, wie sie sind, nicht so, wie wir uns wünschen, dass sie wären. Wir machen uns die Wirklichkeit zu eigen, bevor wir versuchen, etwas zu ändern.

Maria hatte einen Ehemann, der es einfach nicht schnallte. Sie waren fünf Jahre lang verheiratet, und sie wurde ständig durch sein Verhalten verletzt und enttäuscht. Aber wenn sie mit Kritik reagierte, dann reagierte er gleichermaßen zurück und sie fanden sich in einem Strudel wieder, der sie immer in hoffnungslose Verzweiflung hinabzog.

Aber dann lernte sie etwas über Verhaltensmuster. Sie konnte ihr eigenes Muster sehen, bei dem sie wiederholt erwartete, dass er anders wäre, als er wirklich war, und dann wieder litt, wenn er nicht so war. Ihre erste Reaktion war, sich zurückzuziehen und zu denken: »Er wird sich nie verändern. Es ist hoffnungslos.« In Anbetracht der vielen Verletzungen, die sie erlitten hatte, konnte ich das verstehen. Sie wäre berechtigt gewesen aufzugeben. Aber sie war stark genug, um nicht aufzugeben, und weise genug, um in ihrem eigenen Muster eine Antwort finden zu wollen. Als sie dieses Muster untersuchte, erkannte sie, dass das Problem nicht darin bestand, dass sie wollte, dass die Situation besser werden sollte. Das Problem lag in dem sinnlosen Glauben, es würde jedes Mal, wenn sie und ihr Mann eine Auseinandersetzung hätten, besser werden. Also organisierte sie sich neu.

Da Marias Mann offen für Veränderung war, obwohl sehr langsam in der Umsetzung, entschied sie sich, nicht mehr in das alte Muster zu verfallen und etwas anderes zu versuchen. Sie wollte ein neues Muster festlegen und einfach die unausweichliche Tatsache akzeptieren, dass er es nur langsam begreifen und ohne Begeisterung reagieren würde. Sie würde sich mehr wünschen und auch darum bitten, aber wenn er es wieder in den Sand setzte, dann würde sie es verstehen und locker akzeptieren, dass das ein Teil des Ganzen sein würde. Ein Teil des neuen Musters würde sein, mit dieser Wahrheit umzugehen. Sie machte sich ihre Situation zu eigen und ließ nicht zu, dass sie oder ihre Ehe davon zerstört wurde.

Stattdessen gab sie ihr altes Muster der Reaktion auf sein Versagen auf und übernahm die Kontrolle. Wann immer er jetzt wieder verletzend wurde, sagte sie ihm, dass sie sich bei ihrer Selbsthilfegruppe aufhalten und ihm Zeit geben würde, über sein Benehmen nachzudenken. Wenn er bereit wäre, es als Problem zu sehen, dann würde sie gerne mit ihm reden.

Marias neues Muster erlaubte ihr, über sich selbst die Kontrolle zu behalten, anstatt zu erlauben, dass sein Versagen weiterhin die Macht über sie behielt, die es vorher hatte. Als Resultat blieb es ihm überlassen, mit seinem Versagen umzugehen. Durch die Veränderung ihres Muster erreichte Maria zwei Dinge: Als Erstes bewahrte sie sich durch ihre Offenheit für die tatsächliche Wirklichkeit anstatt für die Wirklichkeit ihrer Wünsche davor, von seinem Versagen so verletzt zu werden. Sie sah ihn so, wie er war. Als Zweites nahm sie einen Standpunkt ein, der nicht zuließ, dass sein Problem zu ihrem Problem wurde. Dadurch, dass sie über seinem Problem stand, wurde sie zu einem Auslöser für positive Veränderung in ihrer Beziehung.

Stellen Sie sich diese Frage: *Welche nicht hilfreichen Muster wiederhole ich in den wichtigen Bereichen meines Lebens, die mir etwas bedeuten?* Wenn Sie ein solches Muster entdecken, finden Sie einen Bereich der Verantwortung. Sie sind nicht verantwortlich für die schlimmen Dinge, die Ihnen passieren, aber Sie sind dafür verantwortlich, welche Muster Sie als Reaktion darauf entwickeln. Finden Sie ein Muster und Sie finden eine Gelegenheit für Wachstum, Veränderung und Stärke. Wenn ich jedes Mal, wenn ich bei McDonald's vorbeifahre, anhalte und fünf Hamburger esse, dann tue ich gut daran, ein Muster zu erkennen und die Route nicht mehr zu fahren. Verstehen Sie Ihre Muster und machen sie sich zu eigen. Wenn Sie das tun, werden Sie anfangen, Alternativen zu sehen. Wenn Sie jedes Mal, wenn Sie sich in Situation A befinden, B tun und negative Resultate erzielen, dann täten Sie gut daran zu erkennen, dass dies nicht einfach etwas ist, das Ihnen halt passiert. Sie könnten daran einen Anteil haben. Und die gute Nachricht dabei: Wo immer Sie die Verantwortung haben, haben Sie eine Möglichkeit zur Veränderung, eine Wahl, Macht und ein neues Ergebnis. Wenn – und das ist ein großes »Wenn« – Sie die Verantwortung für das Muster übernehmen.

Vor Kurzem freute ich mich über einen Sieg eines meiner Freunde. Er rief einen anderen Freund an und sagte: »Ich möchte, dass du mich verantwortlich machst für mein Verhalten, wenn ich eine Beziehung anfange. Ich sehe ein Muster dort und es bringt mich nicht dorthin, wo ich sein will. Ich fange immer etwas mit Frauen an, die nicht die Werte und den Charakter haben, die ich mir langfristig vorstelle. Ich lasse die Beziehung zu ihnen zu eng werden, sie wollen, dass ich mich binde und ich kann es nicht. Also beende ich die Beziehung und wir werden beide verletzt. Ich will damit aufhören. Ich möchte eine Beziehung mit einer Frau eingehen, die dieselben Werte hat wie ich.«

Als ich das hörte, hatte ich zum ersten Mal in vier Jahren Hoffnung für meinen Freund. Endlich sieht er das Muster. Meine Vermutung ist, dass er nächstes Jahr um diese Zeit eine Beziehung mit einer Frau haben wird, die seine Werte teilt.

Also finden Sie Ihr Muster. Wir haben alle eins in den Bereichen, in denen wir festgefahren sind. Die Person, deren Selbstbeherrschung wiederholt dabei versagt, sich von McDonald's fernzuhalten, ist nicht anders als diejenige, die immer wieder durch die kritische Mutter verletzt wird, von der sie wiederholt annimmt, sie würde anders handeln. Oder als die Person, die glaubt, die nächste tolle, impulsive Idee werde funktionieren, obwohl die zehn davor nicht funktioniert haben. Erkennen Sie das Muster und Sie werden die Stelle entdecken, wo Sie Ihr Leben verändern können.

Die wirkliche Ablenkung

Warum schieben wir anderen die Schuld für das zu, was uns geschieht? Dafür gibt es viele Gründe. Wir werden uns etwas später mit weiteren befassen, aber der eine Grund, den wir hier betrachten wollen, ist die Ablenkung. Ablenkung lenkt unseren Fokus weg von der Tatsache, dass wir Verantwortung haben. Sie bringt uns davon ab, das zu tun, was nötig wäre, um die Situation zu verbessern. Die Situation besser zu machen, könnte für uns viel Arbeit, Schmerz oder Veränderung bedeuten. Das ist ein wichtiger Grund, weswegen nicht mehr Menschen es tun. Es ist einfacher, die Aufmerksamkeit von ihrer Verantwortung abzulenken, indem sie anderen die Schuld geben. Es ist weit einfacher zu sagen: »Die Wirtschaft ist schlecht, es gibt keine Arbeit«, als eine Umschulung zu machen oder ein paar hundert Bewerbungen abzuschicken. Es ist weit einfacher zu sagen, man sei unglücklich, weil der Partner nicht sehr beziehungsfähig ist, als ein neues Beziehungsmuster zu erlernen, das die Beziehung kitten könnte. Es ist weit einfacher, der Hamburger-Werbung einmal mehr nachzugeben, als ein paar Treffen der Weight Watchers zu besuchen. Schuldzuweisung ist eine Art Nervenfutter für die Seele. Sie lenkt uns von der Mühe ab, zu der eigenen Verantwortung zu stehen.

Das Problem ist, dass die Ablenkung durch Schuldzuweisung, so wie jedes andere »Nervenfutter«, am Ende nicht viel bringt.

Wenn Sie ein paar Kilo Eiskrem essen, dann sind Sie nachher nicht gesünder als davor. Genehmigen Sie sich ein paar Kilo Schuldzuweisung und Sie sind einer Lösung nicht näher als vorher. Schuldzuweisung ist die schlimmste aller Ablenkungen. Die Schuldzuweisung lenkt uns nicht nur von unserer Verantwortung ab, sie lenkt uns ab vom eigentlichen Kern der Sache: *Von dem, was wir dadurch verlieren, dass wir uns das Problem nicht zu eigen machen.* Im Ergebnis zählt, dass das Problem gelöst wird.

Also ändern Sie Ihren Fokus. Anstatt sich auf das zu konzentrieren, was Ihre Misere verursacht, versuchen Sie etwas Neues: Konzentrieren Sie sich auf Ihre Misere. Konzentrieren Sie sich auf das, was Ihr Muster und Ihre Schuldzuweisung Sie kosten. Wenn Sie das tun, dann fängt die Schuldzuweisung an zu verblassen, da sie keine Bedeutung hat. Wenn Sie sich das Ergebnis anschauen, dann ist das »Warum« gar nicht so wichtig. Wichtig ist das »Was«. Warum das Problem da ist, hat letztlich keine Bedeutung. Die Lösung des Problems bedeutet dagegen alles. Also ist McDonald's oder eine andere Fastfood-Kette das *Warum* Ihres Essens. Das *Was* ist, dass Sie zu viel essen, und die Lösung dieses Problems ist das Einzige, was zählt. Schuldzuweisung lenkt uns nur von dem echten Problem ab, dem Ergebnis, das wir mit unserem Verhaltensmuster erzielen. Wenn wir das erkennen, werden wir die Motivation bekommen, um das Ergebnis zu verändern, indem wir anders handeln.

Das können nur Sie alleine tun. Nur Sie können sich Ihr Leben anschauen und sich fragen, ob Ihnen die Ergebnisse, die Sie erzielen, gefallen. Nur Sie können sich die Früchte Ihrer Verhaltensmuster anschauen, sie sich zu eigen machen und etwas dagegen tun. Wenn Sie weiterhin mit der Art von Menschen ausgehen, deren Werte Sie enttäuschen, können nur Sie zu Ihrer Verantwortung für Ihre Entscheidungen stehen und aufhören, den Rest der Welt für das Ergebnis verantwortlich zu machen. Wenn Sie nicht die Kilos verlieren, die Sie abnehmen möchten, können nur Sie die Verantwortung für Ihr Gewicht übernehmen und sich entscheiden, Ihre Essgewohnheiten zu ändern. Wenn Sie von Ihren Beziehungen nicht das bekommen, was Sie sich wünschen, können nur Sie sich das Ergebnis anschauen und etwas dagegen tun.

Ausreden verändern nichts

Bei einem unserer Beziehungsseminare sagte eine Frau. »Es ist sehr schwierig jemanden zum Ausgehen zu finden, wenn Sie so viel arbeiten wie ich. Ich bin eine Karrierefrau und ich bin so beschäftigt, dass ich einfach keine Zeit finde, neue Leute kennenzulernen.«

Meine Antwort war: »Dann finden wohl nur arbeitslose Frauen Männer zum Ausgehen.« Sie schrak ein wenig zurück, aber ich fuhr fort. Ich sagte ihr Folgendes: Obwohl ihre Ausrede ihr helfe, sich besser zu fühlen, werde sie das Ergebnis damit nicht ändern. Dann listete ich etwa zehn Dinge auf, die viel beschäftigte Frauen tun, um neue Leute kennenzulernen, und die gute Resultate erzielen. Sie arbeiten bei ehrenamtlichen Diensten mit, ändern ihren Tagesablauf, betreiben eine bessere Kontaktpflege, besuchen neue Orte, beschäftigen sich mit ihrer persönlichen Entwicklung, um herauszufinden, warum sie auf die Männer um sie herum nicht attraktiv wirken und so weiter. Ich hatte gerade ein Buch über Singles und Beziehungspflege geschrieben und kannte die Forschungslage darüber, wie Männer und Frauen ihr Beziehungsleben verändern. Es gelingt vielen jeden Tag. Dieser Frau gefiel diese Auflistung gar nicht; sie nahm ihr die Fähigkeit, sich hinter ihren Ausreden zu verstecken.

Es gibt eine Sache, die man sich über Ausreden nicht klarmacht. Sie sind meistens wahr. Aber meine Reaktion darauf ist: *Na und?* Ja, Ihre Ausrede ist echt. Selbst wenn man das zugibt, was werden Sie jetzt deswegen unternehmen? Ihre Ausreden verändern nicht eine einzige Sache. Das müssen Sie tun. Lassen Sie die Ausreden hinter sich und machen Sie weiter.

- Es ist wahr, dass Sie nicht die Zeit haben, um ins Fitness-Studio zu gehen. *Na und? Was wollen Sie dagegen tun?*
- Es ist wahr, dass Sie keine Gemeinde haben, die Sie bei Ihren emotionalen Bedürfnissen so unterstützt, wie Sie es nötig haben. *Na und? Was wollen Sie dagegen tun?*
- Es ist wahr, dass eine bestimmte Person in Ihrem Leben Ihnen nicht das gibt, was Sie verdienen. *Na und? Was werden Sie tun, um damit umzugehen?*

- Es ist wahr, dass kein guter, als Partner geeigneter Mann an Ihrer Tür erscheint. *Na und? Was werden Sie dagegen tun?*
- Es ist wahr, dass Ihre Art des Stoffwechsels Gewichtszunahme begünstigt. *Na und? Was werden Sie dagegen unternehmen?*

Erinnern Sie sich: In dem Gleichnis von den Talenten hatte derjenige ohne Erfolg eine gute Ausrede. Er hatte von Anfang an nicht viel und nach seiner Meinung war sein Herr ein harter Mann. Aber Gott kommt daher und sagt: »Na und? Du hättest der Wahrheit ins Auge sehen und etwas damit anfangen sollen.«

Das ist die gute Nachricht dabei: *Sie können.* Sie können etwas mit Ihrer Wirklichkeit tun. Ihr Leben realistisch zu sehen und die Verantwortung dafür zu übernehmen, heißt nicht, dass Sie es alleine angehen müssen. Gott wird bei Ihnen sein und wird Wunder bewirken. Er ist ein Gott, der antwortet. Er ist ein Gott, der das Rote Meer teilt und Tausende mit ein paar Fischen und Broten speist. Aber er erwartet auch von uns, dass wir zu unserer eigenen Verantwortung stehen – die Tiere zu benennen, unser Talent aus dem Erdloch herauszuholen und schwierige Beziehungen funktionieren zu lassen. Er lädt uns ein, das zu tun. Und wenn wir es tun, dann wird er die Dinge tun, die wir nicht tun können. Aber er wird nicht die Dinge tun, die wir für uns selbst tun können. Das ist die Ordnung, die er geschaffen hat. Gott wird die »Gott-Dinge« tun und wir müssen die »Menschen-Dinge« tun.

Und es gibt noch mehr gute Nachrichten: Es gibt auch dann Hilfe, wenn wir die Menschen-Dinge nicht schaffen. Sogar wenn wir einen Hamburger nicht ablehnen können, wird Gott uns helfen, diese Fähigkeit zu entwickeln, wenn wir zu dem Problem stehen und anfangen, etwas dagegen zu unternehmen. Er erwartet nicht, dass wir Dinge tun können, die wir nicht schaffen. Süchtige, die als ersten Schritt ihre Machtlosigkeit zugeben, wissen das sehr gut. Aber wenn wir es nicht schaffen, dann erwartet Gott doch, dass wir die Verantwortung für die Situation übernehmen, sie uns zu eigen machen und ihn und andere um Hilfe bitten.

Wenn Sie diesen ersten Schritt machen können, können sich Dinge verändern. Oder Sie können den Hamburgern die Schuld geben. Es liegt bei Ihnen.

Kapitel 2
Sie können lernen, anders zu denken

Gehirn: Ein Organ, mit dem wir denken, dass wir denken.

Ambrose Bierce

Von klein auf haben meine Frau und ich (John) versucht, unseren Söhnen beizubringen, in Bezug auf Geld sachkundig und verantwortlich zu sein. Die Welt springt nicht sehr freundlich mit jungen Erwachsenen um, die von Geld keine Ahnung haben. Manchmal vermittelte ich ein Konzept auf humorvolle Art. Wenn ich zum Beispiel gelegentlich samstags das Haus verließ, um ins Büro zu fahren, fragte mich einer der Jungs: »Warum gehst du ins Büro?«

»Weil ich ein Projekt zu Ende bringen muss.«

»Was wäre, wenn du nicht fertig wirst?«

»Dann würde ich für die Arbeit nicht bezahlt werden.«

»Und was wäre, wenn das passieren würde?«

»Dann hätten wir kein Geld.«

»Und was wäre dann?«

»Wir könnten nicht für die Dinge bezahlen, die wir brauchen.«

»Und was wäre dann?«

»Dann könnten wir nicht in unserem Haus wohnen.«

»Wo würden wir dann wohnen?«

»In einem Zelt.«

»Ach.«

Diese eigenartige Unterhaltung hatten wir oft, als die Kinder klein waren. Und am Ende schauten sie mich immer zweifelnd an, sahen, dass ich scherzte, und verabschiedeten sich, wenn ich ins Büro fuhr.

Je größer sie allerdings werden, desto weniger akzeptieren sie meine Argumentation und desto schneller kommen sie auf den Punkt. Jetzt, wo sie im Teenageralter sind, sieht unsere Unterhaltung eher so aus:

»Warum fährst du ins Büro?«

»Ich muss ein Projekt zu Ende bringen.«

»Fang gar nicht erst mit dem Zelt an, Paps. Es ist Samstag. Du hast versprochen, mit mir zu Saturn zu fahren. Lass uns starten.«

Und manchmal geht der arbeitssüchtige Vater zu Saturn anstatt ins Büro.

Denken und die Wahrheit

Die Zelt-Geschichte veranschaulicht eine Art des verzerrten Denkens, das man Katastrophen-Denken nennt. Menschen, die das Katastrophen-Denken praktizieren, schauen sich ein kleines Problem an und stellen sich vor, wie es eskaliert, bis sie sich sicher sind, dass es in einem Desaster enden wird. Eine verpasste Zahlung wird im Bankrott enden; ein Ehestreit wird mit der Scheidung enden; zu vergessen, eine Tablette zu schlucken, wird direkt ins Krankenhaus führen. Das Katastrophen-Denken kann gravierende Probleme dabei verursachen, wirkungsvolle, selbstverantwortliche Entscheidungen zu treffen. Es kann Sie lähmen und Sie in der Angst gefangen halten.

Aber Katastrophen-Denken ist nur ein Beispiel für einen größeren Problemkreis. Ob Sie nun den Zelt-Weg verfolgen oder nicht – Sie haben mit Sicherheit irgendeine Art Denkproblem, das man in der Fachsprache als *kognitive Verzerrung* bezeichnet. Es kann Sie auf Ihrem Weg zum Erfolg behindern. In diesem Kapitel werden wir Ihnen einige Spielarten dieser kognitiven Verzerrung aufzeigen.

Man hat im Bereich der kognitiven Verzerrung sehr viel hilfreiche Forschung betrieben. Die meisten Experten auf dem Gebiet stimmen darin überein, dass unsere Gehirne manchmal aufgrund einer Gewohnheit oder Wahrnehmung automatisch Schlussfolgerungen über Dinge ziehen, anstatt korrekt wiederzugeben, was tatsächlich geschieht. Obwohl es uns so scheint, als würden wir den Tatsachen entsprechend denken, ist die Wahrheit viel komplexer. Unser Denken wird beeinflusst von unseren Hauptbeziehungen, Erfahrungen, unserer Vergangenheit, unserer Entwicklung, davon, unter wie viel Stress wir stehen, und vielen anderen Faktoren.

Stellen Sie sich zum Beispiel vor, Sie sind eine Frau, die mit einem Mann essen geht. Während des Abends öffnet sich versehentlich sein Portemonnaie und das Foto einer sehr attraktiven Frau fällt heraus. Wenn Sie das Foto sehen, könnten Sie denken: *Er hat schon eine Beziehung und er hat davon kein Wort gesagt. Zwischen uns ist es aus.* Aber Sekunden später nimmt er das Foto in die Hand und sagt:»Das ist meine Schwester. Ich hätte gern, dass du sie mal kennenlernst.« Erleichtert freuen Sie sich, dass Sie nicht jeden Gedanken, der Ihnen durch den Kopf geht, gleich laut aussprechen.

Wenn wir das verzerrte Denken auf die nächste Ebene übertragen, auf die Ebene der wichtigen Lebensziele, erkennen wir, wie sehr es einen Einfluss darauf haben kann, ob Sie das bekommen, was Sie vom Leben wollen. Die Art, wie Menschen denken, kann sie machtlos und hilflos machen und sie dazu verleiten, anderen dafür die Schuld zu geben.

Manchmal beurteilen Menschen sich selbst und ihre Fähigkeiten so, dass sie das Gefühl haben, sie könnten niemals erfolgreich sein. Andere sehen ihre Möglichkeiten als extrem eingeschränkt an. Und wieder andere hören zu, wie ihre Gedanken ihnen einreden, ein kleines Risiko einzugehen, würde ihre ganze Welt einstürzen lassen. Man kann wirklich nicht die Wichtigkeit seiner Gedankenmuster überbewerten. Gleichermaßen kann man nicht überbewerten, wie grundlegend hilfreich es sein kann, anders denken zu lernen. Deswegen ist das Denken einer Ihrer acht Schlüssel zur Bevollmächtigung und zu einer Veränderung Ihres Lebens.

Bewirken Sie eine Veränderung

Wenn Sie mit dem Lernprozess beginnen, anders zu denken, gibt es eine fundamentale Realität, mit der Sie sich auseinandersetzen müssen: *Ihr Verstand sagt Ihnen nicht immer die Wahrheit!* Ihr Denkapparat denkt manchmal Gedanken, die nichts mit der Wirklichkeit zu tun haben. Und das trotz der Tatsache, dass Ihr Verstand Ihnen sagt, diese Gedanken seien real, wahr und zutreffend.

Das ist für die meisten von uns nicht leicht zu akzeptieren. Und das ist kein Wunder, denn alles, was wir zum Denken haben, ist unser Verstand. Und meistens arbeitet unser Verstand so, als ob seine Wahrnehmungen korrekt seien. Ihr Verstand sagt meistens nicht: *Schau mal, es scheint so, als ob dein Chef dich nicht in einem positiven Licht sieht, und du musst da etwas unternehmen. Vielleicht solltest du mit ihm reden. Aber ich könnte mich komplett irren. Vielleicht mag er dich sehr. Vielleicht bin ich ein bisschen paranoid oder ich will nicht, dass du dir zu viele Hoffnungen machst und dann enttäuscht wirst. Weißt du, du kannst dich nicht immer darauf verlassen, was ich als dein Verstand dir sage. Wie auch immer, viel Glück, und triff die beste Entscheidung für dich.*

Nein, wenn Ihr Verstand so arbeiten würde, könnten Sie kaum je irgendwelche Entscheidungen treffen! Ihr Verstand denkt, was er denkt, und er ist sich meistens seiner eigenen Wahrnehmung ziemlich sicher.

Die schlechte Nachricht ist, dass Ihr Denkapparat, obwohl er immer so wirkt, als ob er sich sicher wäre, nicht immer richtig liegt. Die gute Nachricht ist, dass Sie das verändern können. Sie können Ihrem Denkapparat dazu verhelfen, auf eine mehr wirklichkeitsbasierte, einsichtige und hilfreiche Art über Sie und Ihr Leben zu denken. *Tatsächlich können Sie und nur Sie damit anfangen*, anders zu denken, auf eine Art und Weise, die für Sie am besten ist. Anstatt zuzulassen, dass Ihr Denken zu Ihren Schwierigkeiten beiträgt, können Sie lernen, Ihr Denken zu Ihrem Vorteil zu nutzen und damit Ihre Ziele zu erreichen. Das ist eine wichtige Tatsache, weil so viele unserer Entscheidungen darauf basieren, was unser Denkapparat, unser Gehirn, uns sagt.

Das bedeutet nicht, dass wir uns einfach sagen, wir sollen anders denken, und es passiert dann automatisch. Man kann nicht einfach die Wahrheit immer und immer wieder wiederholen und hoffen, dass seine Gedanken das begreifen und sich verändern. So funktioniert das nicht. Aber, wie wir Ihnen in diesem Kapitel zeigen werden, können Sie bedeutende Veränderungen daran vornehmen, wie Sie das Leben und sich selbst betrachten. Und diese Veränderungen können veränderte Gedanken zur Folge haben.

Beginnen Sie, indem Sie die entscheidende Veränderung vornehmen. *Geben Sie die Idee auf, dass die Dinge immer so sind, wie Sie denken.* Hinterfragen Sie, was Ihr Gehirn wahrnimmt. Lernen Sie die Tipps, die wir Ihnen hier mitgeben, um Ihr Gehirn zu trainieren, das zu sehen, was wirklich ist.

Dieser Schritt ist auch gut für Ihre mentale Gesundheit. Eines der wichtigsten Kennzeichen für ein Charakterproblem ist der Widerstand dagegen, die eigene Wahrnehmung seiner Situation oder Beziehungen in Frage zu stellen. So eine Person ist absolut sicher, dass die Dinge so sind, wie sie sie sieht.

Haben Sie jemals eine Beziehung zu einem Menschen gehabt, der darauf bestand, Sie als den Bösewicht zu sehen, egal welchen Gegenbeweis Sie erbrachten? Neue oder andere Informationen hatten keine Auswirkung – auch wenn Sie bewiesen, dass Sie nicht so waren, wie er dachte, oder dass Sie sich wirklich verändert hatten. Er war, wie man so sagt, »immer sicher und oft im Irrtum«.

Ein Mensch mit dieser Art von Starrheit wird unweigerlich Schwierigkeiten damit haben, seine Ziele zu erreichen. Die Wirklichkeit ist größer als wir, und wenn wir darauf beharren, dass die Wirklichkeit sich unserer Wahrnehmung anpassen soll, haben wir dieselbe Einstellung wie ein zweijähriges Kind, das seine Eltern als hassenswert ansieht, weil sie ihm keine Süßigkeit geben. Menschen, die erfolgreich sein wollen, beugen ihre Knie und ihre Wahrnehmung vor der Wirklichkeit. Das ist das Zeichen für einen Erwachsenen und nicht für ein Kind.

Außerdem wird der Mensch, der »immer sicher und oft im Irrtum« ist, auf großen Widerstand stoßen, nicht nur von der Wirklichkeit, sondern auch von gesunden Menschen, die keinen Unsinn dulden. Derjenige wird Geschäftsabschlüsse verlieren, gescheiterte Beziehungen erleben und wegen seiner Starrheit leiden.

Ich habe einmal eine Firma beraten, deren Geschäftsführer »immer sicher und oft im Irrtum« war. Er war ein sehr angenehmer Mann, aber er widersetzte sich ständig den Meinungen und Sichtweisen der anderen in seiner Gruppe. Seiner Ansicht nach war seine Wahrnehmung die Wahrheit; es gab keine Unterscheidung zwischen den beiden. Als zum Beispiel zwei seiner stellvertretenden Geschäftsführer ihn ansprachen und ihm erklärten, warum sein Ansatz, ein Marketingproblem zu lösen, nicht funktionieren würde, sagte er nur: »Nein. Ich bin sicher, dass es so gehen wird.« Noch nicht einmal angesichts von Analysen und Zahlenaufstellungen konnte er sich vorstellen, dass er sich irren könnte, obwohl es wirklich so war. Das Resultat war, dass die talentierten Mitarbeiter seiner Gruppe die Firma verließen, weil sie frustriert und der Meinung waren, ihnen würde nicht erlaubt, ihre Fähigkeiten zu nutzen. Die Firma litt, weil der Geschäftsführer sich nicht vorstellen konnte, dass sein Verstand nicht zu jeder Zeit die absolute Wahrheit erfasste.

Lesen Sie weiter und wir werden dafür sorgen, dass Sie sich nicht in seinem Lager befinden.

Was Ihr Verstand verzerrt

Lassen Sie uns einige der Hauptarten betrachten, wie unser Verstand die Wirklichkeit in den Bereichen verzerrt, die unsere Mitwirkungsmöglichkeit an unserem Leben und dessen Inbesitznahme betreffen. Während Sie etwas über diese weit verbreiteten Aussagen und Gewohnheiten lesen, denken Sie über die Gelegenheiten nach, bei denen Sie sie selbst benutzt bzw. so gehandelt haben. Und überlegen Sie sich, was sie Sie gekostet haben könnten.

Verzerrtes-Denken-Aussage Nr. 1:
»Ich habe alles versucht und nichts hat geholfen.«

Wenn man einem unerreichten Ziel, einem Beziehungsproblem oder einem Lebensproblem gegenübersteht, das gelöst werden muss, dann äußert man oft eine Form von: Ich habe alles versucht, aber nichts hilft. Das soll heißen, man glaubt, dass man alles versucht hat, und dass es keine Lösung gibt. Aus der eigenen Sicht hat man alle Möglichkeiten, Veränderungen vorzunehmen, Träume zu erfüllen und Verbesserungen umzusetzen, erschöpft und nun muss man sich mit der Wahrheit abfinden, dass es keine Hoffnung auf eine Besserung gibt. Nichts hilft.

Es ist wahr, dass es Zeiten gibt, in denen nichts hilft, zumindest in dem Sinne, dass man die Vergangenheit nicht ändern kann. Wenn eine Person, die man liebt, stirbt, dann ist sie fort. Wenn Sie entlassen werden, ist es nicht wahrscheinlich, dass Sie die Arbeitsstelle zurückbekommen. Wenn Ihr Mann Sie kritisiert, dann kann diese nicht zurückgenommen werden. Es gibt noch keinen Apparat, der das Geschehene zurückspulen kann und es dann anders ablaufen lässt. Mit der Unumstößlichkeit der Vergangenheit umzugehen, ist mehr eine Sache des Wissens, wie man trauert und sich anpasst.

Aber das verzerrte Denken, dass einen dazu verleitet zu denken, alles Mögliche sei getan worden und die Situation sei hoffnungslos, ist eine andere Geschichte. Die Person mit einer solchen Mentalität glaubt, ihr bleibe nichts anderes übrig, als eine schlechte Situation ohne Hoffnung auf eine Veränderung zu akzeptieren. Das ist ein entmutigendes und schwächendes Denkschema. Es sorgt dafür, dass Menschen feststecken und hoffnungslos bleiben.

Ich kann schon gar nicht mehr zählen, wie oft eine Anruferin in unserer Radiosendung gesagt hat: »Ich habe alles Mögliche versucht, um dieses Problem zu lösen, und nichts hilft.« Sie bezieht sich dabei vielleicht auf eine unglückliche Ehe, ein schwieriges Kind oder ein Gewichtsproblem. Die Probleme sind breit gefächert, aber diese Reaktion des verzerrten Denkens ist nur zu verbreitet. Wenn ich diese Verzerrung höre, dann reagiere ich meistens mit zwei Fragen.

Was ist »alles«? Meistens zählt mir der Anrufer eine ziemlich kurze Liste von Dingen auf, die nicht ansatzweise die vorhandenen Lösungsmöglichkeiten ausschöpfen. Sagen wir mal, Sie haben einen Ehemann, der ein Problem mit seiner Wut hat. Was haben Sie getan? Lassen Sie uns einige Möglichkeiten nennen. Sie könnten:

- Mit ihm reden.
- Ihn ganz gezielt wissen lassen, wie sein Zorn sich auf Sie auswirkt.
- Ihn fragen, was er für das Problem hält.
- Ihn ermutigen, Ihnen zu sagen, was Sie seiner Meinung nach dazu beitragen.
- Das verändern, was nach seiner Auffassung, nicht nach Ihrer, verändert werden muss.

- Ihre eigene verzerrte Wahrnehmung von angebrachtem und unangebrachtem Zorn klären.
- Ihm sagen, was genau Sie geändert haben möchten.
- Ihm nicht nur sagen, was Sie nicht möchten, sondern auch, was Sie möchten.
- Als Paar an wachsendem Vertrauen und der Bindung zueinander arbeiten.
- Zusammen als Paar über die Sache beten.
- Bibelverse betrachten, die etwas über Zorn lehren.
- Ihm helfen, etwas über Trauer und Traurigkeit als Gegenmittel zur Wut zu lernen.
- Andere dazunehmen, die helfen.
- Zu einer Selbsthilfegruppe gehen.
- Zur Beratung gehen.
- Vor den Konsequenzen warnen.
- Grenzen setzen.
- Strengere Grenzen setzen, wenn er sich steigert.
- Ihm Bestätigung geben, wenn er sich kontrollierter verhält.

Diese Liste könnte man fortsetzen. Der Punkt ist: Wenn Sie sich dabei ertappen zu sagen, Sie hätten alles Mögliche versucht, tun Sie gut daran zu hinterfragen, ob Sie das tatsächlich getan haben.

Die zweite Frage, die ich stelle, wenn eine Anruferin mir sagt, sie hätte alles versucht, ist: »Was meinen Sie mit ›versucht‹?« Ich will herausfinden, was die Anruferin mit diesem Wort wirklich meint. Zum Beispiel: Wie viele Male haben Sie Ihrem Mann gesagt, Sie wollen, dass er mit dem Trinken aufhört? Wie direkt, ernsthaft und energisch waren Sie?

Oft stellt sich heraus, dass *versucht* bedeutet: »Ich habe es ein oder zwei Mal erwähnt und ich bin sowieso nicht so gut bei Konfrontationen und er hat mich ignoriert, also habe ich mich entschieden, dass es nicht funktioniert.« Aber diese Interpretation von *versucht* berücksichtigt nicht, wie viel harte Arbeit dazu nötig ist, damit Menschen ihr Handeln ändern. Es braucht viel Zeit und Energie und oft auch viele Wiederholungen und Bemühungen, ihm klarzumachen, dass Sie an dem Problem dranbleiben werden; es wird nicht einfach verschwinden.

Häufig wird das *Ich-habe-alles-versucht*-Denken von einem weiteren Faktor angetrieben. Manchmal hat jemand Angst vorm Scheitern, ist entmutigt oder einfach fertig. Oder er hat das Gefühl, dass er grundsätzlich ein machtloser Mensch ist und deshalb unfähig, eine Änderung zu bewirken. Wenn das Sie beschreibt, dann lohnt es sich, das, was dieses Denken in Ihnen auslöst, aus Ihrem Innern auszugraben und sich damit auseinanderzusetzen, was immer es auch ist.

Verzerrtes-Denken-Aussage Nr. 2:
»Ich-kann-nicht.«

Das *Ich-kann-nicht*-Denken ist das Gegenteil des *Ich kann*-Denkens. Es ist, genau genommen, ein *Ich-kann-nichts tun*-Denken. Bei dieser Mentalität fühlen sich die Menschen unfähig, irgendetwas zu tun, um ihre Situation zu verbessern oder um ihr Ziel zu erreichen. Sie fühlen sich zutiefst hilflos. Das *Ich-kann-nicht*-Denken verschließt einfach die Tür vor Gelegenheiten, Hoffnung und Veränderung. Es gibt keine Möglichkeiten; nichts kann getan werden und nichts kann anders sein.

Nun gibt es sicherlich einige *Kann-nichts* auf der Welt. Die meisten von uns können nicht Profifußballspieler werden oder Professor an der Harvard Universität oder Fernsehmoderator. Aber diejenigen, die die Fähigkeiten haben, solche Ziele zu erreichen, sind ein verschwindend geringer Prozentsatz der Bevölkerung. Es gibt sehr viel mehr *Kanns* dort draußen als *Kann-nichts*, aber irgendwie überwiegen für manche Leute scheinbar die *Kann-nichts*.

Manche der *Ich-kann-nichts*, die ihr Denken beherrschen, sind:

- Abnehmen.
- Eine bessere Karriere machen.
- Meinen Ehemann zum Zuhören bewegen.
- Meinen Chef auf dieses Problem ansprechen.
- Die richtige Person für eine Beziehung finden.
- Noch einmal zur Schule zu gehen und eine Umschulung machen.
- Dafür sorgen, dass meine Kinder gehorchen.

Wenn Sie solche oder ähnliche Gedanken haben, dann sind Sie damit nicht allein. Wir denken von Zeit zu Zeit alle mal so. Aber wenn diese Gedankengänge zum Schema werden, wird es an der Zeit, sie als Problem anzusehen.

Tatsächlich verschafft einem das *Ich-kann-nicht*-Denken eine gewisse Erleichterung. Wenn Menschen einen Traum aufgeben oder es aufgeben, eine problematische Situation ändern zu wollen, haben sie das Gefühl, dass sie endlich aufhören können, mit dem Kopf gegen die Wand zu rennen. Sie müssen nicht länger einen Versuch nach dem anderen starten. Sie geben auf, schlagen eine andere Richtung ein und verändern ihren Fokus und ihre Erwartungen.

Das ist schön und gut, wenn Sie 60 Kilo wiegen und Profirugbyspieler werden wollten. Dann ist es wahrscheinlich eine weise Entscheidung, die Richtung zu ändern. Aber allzu oft wäre das Ziel, von dem Sie sich abwenden, zu erreichen, was bedeutet, dass die Erleichterung von *Ich-kann-nicht* der Tatsache gegenübersteht, dass man sich mit viel weniger zufriedengibt, als nötig gewesen wäre.

Vor ein paar Jahren engagierte sich ein Freund von mir in einer Kirchengemeinde. Er liebte Gott wirklich und wollte im Glauben wachsen. Er war jedoch nicht in einer Gemeinde aufgewachsen. Das mag Ihnen vielleicht nicht bewusst sein, aber manchmal haben Kirchengemeinden ihre eigene »religiöse« Sprache, mit bestimmten Phrasen und Wörtern, was schon oft dazu geführt hat, dass sich Menschen eher ausgeschlossen als angenommen gefühlt haben.

Mein Freund wollte gerne dienen und helfen, aber er hatte das Gefühl, dass er der Klassenschlechteste sei, weil er die »Gemeindesprache« nicht beherrschte. Er sagte mir: »Ich komme gerne in die Gemeinde und lerne, aber Ich-kann-nicht wirklich mithelfen. Ich kenne den richtigen Wortschatz nicht.«

Ich antwortete: »Das sehe ich anders. Wenn du sagst, dass du nicht helfen kannst, glaube ich eher, dass du nicht weißt wie.«

»Was meinst du damit?«

»Naja, du fühlst dich wie ein Außenstehender und ich glaube, das ist nicht deine Schuld, sondern die der Gemeinde. Die Gemeinde muss wissen, wie sie mit der Welt in Beziehung tritt, nicht umgekehrt. Hättest du Interesse daran, beim Kontakt mit der Nachbarschaft und der Umgebung mitzuhelfen? Ich glaube, dass du uns viel dabei helfen könntest, mit Außenstehenden in Kontakt zu kommen.«

Mein Freund dachte darüber nach und sagte zu, sich mit der Gruppe der Kirchengemeinde zu treffen, die sich mit den Kontakten nach außen in die Nachbarschaft beschäftigte. Er fühlte sich nicht qualifiziert und hatte viele *Ich-kann-nicht*-Gedanken, aber er machte trotzdem mit. Es passte wunderbar. Er half der Gemeinde dabei zu lernen, wie Menschen, die nicht zu einer Kirchengemeinde gehören – was wohl die überwiegende Mehrheit der Menschheit ist –, fühlen, denken und was sie brauchen. Die *Ich-kann-nicht*-Einstellung kehrte nie wieder.

Wo kommt das *Ich-kann-nicht*-Denken her? Oft haben Menschen Erfahrungen gemacht, bei denen sie gelernt haben, Risiko und Versagen zu fürchten. Vielleicht haben sie einen neuen Sport ausprobiert oder eine Fortbildung und haben jämmerlich versagt. Oder vielleicht hatten sie wichtige Beziehungen, in denen die Menschen, die ihnen nahe waren, ihrem Versagen kritisch und ablehnend begegneten. Manchmal lernen diese Menschen einfach, dass das Leben leichter ist, wenn man sich keine Mühe gibt, weil man nicht so leidet, wenn man das Risiko vermeidet.

Aber *Ich-kann-nicht* muss nicht ein Teil Ihres Wortschatzes sein. Versagen kann Ihr Freund sein, weil es ein großartiger Lehrer ist. Tatsächlich sind diejenigen, die am erfolgreichsten sind, auch diejenigen, die am meisten versagen. Die Forschung beweist das immer und immer wieder.

Die Bibel lehrt dasselbe über das *Ich-kann-nicht*-Denken, wenn sie über die Dinge spricht, die uns zur Reife, zur Mündigkeit führen: »Feste Nahrung dagegen ist für die Menschen, die erwachsen und reif sind, die aufgrund ihrer Erfahrung gelernt haben, zwischen Gut und Böse zu unterscheiden« (Hebräer 5,14). Erfahrung heißt versuchen und versagen und Erfahrung heißt lernen. Erfahrung sammeln ist eines der Gegenmittel zu »Ich-kann-nicht.«

Ich-kann-nicht ist meistens verzerrtes Denken, weil es die Wirklichkeit einfach nicht widerspiegelt. Sie können diese Verzerrung dadurch überwinden, dass Sie in Ihrem persönlichen Wortschatz das *Ich-kann-nicht* durch wahre, realistische Sätze ersetzen. Hier sind ein paar, die meistens zutreffender sind als *Ich-kann-nicht*:

Ich vermeide Schwieriges: Der Versuch die Gehaltserhöhung zu bekommen wird schwer sein, aber ich kann nicht wissen, ob es klappt oder nicht, bevor ich es nicht versuche.

Ich habe Angst: Ich fürchte, dass meine Freunde mich für verzweifelt halten werden, wenn ich sie bitte, für mich eine Verabredung mit einer Frau/einem Mann zu arrangieren.

Ich bin unsicher: Ich weiß nicht, was passieren wird, wenn ich meiner Frau sage, dass ich mit unserem Sex-Leben unzufrieden bin. Und es ist schwer für mich Dinge zu sagen, wenn ich nicht weiß, was dann passiert.

Ich werde nicht: Gut für alles. Mir ist schon klar, dass ich anfangen sollte, die Abendschule zu besuchen, um die Meisterprüfung zu machen, aber ich werde es jetzt nicht tun.

In allen diesen Sätzen liegt noch Hoffnung, sicherlich mehr als in dem völlig hoffnungslosen »Ich-kann-nicht!« Wenn Sie Ihre Ausreden ehrlich benennen, können Sie lernen, Schwierigkeiten, denen Sie ausweichen, zu begegnen; Ihre Ängste können beruhigt und Sie ermutigt werden; Unsicherheit kann zu Zuversicht werden und sogar Ihre Weigerung zu handeln unterstellt, dass Sie eine Wahl haben. *Ich-kann-nicht* jedoch nimmt Ihnen die Wahlmöglichkeit aus der Hand. Also achten Sie auf Ihre Wortwahl und verbannen Sie das *Ich-kann-nicht*-Denken (außer vielleicht bei Ihrer Hoffnung, Fußballnationalspieler zu werden).

Verzerrtes-Denken-Gewohnheit Nr. 1: Passive Sprache

Lassen Sie uns mal kurz an Ihren Deutschunterricht in der Schule zurückdenken. Sie erinnern sich, dass Verben aktiv oder passiv sein können, je nachdem, was sie aussagen sollen. Das aktive Verb bedeutet, dass jemand etwas tut; das passive Verb zeigt an, dass etwas getan wird.

Wenn Sie zum Beispiel sagen: »Ich habe mit meinem Job aufgehört«, ist das aktiv. Es bedeutet, dass Sie derjenige sind, der die Handlung des Aufhörens ausgeführt hat. Wenn Sie jedoch sagen: »Mir ist gekündigt worden«, deuten Sie ein ganz anderes Szenario an. Die passive Prägung dieses Satzes deutet an, dass etwas außer Ihnen dafür verantwortlich ist, dass Sie den Job nicht mehr haben (Verkleinerung der Firma, die Wirtschaft, die Börse, was auch immer). Was auch immer geschehen ist, es ist nicht Ihre Schuld. Sie sind einfach nur der passive Empfänger der Handlung.

Aktive und passive Bedeutungen haben keinen moralischen Wert; sie sind weder gut noch schlecht. Sie drücken verschiedene Wahrheiten aus. Aber das Problem entsteht, wenn Menschen eine passive Sprache benutzen, um *ihre Entscheidungen so zu erklären, dass sie ihre Verantwortung, Selbstbestimmtheit und Entscheidungsmöglichkeit verleugnen.* Sie haben sich für eine Art des Denkens und der Kommunikation mit anderen entschieden, die ihre Fähigkeit beeinträchtigt, die Dinge in die Hand zu nehmen und aktiv zu handeln, um das zu bekommen, was sie brauchen.

Lassen Sie uns einige Beispiele betrachten, wie man passive Sprache benutzt und wie sie so umgestaltet werden kann, dass sie hilfreicher dabei wird, Ihre Ziele zu erreichen:

- *Ich wurde durch den Verkehr daran gehindert, rechtzeitig zu dem Geschäftsgespräch zu erscheinen.*
  Wie wäre es mit: »Ich habe mich entschieden, zu lange am Telefon zu quatschen, bevor ich ins Auto stieg«?
- *Die Gelegenheit, das Problem in dem Gespräch zu erwähnen, ergab sich nicht.*
  Wie wäre es mit: »Es war mir unangenehm, also habe ich nichts gesagt«?
- *Er hat mich gezwungen, mir den furchtbaren Film anzuschauen.*
  Wie wäre es mit: »Ich überließ ihm die Kontrolle über meine Entscheidungsmöglichkeiten«?
- *Wir sind im Bett gelandet.*
  Wie wäre es mit: »Ich habe nachgegeben und mich entschieden, mit ihm Sex zu haben«?
- *Ich wurde dahingehend manipuliert, diese Aktien zu kaufen.*
  Wie wäre es mit: »Ich wollte mir die Arbeit der Recherche nicht machen und übergab die Verantwortung und Macht an diese Gruppe«?
- *Ich warte darauf, dass Gott den perfekten Job für mich findet. (Das kleidet verantwortungslose Passivität – eine passive Einstellung – in pseudo-geistliche Worte.)*

Wie wäre es mit: »Ich habe keine Lust, Bewerbungen zu verschicken, Menschen anzurufen und im Internet zu suchen. Es ist mir zu viel Mühe«?

Wenn Sie diese passiven Ausreden beleuchten und sie entlarven, sind sie nicht sehr schön. Und es gibt viel mehr Beispiele für passive Sprache als nur diese wenigen. Aber Sie verstehen schon. Es dreht sich alles darum, sich selbst wieder in den Chefsessel zu setzen, was sicherlich unbequem ist. Aber wenn Sie die momentane Unannehmlichkeit damit vergleichen, dass Sie nun wieder auf dem Fahrersitz Ihres Lebens sitzen, lohnt es sich. Jetzt können Sie wieder damit anfangen, das zu tun, was Sie tun und erreichen können. Bis Sie das tun, haben andere Menschen die Kontrolle über Ihr Leben.

Verzerrtes-Denken-Gewohnheit Nr. 2: Negatives Denken

Der Verstand mancher Leute scheint zu jeder Zeit bei fast allem negativ zu arbeiten. Was auch immer die Begebenheit, das Problem oder die Gelegenheit ist, sie werfen darauf ein dunkles Licht, das sie entmutigt und sie davon abhält, das zu tun, was nötig wäre. Für sie ist das Glas immer halb leer und das Licht am Ende des Tunnels ist immer ein herannahender Zug.

Die Forschung lässt erkennen, dass Menschen, die negativ denken, sich auf drei Grundbereiche ihres Lebens einschießen: sich selbst, die Welt und die Zukunft. Sie sehen sich selbst als Pechvögel, sogar als Verlierer, die nie eine Chance bekommen. Sie meinen, die Welt ist ihnen gegenüber unfreundlich, unterdrückt ihre Chancen und gibt anderen mehr Möglichkeiten. Sie sehen ihre Zukunft nicht positiv und hoffnungsvoll. Es erscheint alles düster und trostlos, ohne eine Hoffnung, die das Ganze aufhellt.

Sie haben möglicherweise selbst Tendenzen zu negativem Denken und sind sich dessen gar nicht gewahr. Sie denken vielleicht, dass Sie einfach realistisch sind. Sie mögen sogar denken: *Die positiven Denker sind wirklichkeitsfremd. Sie leben im Wolkenkuckucksheim und verstehen das Leben nicht so, wie es wirklich ist.*

Sie können sicher erkennen, wie negatives Denken Ihre Fähigkeiten, die Kultur der Schuldzuweisung zu bekämpfen, lähmen und Sie davon abhalten kann, Ihr Leben auf eine aufregende und verändernde Art in die Hand zu nehmen. Gelegenheiten zu nutzen, Risiken einzugehen, und zu träumen erfordert viel Energie und Leidenschaft. Diese Energie und Leidenschaft wird geschwächt und verringert, wenn wir von negativem Denken geplagt sind. Stellen Sie sich zum Beispiel vor, Sie würden gern Ihre Ehe verbessern, die fad und alltäglich wird. Vielleicht möchten Sie die Intimität und tollen Gefühle der ersten Zeit mit Ihrem Partner wieder erwecken.

Aber was stellt sich Ihnen in den Weg, wenn Sie mit negativem Denken zu kämpfen haben? Sie haben Gedanken wie: *Es ist zu viel Arbeit; ich habe die Kraft nicht mehr* (ich selbst – es ist mehr, als ich verkraften kann). *Außerdem wird er nicht reagieren. Das hat er noch nie getan und er ist sowieso mit dem zufrieden, wie die Dinge sind* (die Welt – so sind die Dinge halt). *Besser, ich akzeptiere einfach, wie es ist, und finde auf der Arbeit oder mit den Kindern mein Glück* (die Zukunft – nichts wird jemals besser werden). Können Sie sich eine vollständigere Vernichtung der Energie und der Leidenschaft, die Sie zur Erfüllung Ihres Traumes brauchen, vorstellen?

Erinnern Sie sich jedoch an das, was wir vorher darüber gesagt haben, wie Ihr Denkapparat funktioniert: *Bloß, weil Sie es denken oder fühlen, muss es noch lange nicht wahr sein!* Haben Sie den Mut, Ihren Verstand zu hinterfragen. Er sagt Ihnen *etwas*, aber vielleicht nicht das, was er sollte. Sehen Sie die negativen Gedanken als ein Signal für ein Problem an, nicht als absolut wahre Aussage.

Es ist nicht wahr, dass ein Ehepartner keine positive Veränderung in einer Ehe bewirken kann. Menschen tun das ständig. Sie setzen sich zusammen und reden mit ihrem Partner. Sie verpflichten sich ihrer früheren Liebe neu. Sie beginnen bewusst, einander wieder nahezukommen und die Entfremdungen zwischen sich zu überwinden. Sie fahren ohne die Kinder ins Wochenende. Sie gehen mit ihrer Kirchengemeinde auf Eheseminare. Sie schließen sich einer Kleingruppe an, die sich damit beschäftigt, Ehen wieder zu beleben. Als Psychologe habe ich beobachtet, wie solche Schritte riesige Verbesserungen in vielen Ehen bewirkt haben.[2]

Was könnten diese negativen Gedanken sonst noch zum Ausdruck bringen? Mehreres. Zum Beispiel Angst vor Risiko und Versagen, Hoffnungslosigkeit oder eine passive Sicht des Lebens. Kratzen Sie ein wenig an der Oberfläche und versuchen Sie zu verstehen, warum und unter welchen Umständen diese Gedanken aktiviert werden. Wir werden Ihnen später in diesem Kapitel noch ein paar weitere Schritte aufzeigen.

Manchmal ist eine Depression die Ursache für negatives Denken. Wenn Menschen unter Depression leiden, führt ihr Verstand sie oft weg von dem Positiven und driftet ab in die Hoffnungslosigkeit. Ihre Depression ist wie ein Anker, der alle Gedanken und Emotionen in die Dunkelheit hinabzieht. So ein Mensch ist sich gar nicht bewusst, dass sein eigener Verstand seine dunkle Sicht schafft; ihm scheint sie die Wahrheit zu sein.

Ich habe zum Beispiel einen Geschäftsmann, der eine Depression hatte, seelsorgerlich beraten. Er war unglücklich mit seinem Job und damit, wo er zu der Zeit in seinem Leben auf der Karriereleiter stand. Die Unterhaltung verlief etwa so:

»Wie könnten Sie Ihre Position bei der Arbeit verbessern?«, fragte ich.

»Ich kann es nicht. Ich habe es versucht, aber es gibt in der Hierarchie keine Möglichkeit aufzusteigen.«

»Wie wäre es mit einem anderen Job?«

»Der Branche geht es schlecht. Das wäre Selbstmord.«

»Wie wäre es mit einer anderen Branche?«

»Das wäre noch schlimmer. In meinem Alter umzuschulen wäre unmöglich.«

»Wie wäre es damit zu lernen, da, wo du bist, zufrieden zu sein?«

»Das funktioniert nicht. Es passt nicht zu mir.«

An diesem Punkt angelangt, wurde mir etwas klar. *Ich unterhielt mich nicht mit einem Mann, ich redete mit seiner Depression.* Seine Depression beeinflusste den Gesprächsverlauf.

Im Umgang mit Depressionen muss man einen sehr wichtigen Grundsatz beherzigen. *Depressionen heften sich an unsere Lebensumstände.* Wie Klebstoff kleben Depressionen an den Begebenheiten unseres Lebens und bewirken, dass wir sie als negativ wahrnehmen. Die Depression dieses Mannes hatte sich an sein Arbeitsleben geheftet und bewirkt, dass er die Arbeit als das Problem ansah. Aber das war sie nicht. Tatsächlich fingen wir an, uns mehr auf die

Depression zu konzentrieren und nicht so sehr auf den Job. Als er anfing, bei seinen Emotionen einen Fortschritt zu erkennen, begann er sich nach und nach positiver und hoffnungsvoller zu fühlen. Und als die Depression sich langsam besserte, fingen wir wieder an, von seiner Arbeit zu sprechen. Dieses Mal war es ganz anders:

»Wie könntest du deine Position in der Firma verbessern?«

»Ich habe darüber nachgedacht. Ich habe mich nicht wirklich so sehr um eine bessere Position bemüht, wie ich es hätte tun können. Ich habe ein paar Ideen, die ich gern mit meinem Chef durchsprechen würde.«

Und mit der Zeit wurde er auf eine viel bessere Position in der Firma befördert.

Erkennen Sie, was hier geschehen ist? Dieselben Umstände, aber ein ganz anderes Ergebnis. Der Unterschied bestand darin, dass die Depression, die sich wie ein Blutegel an seine Arbeit geheftet hatte, entfernt wurde, und dass sein Denken positiver und bejahender wurde.

Verzerrtes-Denken-Gewohnheit Nr. 3: Defensives Denken

Manchmal sorgt verzerrtes Denken dafür, dass unser Verstand gegen uns arbeitet. So eigenartig es sich anhört, arbeitet unser Verstand sehr hart daran, Gedanken über positive Pläne, Veränderungen und Verbesserungen abzuwehren. Der Verstand erzeugt eine Million Ausreden und Abwehrmechanismen, die darauf ausgerichtet sind, uns in unserer Wohlfühlzone fest- und von Furchtsamkeit und Anspannung fernzuhalten. Das nennt man defensives Denken. Wenn Sie bei sich selbst diese Tendenz erkennen, müssen Sie sie überwinden und sie hinter sich lassen, denn sie ist ein heimtückischer Traumräuber.

Es gibt viele solcher defensiven Denkmuster. Wir werden Ihnen die vier aufzeigen, die am häufigsten vorkommen und die besonders wirkungsvoll unser Wachstum und unsere Ziele unterbinden. Ich nenne sie die vier Muster der Abwehr.

Das erste Muster ist die Verleugnung. Wenn wir einer besonders unangenehmen oder schmerzlichen Situation gegenüberstehen, verleugnet unser Verstand manchmal, dass es sich um die Wirklichkeit handelt. Wir sagen uns: *Das kann nicht stimmen, auf gar keinen Fall!* Und das gilt besonders dann, wenn wir unseren eigenen Anteil an Versagen oder Enttäuschungen betrachten.

Wenn zum Beispiel der Schulleiter schon wieder wegen eines Fehlverhaltens eines Sohnes anruft, wird der Vater mit sofortiger Verleugnung reagieren: *Mein Sohn kann das nicht getan haben. Sie müssen den falschen Jungen erwischt haben.* Verleugnung schützt uns vor dem Stress, die notwendige Problemlösung angehen zu müssen. Das Wirklichkeitsdenken wird realistischer und hilfreicher an die Sache herangehen, etwa: *Ich muss mich mit dem Schulleiter treffen und hören, was mein Sohn macht, und erfahren, wie ich ihm helfen kann, wieder auf die richtige Bahn zu kommen. Das macht mir keinen Spaß, aber ich muss es als Gelegenheit sehen, ihm die Chance zum Erfolg zu geben, die er braucht.*

Das zweite Muster der Abwehr ist die Abschwächung. Sie ist nicht so bedenklich wie die Verleugnung, aber ein weiterer Räuber von Träumen. Betrachten Sie sie als *Verleugnung light.* Wenn wir auf Probleme oder Hindernisse stoßen, dann sucht unser Verstand nach Möglichkeiten der Schadenskontrolle, damit wir nicht die volle Auswirkung der Sache zu spüren bekommen. Ein beschwichtigender Vater, der einen Anruf von der Schule bekommt, wird vielleicht so reagieren: *Klar, ich weiß, dass er unruhig ist. Aber es ist sicher nicht so schlimm, wie die Lehrerin behauptet hat. Sie hat überreagiert.*

Abschwächung hilft dabei, dem Unangenehmen eines Problems die Schärfe zu nehmen. Aber sie hat ihren Preis: *Man kann nur in dem Ausmaß erfolgreich sein, wie man die Situation akzeptiert und sie sich zu eigen macht.* Wenn Sie die Situation herunterspielen, garantieren Sie damit, dass Ihr Sohn nicht all die Hilfe bekommt, die er braucht, dass Ihre Essgewohnheiten nie wirklich unter Kontrolle gebracht werden, dass Ihre Traumkarriere eingeschränkt wird usw. Abschwächung muss einer Verpflichtung zur Wahrheit und Realität weichen, egal wie unbequem das sein mag.

Das dritte Muster sind die Ausreden. Wenn wir dieses dritte Muster des defensiven Denkens nutzen, mögen wir vielleicht die Wahrheit zugeben, aber wir übernehmen keine Verantwortung dafür. Ausreden sind nicht so gravierend wie die Verleugnung – wenigstens geben wir zu, dass unser Kind ein Problem mit der Schule hat –, aber wir beeinträchtigen unsere Chancen, ihm zu helfen: *Ich weiß, dass sein Benehmen im Klassenzimmer schlecht ist. Er ist wirklich schlau, aber die Lehrerin versteht ihn nicht. Also langweilt er sich und hat das Gefühl, dass sie ihn nicht unterstützt.* Erkennen Sie hier die Verlagerung der Zuständigkeit und der Verantwortung? Jetzt soll die Lehrerin darin ausgebildet werden, wie sie den Charaktertyp Ihres Sohnes unterstützen kann! Das Benehmen Ihres Sohnes jetzt zu entschuldigen, verheißt nichts Gutes für seinen zukünftigen Erfolg. Was geschieht, wenn er 24 Jahre alt ist und eine schlechte Bewertung von seinem Vorgesetzten bekommt? Sie werden nicht dort sein, um zu sagen: »Offensichtlich bieten Sie nicht das anregende Arbeitsumfeld, das mein Sohn braucht.«

Es gibt sicherlich legitime Entschuldigungen für manches, was im Leben geschieht. Aber fragen Sie sich doch: Wenn ich der Herausforderung gegenüberstehe, ein Ziel zu erreichen oder ein Problem zu lösen, finde ich sofort eine Ausrede? Ausreden nennt man auch das *Ja, aber*-Denken. »Ja, aber der Verkehr war furchtbar.« »Ja, aber ich bin einfach zu müde, um nach meinem Traumjob zu suchen.« »Ja, aber ich habe alles versucht.« Wenn Sie sich dabei erwischen, dass Sie Ausreden benutzen, hören Sie damit auf!

Das vierte Muster ist die rationale Begründung. Politikern wird immer vorgeworfen, dass sie diesen Abwehrmechanismus benutzen: fragwürdiges Benehmen in dem bestmöglichen Licht zu präsentieren. Wenn Sie rational begründen, werden Sie zu Ihrem eigenen Imageberater.

In einem gewissen Grade tun wir es alle. *Natürlich stört mein Kind im Unterricht. Er ist der geborene Anführer. Das ist viel besser, als wenn er nur wie ein Schaf blindlings den Regeln folgt.* Ehrlich, ich habe schon einige Eltern gehört, die ihre aggressiven, unerziehbaren Kinder so erklären wollten. Problematisches Verhalten rational zu begründen, ist einer der wichtigsten Faktoren bei der Bildung eines langfristigen Verhaltensproblems, das eines Tages die Ehefrau dieses Jungen unglücklich machen wird. Sie wollen Ihr Kind vor diesem Schicksal bewahren und ihm helfen, Verantwortlichkeit, Sensibilität und Selbstbeherrschung zu lernen. Aber der einzige Weg, das zu erreichen, ist, mit der rationalen Begründung aufzuhören und sich voll auf das zu konzentrieren, was wahr ist, auch wenn diese Wahrheit düster ist. Ihre Aussicht auf Erfolg ist jetzt viel größer, als wenn Sie es auf später verschieben.

Menschen, die die vier Muster benutzen, sind sich oft nicht bewusst, dass sie defensive Muster einsetzen. Der Impuls zur Abwehr ist so fest verwurzelt, dass sie wie eine natürliche Reaktion auf Probleme erscheint. Schließlich können uns solche Denkmechanismen vor unangenehmen Wahrheiten, so wie Versagen, Schwierigkeiten und Zweifel schützen. Wenn Sie aber diesen Wahrheiten nicht frontal begegnen, können sie Ihren Lebensweg zum Stillstand bringen.

Haben Sie keine Angst davor, sich selbst ehrlich und kritisch zu betrachten. Seien Sie neugierig und hinterfragen Sie, ob es Ihnen schwerfällt, sich so zu sehen, wie Sie wirklich sind – als Mensch, der vielleicht Probleme hat, der vielleicht Probleme verursacht oder vielleicht versagt. Es mag kein besonders schöner Anblick sein, aber wenn es wahr ist, müssen Sie es wissen. Es ist viel besser, die Wahrheit zu kennen, als sich Ihre Behaglichkeit mit einer Illusion zu bewahren, die Sie in der Unwirklichkeit festhält. Wenn Sie damit aufhören, Widerstand gegen die Wahrheit aufzubauen, befähigen Sie sich dazu, die für Ihre eigene Welt Verantwortung zu übernehmen.

Wir haben aufgezeigt, was verzerrtes Denken mit unserem Verstand anstellen kann. Manchmal beeinflusst es ihn so negativ, dass es unsere Risikobereitschaft und Verantwortlichkeit verhindert. Zu anderen Zeiten verursacht verzerrtes Denken eine so unrealistisch positive Einstellung, dass sie uns von Verlässlichkeit und der Übernahme von Verantwortung abhält. Manchmal passiert beides gleichzeitig. Es gibt jedoch sehr gangbare Lösungen für negatives Denken, die eine positive Veränderung in Ihrem Leben herbeiführen können.

Schritte zum besseren Denken

Sie brauchen Ihren Verstand.

Um Ihr Potenzial zu erreichen, zur Erfüllung Ihrer Ziele und Träume, sei es in Bezug auf Karriere, Liebe, Familie, Gewohnheiten oder geistliches Wachstum, ist es nötig, dass Ihr Verstand Ihr

Verbündeter und Freund ist und nicht ein Hindernis. Ein Verstand, der von Ausreden, Negativität, passiver Entmutigung geplagt ist, ist wie ein Motor voller Dreck. Er wird Sie nicht dorthin bringen, wo sie hinwollen.

Wir möchten Ihnen gern einige der besten Schritte aufzeigen, die Sie unternehmen können, um Ihren Denkapparat wieder zu beleben und ihn zu einer Hilfe anstatt zu einem Hindernis für Ihre Bemühungen zu machen, erfolgreicher zu werden.

Schritt Nr. 1:
Verpflichten Sie sich der unbeschönigten Wirklichkeit

Die Wirklichkeit mag nicht angenehm sein, aber kein Problem ist jemals gelöst, kein Ziel jemals erreicht worden, ohne dass man die Situation knallhart ohne Beschönigung oder Umdeutung begutachtet hat. Haben Sie keine Angst davor zu sagen: *Ich muss wissen, was wahr ist, nicht das, wovon ich glaube, dass es wahr ist.* Das ist Ihr sicherer Weg. Suchen Sie nach nackter, unbeschönigter Wirklichkeit, nicht nach der verpackten und annehmbaren.

Stellen Sie sich vor, Sie hätten ausführliche diagnostische medizinische Tests über sich ergehen lassen, und die Resultate zeigten klar auf, dass Sie eine Bypass-Operation brauchen. Das ist eine große Sache. Sie fragen Ihren Arzt nach seiner Meinung und er sagt: »Eine Operation erscheint so gravierend und hart. Warum nehmen Sie nicht stattdessen zwei Aspirin und schlafen sich mal richtig aus?« Der gute Doktor versucht, Sie vor Unannehmlichkeiten zu bewahren. Das einfache Rezept, das er Ihnen anbietet, ist sicher eine angenehme Alternative zu einer Operation, aber damit gibt es zwei gravierende Schwierigkeiten: Es würde nicht die Wirklichkeit in Angriff nehmen. Und es würde Ihnen nicht das Ergebnis bringen, das Sie wollen.

Denken Sie daran, dass die Wirklichkeit zu akzeptieren so funktioniert wie der Reset-Knopf an Ihrem Computer. Es ermöglicht Ihnen einen Neuanfang. Wann immer Sie einem Problem oder Ziel gegenüberstehen, fragen Sie sich: »Was ist hier echt und wahr? Was fehlt meinem Denken, das ich wissen muss?«

Stellen Sie sich andererseits vor, Sie ringen mit dem negativen *Ich-kann-nicht-* oder *Ich-habe-alles-versucht-*Denken. Sie haben oft nicht den Mut zu handeln. Der Aufruf zum Realismus gilt hier gleichermaßen. Verpflichten Sie sich dazu, die Situation so zu sehen, wie sie ist, einschließlich dessen, was Sie darin tun können. Gewöhnen Sie sich an, ähnlichen Gedankengängen wie diesen zu folgen:

- Ich werde mit jemandem reden und diskutieren, ob ich die Sache von allen Aspekten her beleuchtet habe.
- Vielleicht habe ich einer anderen Person zu viel Macht über mein Leben gegeben und ich muss sie zurücknehmen.
- Was macht es schon, wenn ich das versuche und dabei versage? Die Wahrheit ist, dass Versagen nicht das Ende ist.
- Möglicherweise ist das Problem nicht, dass *Ich nicht kann*, sondern, dass *Ich nicht will*, aus irgendeinem Grund. Ich muss herausfinden, welcher das ist.
- Wenn ich immer darauf warte, dass jemand oder etwas sich verändert, könnte ich sehr lange warten.
- Bevor ich aufgebe, werde ich einen guten Plan machen und länger daran festhalten als jemals zuvor.

Die Wirklichkeit wird Sie nie enttäuschen. Gott sieht alles auf diese Art und er benutzt die Wirklichkeit, um seine Absichten umzusetzen. Tatsächlich sind Wirklichkeit und Wahrheit ein Teil seiner eigenen Persönlichkeit. Er ist »voll Gnade und Wahrheit« (Psalm 86,15). Suchen Sie die Wirklichkeit und Sie werden Gott dort finden, der Ihren Gedanken hilft, sich der Wahrheit anzupassen.

Schritt Nr. 2:
Werden Sie ein demütiger Mensch

Demut ist ein Merkmal für Größe. Sie ist nicht ein Aspekt ängstlicher Menschen, die sich selbst als Dreck sehen. Demut ist die Fähigkeit, sich selbst und seine Situation klar zu sehen, im Guten wie im Schlechten. Demütige Menschen machen sich nichts daraus, ob das, was sie sagen oder tun, sie wie Helden oder Bösewichter aussehen lässt. Sie wollen zum Herz der Sache vordringen.

Ich hatte einen Freund, der dem, von dem Henry im vorherigen Kapitel gesprochen hat, ähnlich war. Er wurde von negativen Denkmustern beherrscht, die ihn davon abhielten, eine Frau, die er attraktiv fand, um eine Verabredung zu bitten. Er sagte: »Sie würde sich nicht für einen Kerl wie mich interessieren. Sie ist eine totale Göttin und ich bin ziemlich mittelmäßig.« Nach ein paar Versuchen, ihn zu ermutigen, erkannte ich meinen Fehler. Mir wurde bewusst, dass ich in die falsche Richtung arbeitete. Ich sagte: »Das könnte für dich ein Problem des Stolzes sein.«

»Was?«, sagte er, weil er diese Art der Reaktion nicht erwartet hatte. »Ich dachte, dass du findest, ich mache mich zu sehr runter.«

»Das habe ich auch gedacht, aber manchmal kann auch der Stolz bestimmen, was wir uns selber vormachen.«

»Was meinst du damit?«

»Naja, lass uns mal überlegen. Wie stolz ist es zu denken, dass deine Mittelmäßigkeit so unattraktiv ist, dass du keine Chance hast? In Wirklichkeit verleiht das deinem schlechten Selbstbild viel Macht. Du könntest eigentlich mal darüber nachdenken, dass du dem Mädel gar keine Chance gibst, sich für dich zu entscheiden. Das könnte man als manipulativ ansehen.«

So hatte er noch nie darüber nachgedacht. Er erkannte, dass er nicht wahrhaft demütig war – das heißt, sich selbst klar sah. Er bat sie endlich um eine Verabredung und sie sagte zu! Also geben Sie die Vorstellung auf, dass Ihre Vergangenheit, Ihre Probleme und Ihre Einschränkungen so furchtbar mächtig sind. Seien Sie demütig genug, die Möglichkeit zuzulassen, dass Sie es besser machen können – und handeln Sie dann aufgrund dieser Möglichkeit.

Schritt Nr. 3:
Seien Sie ein Selbst-Beobachter

Entwickeln Sie die Fähigkeit, sich selbst zu beobachten. Beobachten Sie, was Sie tun, warum Sie es tun und wann Sie es tun. So wie Dr. Howard Hendricks, einer meiner liebsten Professoren, früher sagte: »Entwickeln Sie ein Selbst-Studium.« Das ist ein Merkmal für erfolgreiche Menschen und sie werden erfolgreich, weil sie in der Lage sind, der Wahrheit über sich selbst ins Auge zu sehen und ihre nicht zutreffenden und nicht hilfreichen Denkmechanismen zu überwinden.

Wenn ich Menschen berate, die mit Problemen zu mir kommen, lasse ich sie oft diese Übung machen. »Stellen Sie sich vor, Sie sind gleichzeitig an zwei Orten. Das eine ›Ich‹ hat eine echte Diskussion mit einem anderen Menschen über ein Problem oder ein Ziel. Das zweite ›Ich‹ schwebt darüber, unter der Zimmerdecke, beobachtet die Situation des ersten ›Ichs‹ und lernt davon. Nachdem Sie die Unterhaltung beendet haben, kann das schwebende, beobachtende ›Ich‹ rekapitulieren, was geschehen ist, und überlegen, was Sie hätten anders machen können.«

Durch diese Übung könnten Sie feststellen, dass Sie sehr schnell Macht und Entscheidungsfreiheit aufgeben, wenn jemand Ihrer Idee ablehnend gegenübersteht. Oder dass Sie sehr schnell sich selbst klein machen, wenn man Sie mit etwas konfrontiert. Oder dass Sie schnell Schuldzuweisungen und Ausreden benutzen, wenn Sie mit einem Problem konfrontiert werden.

Solche Information ist pures Gold! Die Wahrheit über sich selbst auszugraben mag vielleicht kein großer Spaß sein. Aber es wird sich für Sie sehr lohnen, denn es erlaubt Ihnen zu sehen und zu dem zu stehen, was Sie tun müssen, um sich zu verändern. Ohne diese Fähigkeit sind die Menschen dazu gezwungen, jede Schwierigkeit als Schicksal, Pech oder die Schuld von schlechten Mitmenschen zu interpretieren. Nichts ist ihre eigene Schuld. Dadurch sind sie der Hilflosigkeit und Hoffnungslosigkeit ausgeliefert, weil alles außerhalb ihrer Kontrolle liegt. Aber die Person, die sich selbst beobachten kann, die die Verantwortung für ihre eigene Zukunft übernimmt, ist den anderen weit voraus.

Schritt Nr. 4:
Vergebung

Auf den ersten Blick mag die Vergebung nichts mit der Veränderung Ihrer Denkmechanismen zu tun zu haben. Aber sie ist höchst bedeutsam für den Prozess. Wenn wir vergeben, annullieren wir eine Schuld. Das ist die Bedeutung des Wortes im Neuen Testament.

Mit anderen Worten: Wir geben unser Recht auf, Strafe, Gerechtigkeit und Vergeltung für die schuldige Person zu fordern.

Dieses Loslassen von negativem Ballast hat eine große Macht, uns dabei zu helfen, klarer zu denken, denn die Unversöhnlichkeit umgibt unseren Verstand mit Gedanken des Opferseins, der Machtlosigkeit, der Bestrafung, der unfairen Behandlung und der Vergeltung. Wenn wir einem anderen nicht vergeben haben, können wir nicht unsere eigene Situation betrachten oder unsere Wahlmöglichkeiten sehen oder erkennen, welchen Anteil wir selbst an dem Problem haben. Wir konzentrieren uns nur darauf, was der andere getan hat und was uns angetan worden ist. Vergebung schließt diese Gefängniszelle auf und befähigt uns, die Verletzungen und die fixen Ideen über den Übeltäter herauszuspülen. Dann ist unser Verstand wieder klar, um über Hoffnung, Handeln, Träume und Ziele nachzudenken.

Schritt Nr. 5:
Entwerfen Sie gute Parolen und schreiben Sie sie auf

Ihr Verstand hat – wahrscheinlich schon sehr lange – Ausreden geschaffen, damit Sie nicht die Verantwortung für Ihre eigene Zukunft übernehmen. Während Sie mehr Bewusstsein für sich selbst entwickeln, beginnen Sie damit, die Parolen zu identifizieren, die Sie sich selbst immer wieder vorgesagt haben und die Sie gefangen halten. Wir alle haben welche. Aber machen Sie einen weiteren Schritt und entwerfen Sie neue Parolen, die den schlechten entgegentreten. Gestalten Sie diese neuen Parolen so, dass sie die wahre Sicht darstellen.

Schreiben Sie diese neuen Parolen auf und platzieren Sie sie an Stellen, wo sie Sie daran erinnern können, was echt und wahr ist. Integrieren Sie sie in den Bildschirmschoner Ihres Computers. Stecken Sie Zettel an Ihren Spiegel im Bad und an den Kühlschrank. Wenn negative Gedanken aufkommen, schauen Sie sich diese Zettel an. Wenn es Ihnen gut geht, werfen Sie trotzdem einen Blick darauf, um sich in der Wirklichkeit zu verankern. Wenn Sie die kognitive Arbeit tun, Ihren Verstand zu trainieren, die persönliche Arbeit, die Wirklichkeit anzuerkennen, und demütig und vergebungsbereit sind, kann die Anwesenheit dieser neuen Parolen mächtig und effektiv sein. Hier sind ein paar Beispiele:

- Keine *Ich-kann-nicht*-Ausreden mehr. Ich kann und ich will.
- Wenn ich versage, werde ich daraus lernen und weitermachen.
- Ich werde nicht darauf warten, dass das Leben mich findet. Ich werde das Leben finden.
- Es gibt eine tolle Möglichkeit für eine tolle Zukunft.
- Ich bin die einzige Person, die sich meine Träume zu eigen machen kann, und ich entscheide mich dafür, das zu tun.
- Schuldzuweisung wird mich nicht dorthin bringen, wo ich hinmöchte. Verantwortlich zu sein wird mich dort hinbringen.
- Wenn ich die Verantwortung für meine Probleme übernehme, habe ich die Kontrolle über mein Leben.

Wechseln Sie Ihre Parolen aus. Lassen Sie sich alle paar Wochen neue einfallen. Legen Sie sie an andere Orte. Machen Sie es interessant. Lassen Sie nicht zu, dass Eintönigkeit Sie dazu verleitet, sie zu ignorieren und zu vergessen. Gott kennt die Macht des geschriebenen Wortes und der Wiederholung, deswegen ermutigte er seine Leute schon vor Jahrhunderten, diese Methode zu benutzen. Er will, dass wir um die Wahrheiten, die den Erfolg bringen, wissen, uns daran erinnern und sie erleben.

Lesen Sie, was er seinem Volk sagte, als er ihm sein Gesetz gab:

»Bewahrt die Gebote, die ich euch heute gebe, in eurem Herzen. Schärft sie euren Kindern ein. Sprecht über sie, wenn ihr zu Hause oder unterwegs seid, wenn ihr euch hinlegt oder wenn ihr aufsteht. Bindet sie zur Erinnerung um eure Hand und tragt sie an eurer Stirn, schreibt sie auf die Pfosten eurer Haustüren und auf eure Tore« (5. Mose 6,6-9).

Denken Sie an das Zitat von Ambrose Bierce am Anfang dieses Kapitels: »Gehirn: Ein Organ, mit dem wir denken, dass wir denken.« Bierce wollte witzig sein, aber er war auch zynisch. Die Wahrheit ist, dass Gott Ihnen ein Gehirn gegeben hat, nicht als Organ, das Sie denken lässt, dass Sie denken. Sondern als Instrument, das Ihnen hilft, die Wirklichkeit so zu sehen, wie sie ist, und dann zu denken, zu planen, zu träumen und von Ihrem Leben Besitz zu nehmen. Sie können Ihren eigenen Denkapparat in Besitz nehmen! Tun Sie es!

Kapitel 3
Sie haben immer eine Wahl

Ich erinnere mich an das Gespräch, als wäre es erst gestern gewesen, wahrscheinlich, weil die Dynamik, die es fast scheitern ließ, eines meiner Lieblingsärgernisse ist.

Ich sollte als Berater bei einem Planungsseminar mit einer Geschäftsgruppe tätig sein, die eine Strategie ausarbeiten wollte. Die Firma hatte reichlich gute Angebote und stand an der Schwelle zur erfolgreichen Bewältigung vieler aufregender neuer Aufgaben. Einige von uns sahen endlose Möglichkeiten und wir waren von dem Potenzial wirklich begeistert.

»Lassen Sie es uns so machen«, sagte ich und erklärte dann eine Idee, die mit Sicherheit Expansion und Profit bringen würde. »Das Resultat könnte unglaublich sein!«

»Das wäre schön«, meinte eines der führenden Team-Mitglieder. »Aber wir haben dafür nicht die Mittel.«

»Na und?«, fragte ich. »Was hat das damit zu tun?«

»Naja«, erwiderte sie, »das ist ein wunderbarer Plan, aber wir können nicht wirklich diese Möglichkeit in Betracht ziehen. Etwas in diesem Ausmaß durchzuführen erfordert viele Leute und viel Geld – Ressourcen, die wir nicht haben.«

»Ja«, bemerkte ich, »ich verstehe schon, dass Sie sie nicht haben. Ich verstehe trotzdem nicht, was das damit zu tun hat.«

»Was meinen Sie denn?«, erkundigte sie sich. »Wenn Sie die Ressourcen nicht haben, können Sie es einfach nicht machen. Ich verstehe nicht, was Sie daran nicht verstehen.«

»Dass man die Ressourcen nicht hat, bedeutet nicht, dass man es nicht machen kann«, erklärte ich. »Man hat immer noch Wahlmöglichkeiten.«

»Ich weiß«, antwortete sie, »aber hier haben wir keine Wahl.«

»Ich muss Ihnen widersprechen«, äußerte ich. »Sie vergessen da etwas. Es stehen noch viele andere Möglichkeiten zur Wahl als nur die, zu dieser Gelegenheit Nein zu sagen. Sie haben zum Beispiel die Wahl, hinauszugehen und die Ressourcen aufzutreiben – das Geld und die Leute, die Sie nicht haben.«

»Wie könnten wir das tun?«, wollte sie wissen.

»Das weiß ich noch nicht«, entgegnete ich. »Wir müssten uns das näher anschauen. Sie könnten Partner, Investoren oder strategische Bündnisse finden, die von dem Ergebnis profitieren würden, und sie dazu bewegen, Geld und Leute zu investieren. Sie könnten die Idee einem größeren Konzern verkaufen und dann Anteil daran haben. Sie könnten den Plan langsam von dort aus aufbauen, wo wir gerade sind, und wenn er dann etabliert ist, Investoren finden. Sie könnten eine andere Gruppe finden, die dieses Stück in ihrem Puzzle benutzen kann, und sich mit ihr zusammentun. Wer weiß es, bis wir uns damit beschäftigen? Aber es gibt sicherlich eine Auswahl an Möglichkeiten.«

Doch es war klar, dass die »Traumkillerin« immer noch nicht überzeugt war, und ich war langsam etwas frustriert. »Oder Sie könnten Ihre Haare orange färben, nach Colorado ziehen und Eis am Stiel verkaufen, während Sie sich im Kreis drehen und ›Alle meine Entchen‹ singen«, schlug ich vor.

»Was?«, fragte sie. Sie sah verwirrt und ärgerlich aus.

»Mein Punkt ist der«, sagte ich. »Sie haben einen Haufen Wahlmöglichkeiten. Sie haben diese hier und eine Million weitere. Uneingeschränkte Wahlmöglichkeiten. Wenn Sie Ihre Augen für diese Möglichkeiten öffnen, können Sie das Kind schaukeln und dorthin gelangen, wo Sie hinmöchten. Aber wenn Sie bei der ersten Hürde, auf die Sie treffen, denken, es ist alles vorbei – als ob Sie keine Möglichkeiten zur Wahl hätten –, werden Sie niemals irgendwohin gelangen.«

Dann fingen wir mit einer wertvollen Diskussion an, die die Einstellung der gesamten Firma veränderte. Die Gruppe begann die Möglichkeiten auf eine andere Art zu betrachten. Sie fing an, Möglichkeiten, Gelegenheiten und Lösungen zu sehen, die sie zuvor nie gesehen hatte. Und es führte zu positiven Ergebnissen, sowohl in dieser Situation als auch in anderen.

Diese Ergebnisse resultierten aus einer veränderten Sicht der Dinge.

Von *Ich habe keine Wahlmöglichkeit* zu *Ich habe vielleicht nicht die Möglichkeit, die ich will, aber ich kann stattdessen andere Möglichkeiten finden.*

Fast täglich sehen Dr. Townsend und ich Menschen, die in eine Situation geraten, die sie nicht meinen korrigieren zu können, weil sie denken, sie haben keine Wahl. Ein paar Beispiele sind diese:

- Ich habe mit meinem Mann gesprochen, aber er hört einfach nicht zu.
- Ich habe seelsorgerliche Beratung versucht, aber es hat mir nicht geholfen.
- Ich habe ein Programm zum Abnehmen probiert, aber es hat nichts gebracht.
- Ich habe meine Freundin damit konfrontiert, aber sie wollte nicht zuhören.
- Ich habe versucht, mit meiner Mutter zu sprechen, aber sie wurde nur wütend.
- Ich will eine neue Karriere, aber sie haben in meiner Firma keine neuen Stellen frei.

Der gemeinsame Nenner bei all diesen Klagen führt zurück zu unserem Thema der Inbesitznahme und Verantwortlichkeit. Jede dieser Behauptungen will sagen: »Es ist nicht meine Schuld, es liegt an jemand anderem oder den Umständen. Es gibt also nichts, was ich tun kann.« Okay, Sie mögen vielleicht nicht die Umstände haben, die Sie sich wünschen. Sie haben nicht die Antwort bekommen, die Sie wollten. Die ausschlaggebende Frage ist, wer übernimmt die Verantwortung für dieses Ergebnis? In dieser Liste sind die Verantwortlichen für das Ergebnis:

- Der Ehemann
- Der letzte Seelsorger, der nicht hilfreich war
- Die Gruppe, die beim Abnehmen helfen sollte
- Die Freundin
- Die Mutter
- Die Firma

Aber keiner von denen ist beunruhigt, leidet oder ist frustriert über das Ergebnis. Nur diejenigen, die die Schuld zuweisen, spüren die Ergebnisse. Dort lebt das Ergebnis – im Leben und in den Seelen der Beschwerdeführer. Für sie würde die Inbesitznahme oder die Übernahme der Verantwortung bedeuten, erkennen zu müssen, dass das Problem immer vor der Haustür dessen auftaucht, der verantwortlich dafür ist, es zu korrigieren. Das Problem mag nicht ihre Schuld sein, aber sie sind diejenigen, die das Resultat ertragen – die das Resultat wirklich in Besitz nehmen –, denn sie müssen damit leben. Es ist ihr Problem, nicht das Problem der anderen. Das bedeutet, dass sie die Verantwortung dafür tragen, etwas dagegen zu unternehmen. Es ist ihre Sache herauszufinden, welche Wahlmöglichkeiten sie haben, die sie noch nicht sehen können.

Wenn Sie die Ehefrau des Mannes sind, der nicht zuhört, und Sie wollen, dass er es »rafft«, was haben Sie für Möglichkeiten? Sie haben mehr, als Sie sich vorstellen können. Und wenn Sie die Eigentümerschaft und die Verantwortung dafür übernehmen, haben viele von Ihnen sogar eine gute Chance, ihn zur Veränderung zu bewegen. Andere werden dazu beitragen, dass Sie glücklich sind, auch wenn er sich nicht verändert. Egal wie, Sie haben eine Wahl. Sie sind nicht zu einem unglücklichen Leben verdammt, weil Ihr Mann (oder Ihre Frau) wegen eines Problems nicht auf Sie hören will. Welche Wahlmöglichkeiten haben Sie? Sie können:

- Jemanden bitten, die Wirksamkeit Ihrer Art der Kommunikation mit ihm zu analysieren. Es könnte sein, dass etwas in Ihrer Art zu dem Problem beiträgt.
- Ihm sagen, dass er sie trotz Ihrer Bemühungen, mit ihm zu kommunizieren, nicht hört. Und dass Sie gerne darüber reden würden, warum er nicht reagiert, und herausfinden möchten, wie Sie beide zusammen eine Lösung finden können.
- Ihm sagen, dass es, wenn er es nicht »rafft«, Konsequenzen haben wird.
- Ihm sagen, dass Sie möchten, dass er mit Ihnen zur Beratung geht.
- Ihm sagen, dass es, wenn er mit Ihnen nicht zur Beratung geht, Konsequenzen haben wird.

- Ihm sagen, dass Sie, wenn er nicht mit Ihnen an einer Beratung teilnimmt, alleine gehen werden, um zu sehen, welche Möglichkeiten Sie haben.
- Herausfinden, wer bei ihm Einfluss hat – jemand, dem er zuhören würde – und die Person bitten, zusammen mit Ihnen mit ihm zu reden.
- Einen Vermittler einschalten.
- Ihr Bedürfnis loswerden, dass er »es rafft«, und ihm dadurch seine Macht über Ihr emotionales Wohlbefinden entziehen.
- Einem externen unterstützenden Netzwerk beitreten, um so Ihre Bedürfnisse nach Beziehung, Unterstützung, Bestätigung usw. erfüllt zu bekommen.
- Die Ereignisse aus Ihrer Vergangenheit aufarbeiten, die seinen Verhaltensmustern erlauben, Ihren Schmerz zu verstärken.
- So stark werden, dass er keine Möglichkeit mehr hat, Sie zu einer Reaktion zu bewegen. Ihn dann so mit Liebe überhäufen, dass er sprachlos und ohne jemanden zurückbleibt, mit dem er streiten und dem er die Schuld für sein Leben zuschieben kann.

Das sind nur ein paar von den vielen Möglichkeiten, die Sie zur Verfügung haben. Sie stehen niemals ohne Möglichkeiten da. Das ist die Natur von Gottes Schöpfung. Ja, wir bekommen gewisse Karten zugeteilt, aber wir entscheiden uns, wie wir sie ausspielen. Ein guter Spieler kann auch mit einem schlechten Blatt gewinnen. Gott hat Ihnen einen kreativen Willen gegeben und er schenkt auch offene Türen, um aus jeder Situation einen Ausweg zu finden. Achten Sie auf die Worte Salomos (Sprüche 11,9): »Böse Worte schaden anderen Menschen, *Erkenntnis aber rettet die Gottesfürchtigen*[3].«

Oder auf die Worte von Paulus: »Vergesst nicht, dass die Prüfungen, die ihr erlebt, die gleichen sind, vor denen alle Menschen stehen. Doch Gott ist treu. Er wird die Prüfung nicht so stark werden lassen, dass ihr nicht mehr widerstehen könnt. Wenn ihr auf die Probe gestellt werdet, *wird er euch eine Möglichkeit zeigen, trotzdem standzuhalten*[4]« (1. Korinther 10,13).

Gott verspricht uns, dass es so etwas wie »keinen Ausweg« nicht gibt. Wenn wir Gott suchen, wird er einen Ausweg zeigen, um dem zu entgehen, was uns gefangen hält. Wir können diese Wahrheit oft bei den Menschen beobachten, deren Leben funktioniert. Egal was ihnen geschieht, sie finden einen Ausweg. Mit anderen Worten: *Ihre Umstände kontrollieren sie nicht. Sie finden immer Auswege.*

Während sie Gott und seine Antworten suchen und nach Möglichkeiten forschen, tut sich immer eine auf. Eine Möglichkeit gibt es. Es mag vielleicht nicht die sein, die sie wollten, aber es gibt immer einen gangbaren Weg.

Warum sehen wir sie also nicht immer?

Erstens kann es sein, dass wir nicht offen dafür sind. Wir wollen das, was wir wollen, und wenn das nicht zu bekommen ist, dann bleiben wir oft in Schuldzuweisung stecken und protestieren laut: »Es ist nicht meine Schuld.« Ich glaube, das ist der Hauptgrund, weswegen viele Menschen stecken bleiben. Sie wissen, was sie wollen, und wenn das nicht möglich ist, dann glauben sie, dass es keine Möglichkeiten gibt. Es mag wegen ihrer Sturheit sein oder es mag nur eine zu starke Investition in ihre bevorzugte Möglichkeit sein.

Dieses Szenario spielt sich oft in Beziehungen ab. Manche Leute überwinden nie, dass eine Beziehung nicht funktioniert hat. Ich habe eine gute Bekannte, deren Eltern sich vor dreißig Jahren scheiden ließen, als sie noch auf dem Gymnasium war. Ich bin ihr neulich begegnet und fragte nach ihnen.

»Meinem Vater geht es gut«, sagte sie. »Er hat wieder geheiratet und ist echt glücklich. Er hat eine sehr nette Frau gefunden und scheint sehr zugenommen zu haben, seit du ihn gekannt hast. Für ihn freue ich mich sehr.«

»Und wie geht es deiner Mutter?«, fragte ich.

»Nicht so gut«, sagte sie. »Nach der Scheidung hat sich bei ihr nichts mehr getan. Sie ist immer noch besessen von meinem Vater und will ihn zurückhaben. Sie ist inzwischen siebzig Jahre alt und ziemlich bitter. Es macht gar keinen Spaß, mit ihr zusammen zu sein. Die Familie geht ihr aus dem Weg.«

Ihre Geschichte machte mich traurig. Ich kann mich an ihre Mutter gut erinnern. Lebhaft und eine tolle Persönlichkeit, aufgeschlossen und schön, wäre sie für jemanden ein toller Fang gewesen. Aber anscheinend wollte sie ihre Augen nicht öffnen für andere Möglichkeiten, wenn sie das, was sie wollte, nicht haben konnte. Wenn nicht ihren ehemaligen Mann, dann wollte sie keinen anderen in Betracht ziehen.

Warum? Wer weiß? Ich kenne die Frau nicht gut genug, um zu spekulieren, weil ich nicht weiß, was ihr alles so durch den Kopf geht. Aber welchen Grund auch immer sie hat, sich zu weigern, andere Möglichkeiten in Betracht zu ziehen, das Resultat bleibt gleich: Sie ist in ihrer miserablen Situation gefangen. Und die harte Wahrheit ist, dass sie selbst schuld daran ist. Sie hat sich einfach nicht den Möglichkeiten, die ihr offen standen, zugewandt, als sich das, was sie wollte, ihr verschloss.

Anpassungsfähigkeit

Eine der wichtigsten Qualitäten, die ein Mensch haben kann, ist die Fähigkeit, sich anzupassen. Sie ist eine der Messlatten, die Psychologen anlegen, um die Reife und mentale Gesundheit eines Menschen festzustellen. Anpassungsfähigkeit ist eine der Stärken, die einen Menschen in das Erwachsensein hineinkatapultieren. Denken Sie mal darüber nach. Wenn Kinder ein bestimmtes Bedürfnis nicht erfüllt bekommen können – so wie z. B. Hunger –, dann wenden sie sich an Mama oder Papa, um die Lösung zu finden. Es ist vielleicht ein schönes Essen mit Würstchen. Doch wenn die Kinder groß sind, dann gibt es keine Mama und keinen Papa, die sich etwas anderes einfallen lassen, wenn alle Würstchen weg sind. Der erwachsene Mensch muss alleine einen Weg finden, sich der Wirklichkeit anzupassen.

Aber was, wenn Sie nicht anpassungsfähig sind? Sie schauen in den Kühlschrank und stellen fest, dass keine Würstchen da sind. Da Sie nicht willens sind, sich anzupassen und andere Möglichkeiten zu suchen, sagen Sie:»Na schön, kein Abendessen heute für mich.« Also gehen Sie hungrig zu Bett. Und sind verbittert gegenüber der Welt.

Aber wenn Sie anpassungsfähig sind, dann werden Sie Ihre Erwartungen anpassen und sagen:»Ich habe Wahlmöglichkeiten.« Sie fangen an, sich Fragen zu stellen:»Was wäre, wenn ich meinen Nachbarn anrufe und frage, ob er ein paar Wiener hat?«»Was wäre, wenn ich einen guten Pizza-Service anrufe?«»Wie wäre es, wenn ich noch mal rausgehe und einen Laden oder einen Imbiss finde, der noch auf hat?« Ihnen wird klar, dass Sie noch andere Möglichkeiten haben, außer dazusitzen und hungrig zu bleiben.

Natürlich würden die meisten Menschen leicht ihre Möglichkeiten erkennen, wenn sie mit der kleinen Unannehmlichkeit eines Würstchen-Mangels konfrontiert werden. Aber Menschen versagen doch jeden Tag bei dem gleichen simplen Prozess der Anpassungsfähigkeit, wenn sie mit Beziehungsproblemen, emotionalen Schwierigkeiten, Karriereknicks und Ähnlichem umgehen müssen. Sie stoßen auf das Hindernis und glauben, dass sie keine andere Wahl haben, als mit dem Problem zu leben. Aber wenn sie offen sind für andere Wahlmöglichkeiten, ergibt sich immer eine gangbare Möglichkeit.

Erlernte Hilflosigkeit

Ein weiteres Hindernis dafür, die Möglichkeiten zu finden, die einem zur Verfügung stehen, ist das, was Psychologen »gelernte Hilflosigkeit« nennen. Der Begriff stammt von einigen originellen Experimenten, bei denen Tiere in Situationen gebracht wurden, in denen keine der Möglichkeiten, die sie hatten, zu einem guten Ergebnis führte. Bald lernten die Tiere zu denken, dass, egal was sie taten, nichts Gutes daraus entstehen würde. Es gab nichts, was sie tun konnten, um ihre Lage zu verbessern. Sie waren gänzlich hilflos, ihr Schicksal zu verändern, also gaben sie einfach auf und hörten auf, es zu versuchen. Wenn diese Tiere festgestellt hatten, dass sie hilflos oder sogar machtlos waren, erduldeten sie einfach ihren hoffnungslosen Zustand, auch wenn ihnen dann ein sichtbarer Ausweg zur Verfügung gestellt wurde. Sie nahmen den Fluchtweg nicht in Anspruch, weil ihre Überzeugung ihnen sagte, dass sie keine gute Möglichkeit hatten, auch wenn sie ihnen direkt vor Augen stand.

Menschen tun genau dasselbe. Sie entwickeln »erlernte Hilflosigkeit« und das ist eigentlich das Schema einer Depression. Sie lernen früh im Leben, dass sie, egal was sie tun, auf das Ergebnis überhaupt keinen Einfluss haben. Egal, was sie tun, Papa und Mama werden sich nicht freuen. Egal, was sie tun, irgendeiner wird zornig. Egal, was sie tun, sie bekommen nicht die Anerkennung, die sie brauchen. Egal, was sie tun, sie können dem schlechten Ende nicht entkommen. So ist es halt. Also geben sie auf.

Dann geschieht etwas noch Schlimmeres. Zusätzlich dazu, dass sie es aufgeben, etwas zu versuchen, *entwickeln sie die Angewohnheit, sich selbst als machtlos gegenüber dem Rest der Welt zu betrachten.* Für sie funktioniert die Welt nicht mehr auf der Basis von Ursache und Wirkung, wo das eigene Handeln ein entsprechendes Ergebnis hat. Stattdessen lernen sie, dass die Welt nach dem Zufalls-Prinzip funktioniert, wo Dinge einfach geschehen und es wenig gibt, was man dagegen tun kann. Das Gesetz des Säens und Erntens hat keinen Bestand mehr. Also hören sie auf, in ihrem Leben auszusäen, und als Ergebnis ernten sie nicht mehr. Warum? Weil sie glauben, dass es keine Möglichkeiten gibt. Nichts, was sie tun, macht die Dinge besser – wenn also nichts passiert, um die Dinge besser zu machen, ist es nicht ihre Schuld.

Wenn man diese Denkart auf die Situationen anwendet, die wir oben aufgelistet haben, dann können Sie erkennen, wie manche Menschen viele Jahre lang in ihren schlechten Situationen gefangen bleiben. Lassen Sie uns die Liste der Ausreden noch einmal betrachten:

• Der Ehemann, der nicht zuhören wollte
• Der Seelsorger, der nicht half
• Das Programm zum Abnehmen, das nicht funktionierte
• Die Freundin, die nicht zuhörte
• Die Mutter, die zornig wurde
• Die Firma, die nicht einstellte

Aber die Wahrheit ist – und das kann ich Ihnen mit voller Gewissheit sagen –, dass jeden Tag andere Menschen in denselben Situationen nicht einfach die Dinge so akzeptieren, wie sie sind, und unglücklich resignieren. Stattdessen glauben sie, dass es immer eine Chance gibt, und sie suchen mit Gottes Hilfe einen Ausweg aus dem Gefängnis ihrer Situation. Sie blicken vorbei an der Möglichkeit, die sie sich wünschen, und suchen nach der Möglichkeit, die funktioniert. Und sie finden sie.

Wie es aussieht

Manchmal hilft es dabei, andere Menschen agieren zu sehen. Viele Menschen wachsen in Verhältnissen auf, in denen die Suche nach Möglichkeiten ihnen nicht vorgelebt wird, und sie haben keine Ahnung, wie der Prozess überhaupt aussieht. Aber wenn sie beobachten könnten, wie ihnen »Möglichkeiten-entdecken« vorgelebt wird, könnten sie es lernen. Also lassen Sie uns anhand einiger spezifischer Situationen aufzeigen, wie das Entdecken von Möglichkeiten aussieht, damit wir lernen, was für Möglichkeiten uns immer offen stehen. Diese Beispiele handeln von Partnerschaftssuche, emotionalen Problemen und Gewichtsabnahme und werden Ihnen helfen sich vorzustellen, wie die Erweiterung Ihrer Möglichkeiten bedeutet, dass Sie niemals in eine Sackgasse geraten.

Möglichkeiten-entdecken-Modell: Partnerschaftssuche

Ich hielt ein Seminar für Singles in der Stadt Los Angeles, als eine Frau ihre Hand hob und sagte:»Ich höre das alles, was Sie über Partnerschaftssuche und Ausgehen sagen, aber es ist sehr schwierig, in einer Stadt wie Los Angeles einen guten Mann zu finden, mit dem man ausgehen kann. Die Leute sind alle nicht sehr sesshaft ... niemand scheint hier irgendwie verwurzelt zu sein, sie kommen und gehen nur. Deshalb gibt es keine fest gefügten Nachbarschaften oder Gemeinschaften, in denen jeder den anderen kennt und einem dabei helfen kann, jemand Passenden zu finden.«

Ich traute kaum meinen Ohren. Der südliche Teil von Kalifornien hat etwa 20 Millionen Einwohner. Und sie glaubt, in einer Gruppe dieser Größe ergeben sich keine Möglichkeiten, einen potenziellen Partner zum Ausgehen zu finden? Es war eine klassische Form des Problems, das wir gerade besprechen. Ihre Unfähigkeit gute Männer zu finden, mit denen sie ausgehen konnte, war nicht ihre Schuld; es war das Umfeld. »Der Süden Kaliforniens bietet keine gute Auswahl an Männern. Also stecke ich fest, es gibt nichts, was ich tun könnte.«

Das Beste kam erst noch, als sie fortfuhr: »Es wäre im Mittleren Westen viel einfacher, gute Männer zum Ausgehen zu finden, wo die Menschen und die Nachbarschaften viel sesshafter und stabiler sind.«

Warum war das solch eine signifikante Aussage? Weil ich ein paar Tage vorher im Mittleren Westen ein Seminar mit Singles gehabt hatte und eine Frau hatte gesagt: »Es ist hier im Mittleren Westen so schwierig, jemanden zu finden, mit dem man ausgehen kann. Die Menschen sind hier schon so lange und die Nachbarschaften sind schon so etabliert, dass alle sich bereits kennen und man nicht in ihren Kreis hineinkommt. Deswegen gibt es keine Möglichkeiten.« Und dann sagte sie: »Es wäre so viel leichter in solchen Orten wie Los Angeles oder New York jemanden zu finden, mit dem man ausgehen kann.«

Es genügt zu sagen, dass ich gut gerüstet war, um die Ausrede von »Fräulein Kalifornien« zu widerlegen. Was hielt diese Frauen davon ab, die Männer zum Ausgehen zu finden, die sie sich wünschten? Nur eines: Sie übersahen die Tatsache, dass sie Möglichkeiten hatten. Ihre Geographie war ihre Ausrede. Sie hielt sie davon ab, die Beziehungen, die sie wollten, zu finden. Ihre Gedankenprozesse liefen etwa so ab: »Ich bekomme nicht, was ich will. So ist das wohl in dieser Gegend.« In unser vorheriges Bild übersetzt heißt das: »Es sind keine Würstchen im Kühlschrank, also wird es heute Abend wohl nichts zu essen geben.«

Aber die wahre Wirklichkeit unterscheidet sich sehr von ihrer wahrgenommenen Wirklichkeit. Ich habe in beiden Gegenden Singles getroffen und mich mit welchen unterhalten, die sehr befriedigende Möglichkeiten auszugehen an genau den Orten entdeckten, wo die zwei Frauen meinten, es wäre unmöglich. Genauso wie unsere beiden Nörglerinnen hatten diese Frauen auch erlebt, dass es schwierig war, jemanden zum Ausgehen zu finden. Aber anstatt, dass sie ihre Träume in tränendurchtränkten Taschentüchern vergruben, fragten sie sich: »Was sind die Wahlmöglichkeiten, die ich habe, um diese Situation zu verändern?« Es gab etwa eine Million davon, aber hier sind ein paar, die diese Frauen erkannten und umsetzten:

- Manche analysierten sich selbst und bemerkten, dass sie mit niemandem zusammenkamen, weil etwas mit ihnen selbst nicht ganz stimmte. Also baten sie ihre Freundinnen und Freunde um Feedback über sich selbst, und wenn sie es dann bekamen, begannen sie an dem Problem zu arbeiten. Als sie es bewältigt hatten, veränderte sich ihr Beziehungsleben. Die Dinge, die sie korrigierten, rangierten von »Du bist nicht offen für Männer, die anders sind als dein eigenes Traumideal« bis zu »Du wirkst bei gesellschaftlichen Anlässen nicht so, als ob du Männern gegenüber offen wärst.« Manche dieser Frauen bemühten sich um mehr Fitness, andere mussten sich mit bestimmten inneren Einstellungen auseinandersetzen, die sie blockierten.[5]

- Einige dieser Frauen erkannten, dass sie keine Männer zum Ausgehen fanden, weil sie grundsätzlich nicht genug Menschen kennenlernten. Also schlossen sie sich einem Partnerschaftsservice an. Ich habe gerade einen Telefonanruf von einer Frau bekommen, die mir vor etwa einem Jahr sagte, dass »es keine guten Männer zum Ausgehen« gebe und dass sie »nie gebeten« werde, »mal mit einem Mann auszugehen«. Zu der Zeit forderte ich sie dazu auf, mein Programm für Beziehungen durchzuarbeiten. Es ermutigt die Teilnehmer, nicht die äußeren Umstände verantwortlich zu machen, sondern ihre Möglichkeiten wahrzunehmen. Ich drängte sie, einem Partnerschaftsservice beizutreten, aber sie sträubte sich dagegen; sie sah das zuerst nicht als gangbare Möglichkeit. Aber mit der Zeit veränderte sich ihre Einstellung und sie öffnen sich ihren Wahlmöglichkeiten. Sie rief mich an, weil sie gerade von einem tollen Mann, den sie durch eine der Partnerschaftsvermittlungen kennengelernt hatte, einen Heiratsantrag bekommen und Ja gesagt hatte. Und er war, wie sie Ihnen auch erzählen würde, nicht der erste Mann, den sie kennengelernt hatte. Sie musste sich entscheiden, ihre Suche fortzusetzen, nachdem aus den ersten Bekanntschaften nichts wurde. (Lesen Sie dazu Kapitel 8 zum Thema Beharrlichkeit.)

- Diese Frauen erkannten, dass ihr Lebensstil sie nicht mit Menschen in Verbindung brachte, die sie nie zuvor getroffen hatten. Es wurde ihnen klar, dass es keinen magischen Ort gab – keinen bestimmten Platz, wo alle Partner finden konnten. Also erweiterten sie ihren Bereich und begannen damit, neue Orte zu besuchen.

- Die Frauen wurden auch aktiv, wenn es keine guten Aktivitäten gab, wo sie sich mit anderen Singles treffen konnten. Sie fingen an, selbst aktiv zu werden. Eine Gruppe von Frauen in meiner Kirchengemeinde gründete einen Club, der S. W. A.R.M. hieß, was für »Single Women Actively Recruiting Men«[6] steht. Sie organisierten monatlich Treffen und Ausflüge, zu denen die Mitglieder Männer einluden, mit denen sie nicht zusammen waren, aber die sie bei der Arbeit oder in anderen Umgebungen kennengelernt hatten. Im Wesentlichen haben sie füreinander Männer angeworben.

Die Liste könnte noch weitergeführt werden, aber der Punkt ist der, dass sie, egal welche Art von Problem sie bei sich entdeckten, es lösten und ihr soziales Leben sich dadurch veränderte.

Die wesentliche Aussage hier liegt nicht in den spezifischen Vorschlägen, obwohl viele von ihnen sehr kreativ und effektiv sind. Es geht hier um *die Art zu denken, die zu diesen Vorschlägen geführt hat.* Diesen Frauen wurde klar: Wenn etwas nicht funktioniert, dann muss man damit aufhören, Schuld zuzuweisen. Hören Sie auf, passiv zu klagen »Es ist nicht meine Schuld« und beschäftigen Sie sich damit herauszubekommen, was Ihre Möglichkeiten sind. Wenn Sie keine Möglichkeiten sehen, suchen Sie weiter oder schaffen Sie sich selber welche.

Möglichkeiten-entdecken-Modell: Emotionale Probleme

Die Anruferin in unserer Radiosendung fragte, was sie wegen ihrer Essstörung unternehmen könnte. Sie litt schon seit geraumer Zeit an Bulimie. Sie erzählte uns, dass sie an einem Zwölf-Schritte-Programm teilgenommen hatte, das ihr in manchen Fragen geholfen hatte, aber die Bulimie im Wesentlichen unberührt ließ. Ihre Seelsorger hatten sie davon überzeugt, dass ihre Bulimie eine

Sucht sei und dass sie deswegen immer damit zu tun haben würde. Aber ihr Therapieprogramm half ihr nicht und sie fühlte sich festgefahren.

»Zuerst einmal«, sagte ich, »habe ich ein großes Problem damit, Bulimie eine Sucht zu nennen. So wie ich es sehe, ist eine Sucht etwas, das mit einer Substanz zu tun hat, die man nicht loslassen kann, und sie umfasst auch solche Faktoren wie erlernte Toleranz, Entzugserscheinungen und eine ganze Reihe anderer Dinge, die nichts mit Ihrem Problem zu tun haben. Obwohl das Wort Sucht vielleicht hilfreich sein kann als Ausdruck für manche außer Kontrolle geratenen Handlungsweisen, glaube ich nicht, dass eine Suchttherapie die Antwort auf Bulimie ist.«

»Aber es geht doch um eine Substanz«, sagte sie. »Essen.«

»Ich verstehe«, sagte ich zu ihr, »aber der Unterschied zwischen Nahrungsmitteln und Alkohol zum Beispiel ist, dass Sie immer Nahrungsmittel essen werden, auch wenn Sie nicht länger unter Bulimie leiden. Alkoholiker sollten nie wieder Alkohol anrühren. Ihr Körper hat eine Suchtreaktion darauf entwickelt, die immer ein Abrutschen in einen nicht-funktionsfähigen Zustand auslöst. Es gibt für sie keinen sicheren Weg, jemals wieder Alkohol zu trinken. Es gibt aber einen guten Weg für Sie, zu essen. Also, beschränken Sie sich nicht auf eine Therapie, die für Suchtkranke erfolgreich ist, aber nicht die Probleme anspricht, die Ihre Bulimie verursachen.«

»Was meinen Sie damit?«, fragte sie.

»Bulimie wird meistens von einem vorhersagbaren Entwicklungsproblem angetrieben«, erwiderte ich. »So wie Bedürfnis-/Furcht-Dilemmas, Autonomie-Problemen, bei denen es auch um Grenzen und Freiheiten geht, Perfektionismus und Forderungen nach einem Ideal oder einer Unfähigkeit, in der Beziehung zu Autoritätspersonen Mündigkeit zu erreichen. Wenn Sie einen guten Therapeuten finden würden, der diese Dinge versteht, könnten Sie die Dinge durcharbeiten, die Ihre Bulimie verursachen und fördern. Und dann müssten Sie nicht den Rest Ihres Lebens in der Suchttherapie bleiben. Das Problem wäre weg. Ich habe es schon Tausende Male beobachtet.«

»Aber ich habe eine Beratung versucht. Es hat nicht funktioniert«, sagte sie. Die Bemerkung ließ mich die wahre Ursache der Probleme vermuten, aber ich fühlte ein bisschen weiter vor.

Sie erzählte mir von all den Problemen, die ihr Therapeut angesprochen hatte, und es waren nicht die Dinge, die Bulimie verursachen. Ich sagte ihr, dass sie einen neuen Therapeuten finden sollte, einen, der sich mit den Ursachen einer Bulimie auskennt.

Ich konnte erkennen, dass sie Schwierigkeiten hatte zu glauben, dass irgendetwas wirklich funktionieren könnte. Ich konnte an ihrer Stimme hören, dass sie es wirklich versucht hatte und dass allein schon der Gedanke, es wieder zu versuchen, sie überforderte.

Und dies war der Grund dafür, genau wie ich es vermutet hatte: Sie hatte keine Angst vor der Mühe, es noch einmal zu versuchen; sie hatte Angst davor, dass der neue Versuch auch nicht funktionieren würde. Sie hatte Angst vor der Hoffnungslosigkeit, die ihr Herz niederdrücken würde, wenn ein weiterer Versuch keine Wirkung zeigte. Sie kannte sehr gut die Gefahr, die in Sprüche 13,12 aufgezeigt wird: »Langes Warten macht das Herz krank, aber wenn Träume wahr werden, herrscht Leben und Freude.«

Aber der Punkt ist der: Ihre Hoffnungslosigkeit ergab sich nicht aus der Tatsache, dass sie etwas versucht und es nicht funktioniert hatte. Sie ergab sich aus ihrer Art über den Versuch nachzudenken.

Stellen Sie sich das so vor. Die Philosophie dieser Anruferin war, dass man etwas versucht in der Hoffnung, dass es funktioniert, und wenn es nicht klappt, dann hat man keine andere Möglichkeit und alles ist hoffnungslos. Kein Wunder, dass diese Frau sich zurückhält. Natürlich ist es für sie sehr beängstigend, etwas zu versuchen. Wenn ich glaube, dass ich nur eine Kugel habe, dann schieße ich erst, wenn ich wirklich muss. Ein Schuss ist alles, was man hat, und danach gibt es keine Hoffnung mehr. Aber –

Was, wenn Ihre Hoffnung nicht in einer bestimmten Möglichkeit, sondern in dem Glauben liegt, dass, wenn Sie weiter nach Möglichkeiten suchen, sich eine auftun wird?

Dieser Zugang macht einen enormen Unterschied. Einen *riesigen!* Wenn Ihre Hoffnung auf der Tatsache basiert, dass Sie immer noch eine Auswahl an Möglichkeiten haben, anstatt dass Sie nur eine Chance bekommen, dann haben Sie immer Hoffnung. Die Hoffnung muss niemals enden, weil Sie, unabhängig von noch so vielen Enttäuschungen und Versagen, immer noch nach der nächsten Möglichkeit suchen. Wenn etwas nicht funktioniert, dann fragen Sie sich sofort: »Was sind meine Möglichkeiten?« Indem Sie sich Ihre Möglichkeiten überlegen, merken Sie, dass Sie immer eine andere Alternative haben als die Hoffnungslosigkeit. Sie haben Optionen, Freiheit, Möglichkeiten und Hoffnung.

Diese Anruferin war in eine Sackgasse geraten, weil sie keine Möglichkeiten sah. Das Zwölf-Schritte-Programm, an dem sie teilnahm, war zwar auf vielen Ebenen hilfreich, ließ aber ihre Bulimie nicht verschwinden. (Wir sind übrigens große Verfechter der Zwölf-Schritte-Programme. Was wir hier sagen wollen, ist, dass Menschen, die unter Bulimie leiden, zusätzlich noch andere Schritte unternehmen müssen.) Wie ich es dieser Frau gesagt habe, hatte sie viele Möglichkeiten, die sie nicht wahrnahm. Hier sind nur ein paar von denen, die wir ihr während des Anrufs genannt haben:

- Sie konnte wieder in die Beratung gehen, aber einen Therapeuten finden, der sich mit den Entwicklungsstörungen auskannte, die Bulimie verursachen. Wenn der erste, mit dem sie sprach, sich da nicht auskannte, dann sollte sie nach einem anderen suchen.

- Sie konnte sich entscheiden, andere Menschen in ihren Kampf einzubeziehen, wenn er gerade aktuell ist. Ein Zwölf-Schritte-Programm bringt meistens den Leuten bei, ihre Mentoren oder jemand anderen zu dem Zeitpunkt anzurufen, wenn die Versuchung akut ist. Diese Frau konnte Hilfe finden, indem sie jemanden anrief, wenn die Versuchung sich mit Essen vollzustopfen sie überkam.

- Wenn ein wöchentliches Treffen nicht ausreichte, dann konnte sie sich dafür entscheiden, die Anzahl der Treffen zu erhöhen, bis sie mehr Selbstkontrolle entwickelte. Ich erzählte ihr, dass manchmal Menschen, die so oft Fressattacken haben wie sie, sich dafür entscheiden, täglich ein Treffen zu besuchen. Der Co-Moderator unserer Sendung, Steve Arterburn, erzählte ihr, dass viele Alkoholiker bis zu neunzig Treffen in dreißig Tagen besuchen, um ihre Trinkerei unter Kontrolle zu bekommen.

- Sie konnte sich dafür entscheiden, ihrem Mentor und den anderen Leuten in ihrer Gruppe gegenüber zuzugeben, wo sie sich -

in ihrem Kampf wirklich befand. Sie gab zu, dass es extrem schwer für sie war zuzugeben, wie sehr sie andere Menschen brauchte. Sie hatte die Wahl, dieses Bedürfnis zuzugeben und andere an ihrem Versagen teilhaben zu lassen, wenn sie nicht übte. Diese eine Entscheidung zu treffen, sich auf andere zu stützen, würde einen großen Schritt vorwärts bedeuten, ihre Bulimie zu überwinden. Denn Bulimie ist oft mit Angst vor Abhängigkeit und Konflikten verbunden.

- Sie konnte sich entscheiden, ein gutes Buch zu besorgen, das die Probleme, die der Bulimie zugrunde liegen, behandelt.[7] Sie konnte auch mit einer kleinen Gruppe von Freunden oder einem Rechenschafts-Partner[8] zusammen an ihren Problemen arbeiten.
- Sie konnte eine Selbsthilfegruppe für Bulimie in ihrer Stadt finden und daran teilnehmen, um zu lernen, was andere tun, um das Problem zu überwinden.
- Sie konnte sich dafür entscheiden, in eine strukturiertere Therapie einzusteigen, wie das viele Bulimie-Patienten tun. Wöchentliche Therapie oder eine Zwölf-Schritte-Gruppe ist oft nicht genug. Sie konnte in ein Therapiezentrum gehen und dort eine Weile bleiben. Diese Art der Behandlung kann sehr erfolgreich sein.

Diese Informationen wurden alle in ein sehr kurzes Telefonat gepackt. Wenn sich jemand mit der Frau hinsetzen und etwas Zeit verbringen würde, bin ich sicher, dass sie viele weitere Möglichkeiten entdecken würden, die für sie machbar wären. Der Punkt ist der: Sie haben immer eine Wahl und Möglichkeiten. Wenn Sie nicht eine tödliche Krankheit haben, die innerhalb der nächsten Stunde Ihr Leben beenden wird, stehen Ihnen meistens Möglichkeiten zur Verfügung. (Tatsächlich zeigt die Forschung, dass sogar Menschen mit tödlichen Krankheiten viele Möglichkeiten haben, die die Qualität und Quantität ihres Lebens drastisch beeinflussen.) Möglichkeiten, Möglichkeiten, Möglichkeiten. Es gibt immer welche.

Wir bleiben jedoch wegen zwei Sachen, die wir nicht mögen, in unseren Problemen stecken.

Als Erstes mögen wir es nicht, wenn die Möglichkeit, die wir haben möchten, nicht verfügbar ist. Denken Sie an die Frau, die mit siebzig noch feststeckte, nachdem sie mit vierzig geschieden wurde, weil sie immer noch ihren Ex-Mann wollte. Diese Möglichkeit stand ihr nicht zur Verfügung und sie wollte keine der anderen, ihr offen stehenden Möglichkeiten auch nur in Erwägung ziehen. In der Zwischenzeit entschied sich ihr Mann für andere Möglichkeiten und baute sich ein gutes Leben auf.

Das Zweite, das wir oft nicht mögen, ist dies: Wenn die Möglichkeit, für die wir uns entschieden *haben*, nicht funktioniert, so wie im Fall der Frau mit Bulimie, wollen wir oft nicht davon absehen, obwohl sie keine Ergebnisse erzielt. Sie entschied sich für ein wöchentliches Zwölf-Schritte-Programm und es funktionierte nicht. Aber sie wollte, dass genau das funktionierte; sie wollte nicht die Schwierigkeiten, das Risiko und die Furcht durchmachen müssen, noch einmal von vorne anzufangen. Die bekannte Weisheit *»Wenn du immer wieder dasselbe tust, wirst du auch immer wieder die gleichen Ergebnisse erzielen«*, lässt sich auf ihre Denkweise anwenden.

Wir haben die Tendenz, entweder unsere erste Wahl haben zu wollen, die wir nicht haben können, oder uns an die Möglichkeit, die wir ausgewählt haben und die nicht funktioniert, zu klammern. Keine dieser beiden Möglichkeiten lässt sich verwirklichen, aber das heißt nicht, dass alles vorbei ist.

Im Umgang mit emotionalen Problemen stehen uns immer Entscheidungsmöglichkeiten zur Verfügung, die wir eventuell nicht wahrnehmen. Wenn Ihre Beziehungen nicht funktionieren, sind Sie nicht an Verhaltensmuster gebunden, die Sie in der Vergangenheit benutzt haben. Sie können aufhören, sich so zu verhalten, wie Sie es bis jetzt getan haben, und etwas anderes ausprobieren. Wenn es um emotionale Fragen geht, tendieren wir dazu, uns auf langjährige Verhaltensmuster zu beschränken.

Ich habe eine Bekannte, die mit Depression zu kämpfen hat. Wenn sie depressiv ist, dann ist es ihre natürliche Neigung, im Bett zu bleiben oder sich zurückzuziehen. Aber sie hat die Art von Persönlichkeit, die Möglichkeiten und Chancen versteht. Wenn sie also depressiv wird, dann entscheidet sie sich aufzustehen und ins Fitnessstudio zu gehen, egal wie sie sich fühlt. Und sie entscheidet sich, eine Freundin anzurufen oder zu einem Gruppentreffen zu gehen oder mit jemandem wegzugehen, mit dem sie eng befreundet ist, egal wie sie sich fühlt. Sie würde Ihnen erzählen, dass diese Entscheidungen in sehr schweren Zeiten einen riesigen Unterschied gemacht haben. Sie bewirken nicht eine vollkommene Heilung, sie muss trotzdem noch andere schwere Entscheidungen treffen, um ganz gesund zu werden. Aber Entscheidungen zu treffen, mit ihrem Zustand initiativ umzugehen, hat schon eine große Rolle bei der Verbesserung ihres Zustands gespielt.

Schauen Sie sich Ihre eigenen Verhaltensmuster bei Ihren emotionalen Problemen genau an und erforschen Sie dann alle anderen Möglichkeiten, die Ihnen offen stehen.

Ein weiteres Beispiel: Wenn Sie von Gefühlen der Einsamkeit heimgesucht werden und trotzdem einfach nach Hause gehen und Fernsehen schauen, ist es an der Zeit, Entscheidungen zu treffen, die Ihren Zustand verändern. Was könnten Sie sonst noch tun, wenn Sie sich einsam fühlen? Sie könnten:

- Einen Freund/eine Freundin anrufen.
- Zu einem Treffen Ihrer Kirchengemeinde gehen.
- Einer Kleingruppe oder Bibelstudiumsgruppe beitreten.
- Zu einem Treffen einer Selbsthilfegruppe gehen und über Einsamkeit reden.
- Ehrenamtliche Arbeit tun.
- Sich bei einem Kurs oder Seminar einschreiben, der bzw. das zu den Zeiten stattfindet, zu denen Sie sich am einsamsten fühlen.
- Einem Kind als Mentor dienen.
- Mit einem Freund/einer Freundin ins Fitnessstudio oder zu einem Abendkurs gehen.
- Eine Million anderer Möglichkeiten finden, die hier nicht aufgelistet sind.

Dasselbe Prinzip gilt für andere emotionale Probleme. Oft sehen Menschen außer den Mustern, die sie immer ausgelebt haben, keine anderen verfügbaren Alternativen. Menschen, die z. B. Probleme mit Zorn haben, sehen nicht, dass ihre erste Wahl, die vielleicht wäre, nie wieder außer sich zu geraten, im Moment für sie noch keine Möglichkeit ist. Ihr Zorn löst sich nicht einfach auf, weil sie es so wollen. Aber sie haben trotzdem Alternativen. Sie könnten sich entscheiden, sich aus einer Situation zu entfernen, wenn sie merken, dass ihr Zorn hochkommt. Sie könnten lernen, die Dinge zu erkennen, die den Zorn auslösen, und diese vermeiden. Oder sie könnten, wenn sie das Aufkommen von Zorn bemerken, der Person, auf die er gerichtet ist, sagen, was gerade passiert, und dass sie sich aus der Situation zurückziehen müssen.

So wie die Bibel sagt, Gott wird für einen Ausweg sorgen.

Möglichkeiten-entdecken-Modell: Abnehmen

»Ich habe eines dieser Programme zum Abnehmen versucht und es hat nicht funktioniert.« Diesen Satz hören wir oft in der Radiosendung oder in Seminaren. Oder manchmal: »Es hat eine Weile funktioniert, aber dann habe ich alles wieder zugenommen.« Die Verzweiflung, die oft mit diesem Problem einhergeht, ist herzzerreißend, besonders, wenn die Leute es »versucht« haben. Aber wenn man etwas an der Oberfläche kratzt, findet man sehr oft, dass nicht das Programm das Problem war, sondern die Person, die mit dem Programm nicht arbeiten wollte. Und dieses Problem ist verwandt damit, dass man keine verfügbaren Möglichkeiten erkennt.

Bei der Gewichtsreduktion sehen die Leute meistens zwei Alternativen: weniger essen und mehr körperliche Betätigung. Und sie haben recht. Die vielen, vielen Forschungsstudien sagen das Gleiche: Um abzunehmen, muss man sich mehr bewegen und weniger essen. Aber mit der Lösung gibt es ein Problem: Die Menschen sind nicht in der Lage es zu tun oder dabeizubleiben. Was sie tun, ist einem Programm beizutreten und manchmal erste Erfolge zu erzielen. Dann lassen sie langsam in ihrer Hingabe dem Programm gegenüber nach. Sie fahren mit der Diät fort, gehen aber nicht auch noch zu den Gruppentreffen. Und bald stellen sie fest, was sie schon immer gemerkt haben – ihre Willensstärke lässt sie im Stich. Ihre Schlussfolgerung: »Das war nichts für mich.«

Die Wahrheit ist, dass sie oft nicht offen waren, andere Möglichkeiten zu erforschen. Es gibt einige Schlüsselentscheidungen, die Menschen zur Verfügung stehen, die ernsthaft ein außer Kontrolle geratenes Verhalten in den Griff bekommen wollen – Entscheidungen, die tatsächlich funktionieren. Im Bezug auf unsere Diskussion über Gewichtsreduktion ist dies die Lektion, die wir hier lernen: Wenn Ihre Willensstärke versagt, ist das ineffektive »Iss das nicht« nicht Ihre einzige Alternative. Sie könnten:

- *Ihr Programm mit etwas mehr Struktur versehen.* Wenn es Ihnen nicht gelingt, eines der Erfordernisse des Programms durchzuhalten, dann brauchen Sie mehr Disziplin von außen. Beispiel: Eine Gruppe Frauen, die ich kenne, hatte Schwierigkeiten damit, die schweren Entscheidungen zu treffen, die nötig waren, um ihr Ziel zu erreichen. Also trafen sie eine weitere Entscheidung. Sie entschieden sich für etwas, was sie tun konnten. Sie entschieden sich, sich jeden Morgen um 7 Uhr eine halbe Stunde lang über eine telefonische Konferenzschaltung darüber zu unterhalten, was sie an dem Tag tun mussten, damit es funktionierte, und sich gegenseitig zu unterstützen. Diese eine Entscheidung ließ das Ganze für sie machbar werden.
- *Sich entscheiden, die Versuchung zu beseitigen.* Wenn es keine machbare Lösung ist, die Kartoffelchips im Küchenschrank nicht zu essen, weil Ihnen die Willensstärke fehlt, ihnen zu widerstehen, dann können Sie sich entscheiden, sie gar nicht erst zu kaufen. Wenn sie nicht im Haus sind, dann werden Sie sie auch nicht essen. Viele finden diese Methode außerordentlich hilfreich. Sie entscheiden sich, keines der verbotenen Lebensmittel im Haus zu haben.
- *Sich Unterstützung für Ihre Selbstkontrolle von außen holen.* Wenn Sie dem vorherigen Vorschlag nicht folgen können, weil es Ihnen nicht gelingt, im Laden an dem Regal mit den Kartoffelchips vorbeizugehen, dann gehen Sie nicht alleine einkaufen. Kaufen Sie zusammen mit einer Freundin ein, die mit Ihnen im Programm ist oder die sich Ihrem Ziel mit verpflichtet. Wenn Sie alleine sind und versucht werden, brauchen Sie ein paar Freunde, die bereit sind, mit Ihnen in solchen Momenten am Telefon darüber zu reden, bis es Ihnen wieder besser geht. Sagen Sie ihnen, dass Sie in Schwierigkeiten sind und ihre Hilfe benötigen. Entscheiden Sie sich, ihnen zu versprechen, dass Sie niemals schummeln werden, ohne zuerst bei ihnen anzurufen.

- *Sich dazu entscheiden, externe Disziplin und Struktur in die spezielle Aufgabe zu bringen.* Wenn Sie mehrmals in der Woche Sport machen sollen und Sie es nicht schaffen, weil Ihnen die Selbstdisziplin fehlt, lernen Sie von der Struktur anderer. Entscheiden Sie sich, bei einer Gruppe mitzumachen, oder trommeln Sie eine Gruppe von Freunden zusammen, die sich jeden Morgen oder Mittag treffen, um zusammen zu laufen oder ins Fitnessstudio zu gehen. Universitätsstudenten nutzen diese Möglichkeit ständig, wenn sie Studiengruppen beitreten, die ihnen helfen, die Sachen zu Ende zu bringen, für die sie alleine nicht die Disziplin haben. Einen Trainer einzustellen bringt das gleiche Ergebnis.

- *Sich entscheiden, sich mit den Emotionen und Stressfaktoren auseinanderzusetzen, die Sie zu viel essen lassen.* Willenskraft ist nicht eine Ihrer Möglichkeiten, aber mit jemandem über die Probleme zu reden, die möglicherweise Ihre Esssucht auslösen, ist eine Chance. Gehen Sie zu einer Selbsthilfegruppe, gehen Sie zu einem Therapeuten, treffen Sie sich mit einer Freundin und fangen Sie an, das aufzuspüren, was Sie auffrisst. Tagebuch schreiben ist für manche hilfreich. Sie haben immer die Alternative, Ihre Emotionen für sich zu behalten oder sie mit jemandem zu teilen. Wenn Sie sie mit jemandem teilen, werden sie weniger stark und verlieren ihre Fähigkeit, Sie zu dem Handeln zu treiben, über das Sie die Kontrolle verloren haben.

- *Sich entscheiden, mit Ihrem Programm nicht aufzuhören.* Wieder und wieder hören wir von Leuten, die einem bestimmten Programm beigetreten sind, einen gewissen Erfolg erzielt haben, aber dann ausgestiegen sind. Sie haben nicht nur die schon verlorenen Pfunde wieder zugenommen, was laut Forschung meistens passiert, sondern meistens haben sie noch mehr zugenommen. Dann sagen sie: »Ich habe das versucht und es hat bei mir nicht funktioniert.« Aber in den meisten Fällen hat das Aufhören bewirkt, dass es nicht funktionierte.

Wenn Sie echtes Interesse am Erfolg haben, müssen Sie hier zwei Entscheidungen treffen. Zuerst müssen Sie sich entscheiden, nicht aus dem Programm auszusteigen, auch wenn Sie mit den ersten

Resultaten nicht zufrieden sind. Diejenigen, die weitermachen, sind diejenigen, die am Ende gute Resultate erzielen. Zweitens: Entscheiden Sie sich etwas zu tun, das Ihnen hilft im Programm zu bleiben. Meistens bedeutet das, dass Sie sich die oben schon genannte Art der Unterstützung und Verpflichtung von außen holen. Im Programm weiterzumachen ist die beste Entscheidung. Vergessen Sie die Alternative, sich auf Ihre eigene Willensstärke zu verlassen, um nicht zu viel zu essen. Klammern Sie sich nicht an eine Möglichkeit, die zum Versagen verurteilt ist.

- *Entscheiden Sie sich, das Abnehmen als eine langfristige Veränderung Ihres Lebensstils zu sehen.* Sich auf diese anhaltende Mit-dem-Programm-weitermachen-Einstellung umzustellen ist die wichtigste Entscheidung, die Sie treffen können. Abzunehmen ist nicht etwas, das Sie einfach »tun«. Es geht darum, Ihren Lebensstil zu verändern, bis er dem von Menschen gleicht, die keine Gewichtsprobleme haben. Die schlanken und fitten Menschen tun dasselbe, was Menschen tun, die versuchen abzunehmen. Sie erforschen ihre Gefühle, suchen Unterstützung, treiben Sport und so weiter. Haben Sie je darüber nachgedacht? Es sind die dünnen Leute, die Sie im Fitnessstudio sehen. Sie gehen routinemäßig dorthin, es ist ihr Lebensstil. Sie müssen sich entscheiden, Ihre Gewichtskontrolle-Routine auch so zu sehen. Es ist nicht nur eine Entscheidung abzunehmen. Es ist eine weitreichendere Entscheidung: die Wahl, Ihren Lebensstil zu verändern. Wenn Sie das tun, erledigen sich die Fragen der Gewichtsreduktion nach und nach von allein.

Diese kurze Erörterung ist auf keinen Fall als Ratgeber zur Gewichtsreduktion gedacht oder als umfassendes Programm. Wir haben zu viele Menschen mit Gewichtsproblemen in der Beratung gehabt, um zu glauben, dass wir auf ein paar Seiten ein Allheilmittel anbieten können. Wenn Übergewicht Ihr Problem ist, dann fühlen wir mit Ihnen und wir möchten Sie ermutigen, gute Hilfe zu finden mit einem seriösen Programm, das bewiesene Resultate bringt. Aber denken Sie daran, die guten Programme funktionieren nur, wenn Sie *mit* dem Programm arbeiten. Entscheiden Sie sich für eines, das

Sie durchziehen können, oder entscheiden Sie sich, die unterstützenden Strukturen aufzubauen, die Sie brauchen, um es durchzuziehen. Das wird Ihr Schlüssel zum Erfolg sein.

Wahlfreiheiten

Erinnern Sie sich an den Abschnitt über Anpassungsfähigkeit? Wir bemerkten, dass ein Kind, das kein Abendessen hat, in der Sache keine Wahl hat, weil es in allem von einem Erwachsenen abhängig ist. Aber ein Erwachsener mit einem leeren Kühlschrank hat Wahlmöglichkeiten. Dann sagten wir etwas anderes, an das Sie sich erinnern sollten.

Wir wiesen darauf hin, dass die meisten von Ihnen bei einer so simplen Situation wie einem leeren Kühlschrank Ihre Möglichkeiten nicht aus den Augen verlieren. Sie erkennen leicht, dass Sie andere Alternativen haben, so wie zum Supermarkt zu fahren, ins Restaurant zu gehen oder zum Nachbarn zu gehen und dort ein Sandwich zu essen. Kein Problem. Aber wenn Sie auf eine Beziehungs-Schranke oder eine Karriere-Schranke stoßen, dann setzt oft das *Ich-habe-keine-Wahl*-Denken ein. Die meisten von uns wählen eine Möglichkeit, aber in anderen Bereichen eben nicht. Um zu vermeiden, dass Sie in irgendeinem Bereich Ihres Lebens in eine Sackgasse geraten, ist es deswegen nötig, dass Sie:

den Punkt finden, an dem Sie Ihre Freiheit zu wählen, verlieren.

Dieser Punkt ist für jeden von uns ein anderer. Ist er dort, wo jemand sich weigert Ihnen das zu geben, was Sie von ihm brauchen? Ist er dort, wo jemand zornig wird? Ist er dort, wo Sie in Ihrem Streben nach einem Ziel auf ein Hindernis stoßen? Ist er dort, wo Ihre Emotionen stark sind, oder dort, wo Sie depressiv sind? Wann passiert es? Wie passiert es? Wer kann es geschehen lassen? Wenn Sie die Antworten auf diese Fragen finden, dann sind Sie auf dem Weg in die Freiheit.

Eine Frau, die in unserer Radiosendung anrief, erzählte, dass sie zu Weihnachten ihre Familie besuchen würde, und sie wurde langsam schon depressiv, weil sie wusste, dass ihr Großvater alles vermiesen würde, so wie er es immer tat. Ihr graute vor seiner Kritik an ihr. Wir fragten, warum, und sie antwortete: »Ich muss einfach, das ist alles. Ich habe keine Wahl. So ist er eben.«

Diese Frau verlor ihre Freiheit in dem Moment, in dem sie bei diesem Familientreffen durch die Tür ging. Ihr war nicht klar, dass niemand einem die eigene Freiheit nehmen kann. Sie entschied sich, sie aufzugeben. Wie Paulus uns sagt: »So hat uns Christus also wirklich befreit. Sorgt nun dafür, dass ihr frei bleibt, und lasst euch nicht wieder unter das Gesetz versklaven« (Galater 5,1). Sie ließ zu, dass ihr Großvater sie »wieder versklavte«. Er hatte ohne ihre Zustimmung nicht die Macht, das zu tun. Aber der Druck der Familie es hinzunehmen, war so stark, dass sie an dieser Stelle ihre Wahlmöglichkeiten verlor.

Während wir uns unterhielten, fielen uns schnell einige Möglichkeiten ein, die sie wählen könnte:

- Sie könnte sich entscheiden, bei solchem Verhalten nicht mitzumachen.
- Sie könnte sich entscheiden zu akzeptieren, dass er der sein würde, der er ist, aber sie könnte ihren Wunsch aufgeben, seine Anerkennung zu bekommen. Das würde ihr die Kraft geben, seine Bemerkungen zu ignorieren.
- Sie könnte mitfühlen: »Mensch, Großvater, es scheint ja sehr frustrierend für dich zu sein, dass ich bin, wie ich bin. Es ist bestimmt schwer.« Sie muss nicht dabei bleiben, ihn von irgendetwas überzeugen zu wollen.
- Sie könnte bei dem Familientreffen ihren Großvater meiden.
- Sie könnte während des Treffens immer mal wieder eine Freundin anrufen und ihr erzählen, wie verrückt er ist, und darüber mit ihr lachen.
- Sie könnte ihn davor anrufen und ihn fragen, ob er vorhabe, sie dieses Jahr so herunterzuputzen wie das Jahr zuvor. Wenn er ja sagt, dann könnte sie antworten, dass sie möglicherweise in dem Fall in ein anderes Zimmer gehen würde, wenn er mit seiner Kritik anfängt. Sie wolle, dass er das vorher weiß, damit er von ihrem Gehen nicht überrascht wird.

Die Anruferin begann tatsächlich ganz fröhlich zu werden. Einfach nur erinnert zu werden, dass sie doch immer Alternativen hatte, war für sie eine riesige Erleichterung, so wie für uns alle.

Es tut uns nicht gut, gefangen zu sein, weil wir dafür nicht geschaffen sind. Wir sind dafür geschaffen, frei zu sein. Und auf vielerlei Art ist das Leben ein andauernder Kampf, unsere von Gott gegebene Freiheit von den äußeren und inneren Mächten, die uns unsere Freiheit rauben wollen, zurückzugewinnen und auszuleben.

Finden Sie heraus, wo Ihr Freiheitsbereich endet. Unternehmen Sie Schritte, um ihn zu erweitern, bis Sie sich frei fühlen können, egal wo Sie sind, indem Sie sich an die eine Sache erinnern: Sie haben immer Möglichkeiten! Letztendlich hat niemand und nichts über Sie die Kontrolle – die Kontrolle liegt bei Ihnen und nur bei Ihnen. Also nehmen Sie Gott bei der Hand und kehren Sie zu der Freiheit zurück, für die er starb, um sie Ihnen zu schenken.

Kapitel 4
Sie können sich strecken und Risiken eingehen

Nur wer riskiert, zu weit zu gehen,
kann jemals herausbekommen, wie weit man gehen kann.

T.S. Eliot

Als ich (John) zuerst anfing, als Psychologe zu arbeiten, wurde ich von einer Praxis eingestellt, die mir ein Büro, administrative Unterstützung, Kunden und Kollegen zur Verfügung stellte. Das Arbeitsumfeld war hilfreich, ich arbeitete zusammen mit Menschen, die ich gerne mochte, und ich sammelte viel berufliche Erfahrung dort. Mit der Zeit sehnte ich mich jedoch nach mehr Selbstständigkeit, wollte mein eigenes Ding machen und eine eigene Praxis eröffnen. Also erzählte ich dem Besitzer der Praxis von meinen Plänen und wir einigten uns auf eine Vereinbarung, die mir für den Übergang von seiner Praxis zu meiner eigenen, die ich zusammen mit einem Kollegen eröffnete, Zeit ließ.

Es war aufregend, den Mietvertrag für meine eigenen Büroräume abzuschließen. Ich hatte keine Angst vor diesem neuen Aufbruch. Schließlich arbeitete ich noch in der alten Praxis und die war gut etabliert und sicher. Aber mein letzter Tag dort war alles andere als aufregend. Ich verabschiedete mich nach meiner Abschiedsfeier von den Mitarbeitern und stieg in mein Auto. Ich werde nie den Gedanken vergessen, der mich auf der Fahrt in mein neues Büro überfiel: Was in aller Welt dachte ich mir eigentlich?

Ich hatte keinen vollen Terminkalender und niemand teilte mir neue Kunden zu. Die Miete war am ersten Tag des Monats fällig und ich hatte einen langfristigen Mietvertrag unterschrieben. Alle

Visionen, alle Energie und aller Optimismus aus dem Anfangsstadium meines Sehnens nach Selbstständigkeit wichen der Furcht und Sorge. Ich war ganz und gar auf mich allein gestellt und es gab kein Sicherheitsnetz, das mich auffangen konnte. Ich hatte wirklich Angst und das für lange Zeit.

Glücklicherweise hatte ich einige gute Freunde, die mir in dieser Zeit zur Seite standen. Sie hörten zu, fühlten mit, gaben Ratschläge und vor allem bestätigten sie die Wahrheit. Sie sagten mir immer und immer wieder, dass der Plan, den ich ursprünglich gefasst hatte, selbstständig zu werden, immer noch gut war. Sie gaben mir Rückhalt. Und so arbeitete ich nach Plan: Ich verbrachte viel Zeit damit, mich mit anderen Therapeuten und Sozialarbeitern in meiner neuen Nachbarschaft zu treffen. Ich bot ehrenamtlich Hilfe in Organisationen und Kirchen an. Ich hielt Vorträge über psychische Probleme und über Beziehungen an verschiedenen Orten in der Umgebung. Ich ließ mich in meinem Arbeitsfeld fortbilden.

Und mit der Zeit funktionierte der Plan. Langsam stabilisierte und etablierte sich die neue Praxis und ich konnte mich ein bisschen entspannen. Der erste Tag des Monats war nicht länger so furchterregend wie früher.

Das ist schon lange her. Aber das ist das Interessante daran: Seit der Zeit gab es viele weitere Risiken in meinem Beruf, die ich eingehen musste – alles, von einem Ortswechsel bis zu neuen Projekten und neuen Jobs. Die Risiken waren wirklich und echt, hatten gute und schlechte Seiten. Ich bin besorgt, unruhig und ängstlich gewesen und habe viel gebetet. Trotzdem *bin ich nie so ängstlich oder besorgt gewesen wie beim ersten Mal.* Das erste Mal war anders und ich war ein anderer Mensch. Ich stand dem Unbekannten mit wenig Erfahrung im Umgang mit Risiken gegenüber. Das erste berufliche Risiko war für mich ein Lehrmeister. Besser als jedes Buch oder jede Unterhaltung mit einem Experten führte es mich durch die Erfahrung ein Risiko einzugehen, und zeigte mir, wie ich steuern, Dinge versuchen, Anpassungen vornehmen und die andere Seite sehen können musste. Diese ersten Erfahrungen haben mir immer dabei geholfen, neue Risiken mit ein bisschen mehr Zuversicht, Mut und Glauben einzugehen.

Zeit auszusteigen!

Lassen Sie uns noch mal den Grund für dieses Buch anführen: Wir wollen, dass Sie aufhören, die Schuld für Ihr Versagen auf die Umstände oder andere Menschen abzuwälzen. Wir wollen, dass Sie Ihre Träume, Ziele und Hindernisse selbst in die Hand nehmen, damit Sie Ihre Erfolgschancen maximieren können. Der beste Weg, dies zu tun, ist, für Ihr eigenes Leben Verantwortung zu übernehmen und auf Ihrem Lebensweg die Dinge in Angriff zu nehmen, die nur Sie und kein anderer tun können. Einer der Schlüssel zu diesem Leben der Verantwortlichkeit ist es, *ein Mensch zu werden, der über die Fähigkeit verfügt, sich auszustrecken und Dinge zu riskieren, und davor keine Angst hat.* Vielleicht sollten Sie Ihrem Chef vorschlagen, Sie auf eine bessere Position zu befördern. Vielleicht ist es an der Zeit, dass Sie umschulen oder sich weiterbilden. Es könnte sein, dass Sie neue Wege ausprobieren müssen, um eine schlechte Gewohnheit zu überwinden. Oder vielleicht sollten Sie mit jemandem, der Ihnen Probleme verursacht, ein ernsthaftes Gespräch führen. Wir alle kommen in Situationen, die diesen ähnlich sind, und oft ist der einzige Weg, sie zu lösen, sich aufzumachen und Risiken einzugehen. Dieses Kapitel wird Ihnen helfen, den Prozess zu verstehen, und Ihnen zeigen, wie Sie die richtigen Schritte unternehmen.

Um zu verdeutlichen, wovon wir sprechen, lassen Sie uns »Sich-Aufmachen« und »Risiken eingehen« als *auf ein Ziel gerichtete Handlungen* definieren, *die eine echte Möglichkeit der Gefahr beinhalten.* Das bedeutet, sich mit offenen Augen auf neuem Terrain zu bewegen. Dabei sind Sie sich im Klaren darüber, dass Sie vielleicht einen kleinen Verlust oder Leid erleben werden. Aber Sie wissen, dass Sie entschieden haben, dass es das Risiko wert ist. Um die negativen Risiken bei den oben genannten Beispielen aufzuzeigen: Ihr Chef könnte Ihrem Vorschlag kritisch gegenüberstehen. Ihre Umschulung könnte erfolglos sein und Sie Zeit und Geld kosten. Trotz der Mühe, die Sie sich dabei geben, die schlechte Gewohnheit zu überwinden, könnte sie noch schlimmer werden. Ihre Konfrontation mit der Person, mit der Sie Probleme haben, könnte zu einem riesigen Krach führen.

Nicht alle Risiken sind gleich. Es gibt schlaue Risiken und dumme Risiken. Schlaue Risiken sind aus zwei Gründen schlau: Weil Ihre Erfolgschancen einigermaßen gut sind (der Chef hat auf Ihre Initiative gewartet, den Vorschlag zu machen) oder weil der Preis eines Versagens nicht sehr hoch ist (der Chef mag Ihren Vorschlag nicht, ist aber weiter mit Ihnen und Ihrer Arbeit zufrieden). Dumme Risiken sind das Gegenteil: Sie haben sehr geringe Erfolgschancen (der Chef hat in dreißig Jahren keinen solchen Vorschlag gut gefunden) oder der Preis eines Versagens ist hoch (wenn Angestellte ihm solche Vorschläge machen, fühlt er sich bedroht und boykottiert ihre Arbeit). Was man sich merken muss, ist, *dass man nur eine dieser beiden Konditionen vorfinden muss, um ein schlaues Risiko zu haben.*

Mit anderen Worten: Eine hohe Erfolgswahrscheinlichkeit wiegt oft den hohen Preis eines Versagens auf, sodass die hohe Wahrscheinlichkeit ein grünes Licht gibt, es zu versuchen. Und ein geringer Preis für ein Versagen wiegt oft eine geringe Wahrscheinlichkeit für einen Erfolg auf, sodass man auch hier grünes Licht haben kann. Zu viele von uns bestehen auf beide Absicherungen: Ich werde wahrscheinlich Erfolg haben und wenn nicht, ist der Preis nicht so hoch. Daran ist nichts Falsches. Unter diesen positiven Voraussetzungen vorwärtszumarschieren ist wahrscheinlich eine gute Entscheidung. Aber ein Risiko sollte man es nicht nennen. Zusammen mit solchen sicheren Entscheidungen brauchen Sie auch eine gute Prise schlauer Risiken, um die Ziele und Träume, die Sie wollen, zu erreichen.

Menschen sind seit dem Anfang der Zeiten mit Risiken umgegangen; das ist nichts Neues. Gott hat seine Leute immer ermutigt, Risiken einzugehen, um zu wachsen, sich zu verändern und das Leben im Glauben zu leben, das gute Frucht trägt. Keiner der geistlichen Helden war in der Lage, Risiken zu vermeiden. Sie sind alle Risiken eingegangen und Gott ist immer bei ihnen gewesen. Erinnern Sie sich an den Apostel Petrus?

Da rief Petrus ihm zu: »Herr, wenn du es wirklich bist, befiehl mir, auf dem Wasser zu dir zu kommen.«

»Dann komm«, sagte Jesus. Und Petrus stieg aus dem Boot und ging über das Wasser, Jesus entgegen. Als er sich aber umsah und die hohen Wellen erblickte, bekam er Angst und begann zu versinken. »Herr, rette mich!«, schrie er.

Sofort streckte Jesus ihm die Hand hin und hielt ihn fest. »Du hast nicht viel Glauben«, sagte Jesus. »Warum hast du gezweifelt?« Als sie schließlich zurück ins Boot stiegen, legte sich der Wind.

Da beteten ihn die Jünger an. »Du bist wirklich der Sohn Gottes!«, riefen sie.

(Matthäus 14,28-33)

Man muss Petrus für seine Risikobereitschaft bewundern. Natürlich war er impulsiv. Und er versagte oft jämmerlich. Aber Petrus war immer derjenige, der vorsprang und etwas Neues ausprobierte. Wo waren die anderen? Bezeichnenderweise war Petrus trotz all seiner Fehler auch derjenige, dem Jesus den Namen »der Fels[9]« gab, ein Titel der Stabilität, des Glaubens und der Substanz. *Petrus ist der Schutzpatron des Sich-Aufmachens und Riskierens!* Petrus lernte aus den Risiken, die er einging, Reife und führte letztendlich ein erfolgreiches Leben.

Risiken können bei Ihnen dasselbe bewirken. Also steigen Sie aus dem Boot aus und sehen Sie, was passiert!

Jetzt werden wir mit Ihnen die Schritte durchgehen, wie Sie das tun.

Machen Sie die Veränderung zu Ihrem Verbündeten

Der erste Schritt ist, ein allgemeines Bild von der Natur und dem Wert der Veränderung zu bekommen. Um Ihre Träume zu erfüllen und wirklich ein anderes Leben, eine andere Arbeit und andere Beziehungen zu haben, ist es nötig, die Veränderung als Freund zu sehen, nicht als Feind. Veränderung ist schwierig, unbequem und beunruhigend. Aber große Erfolge kommen immer von einer Bereitschaft zur Veränderung. Menschen, die lernen, sich aufzumachen und zu riskieren, haben auch gelernt, die Vorteile und Früchte von Veränderung zu sehen, anstatt sie zu fürchten und zu vermeiden.

Simpel ausgedrückt, geht es bei Veränderung darum, *dass Dinge sich verändern, anstatt dass sie gleich bleiben.* Veränderung ist dynamisch; sie bedeutet Bewegung. Es ist nicht der Status quo. Bei manchen Veränderungen haben wir keine Wahl, so wie beim Altern, bei zufälligen Unfällen, der Konjunktur oder der ablehnenden Haltung eines anderen uns gegenüber. Aber wie wir sehen werden, haben wir mehr Entscheidungsmöglichkeiten, als wir denken.

Es gibt zwei Arten der Veränderung. Jeder möchte die eine Art, aber nur diejenigen, die wirklich bereit sind für ein besseres Leben, möchten die andere.

Die erste Art ist die *Veränderung des Ergebnisses.* Ein Ergebnis ist das Endresultat, das Sie erreichen möchten. Eine Veränderung des Ergebnisses bezieht sich auf die Frucht, die Sie ernten wollen; die Unterschiede, die Sie sehen wollen. Es mag vielleicht ein schlankerer Körper sein, ein erfolgreiches soziales Beziehungsleben, eine leidenschaftliche Ehe oder eine befriedigende Karriere. Eine Veränderung des Ergebnisses zu begrüßen, ist eine gute Sache. Das motiviert, inspiriert und konzentriert unseren Fokus auf unsere Ziele.

Aber das ist der leichtere Teil der Veränderung. Er ist leichter, weil nichts dazu gehört, zu dem Wunsch nach einem anderen Ergebnis zu stehen. Wie Tagträumerei füllt es Ihre Gedanken mit positiven Vorstellungen – einer Vision. Aber diese Vorstellungen nur anzunehmen, bringt keinen Nutzen. Es ist notwendig, um eine Vision zu entwickeln, aber es ist nicht der schwerste Teil der Arbeit.

Die zweite, wirksamere Art der Veränderung ist die *Veränderung des Zugangs.* Ein Zugang ist die Art, wie wir daran gehen, unsere Ergebnisse zu erlangen und unsere Ziele zu erreichen. Eine Veränderung des Zugangs könnte beinhalten, dass man sich bei den Weight Watchers einschreibt, einem Partnerschaftsservice beitritt, darauf besteht, echte Diskussionen über seine Ehe zu führen oder sich von der Arbeit beurlauben lässt, um über die Arbeit nachzudenken. Es bedeutet, dass man Dinge anders macht, auf eine neue Art – eine Art, die fremd sein mag. Aber das ist in Ordnung. *Denn wenn Sie Ihren Zugang nicht ändern, dann ist es garantiert, dass Sie weiterhin das bekommen, was Sie bekommen.* Oder wie das Albert Einstein zugeschriebene Zitat erklärt: »Die reinste Form des Wahnsinns ist es, alles beim Alten zu lassen und gleichzeitig zu hoffen, dass sich etwas ändert.« Das bedeutet: Wenn Sie sich sträuben, das, was Sie tun, zu verändern (obwohl es nicht funktioniert), um das zu erreichen, was Sie wollen, haben Sie im wahrsten Sinne des Wortes den Kontakt zur Wirklichkeit verloren. Sie sind verrückt.

Wenn Sie jedoch Ihren Zugang verändern, erreichen Sie im Gegenzug eine Veränderung des Ergebnisses. Das eine ist der Schlüssel zum anderen. Es gibt hier nichts umsonst. Wir hätten alle gern, dass das Leben anders und besser ist; es liegt wenig Angst oder Risiko darin, das zu wollen. Aber die Möglichkeit für ein verändertes Leben ist ungleich höher für die, die sich dafür entscheiden, ihr Handeln zu verändern.

Veränderung kann harte Arbeit sein und sie kann auch beängstigend sein. Sie müssen vielleicht zugeben, dass Sie sich irren, dass Sie in die falsche Richtung gegangen sind. Oder Sie werden vielleicht konfrontiert mit der entgegengesetzten Meinung eines anderen darüber, wie die Dinge sind. Sie müssen vielleicht etwas Zeit aufbringen, um einen Fortbildungskurs zu besuchen. Oder Sie werden sich vielleicht bei jemandem dafür entschuldigen, dass Sie ihn nicht von ganzem Herzen lieben. Vor allem werden Sie die Kontrolle loslassen müssen, die Sie über andere haben oder zu haben versuchen. Dieses Buch handelt davon, Ihre Selbstkontrolle zu verbessern – das heißt, die Kontrolle über Ihr Leben. Aber *Sie können nicht wirklich Selbstkontrolle ausüben, bis Sie die Kontrolle über andere aufgeben.*

Wir sind alle zu einem gewissen Grad Kontroll-Freaks. Wir wollen gern, dass unser Leben, unsere Beziehungen und unsere Arbeitsstellen so funktionieren, wie wir möchten, dass sie funktionieren. Mehr als *ein* Geschäftsmann mit einem Problem bei der Arbeit hat schon zu mir gesagt: »Wenn meine Firma es einfach so machen würde, wie ich es sage, dann wäre alles in Ordnung.« Mag sein. Aber meistens war die Wahrheit die, dass diese Leute nicht alle korrekten Informationen hatten, um ihren Weg zu begründen oder den Weg der Firma zu kritisieren. Es war einfach nur bequemer zu versuchen, die Reaktion der anderen so zu kontrollieren, dass sie mit ihnen übereinstimmten, anstatt der Möglichkeit ins Auge zu sehen, dass ihre eigene Ansicht sich ändern müsste.

Eine Bekannte von mir ist Mutter eines Sohnes im Teenager-Alter, der das Aufmerksamkeits-Defizit-Syndrom (ADS) hat. Die Diagnose ist ganz klar – nicht die Art Diagnose, die Ärzte manchmal stellen, um einen Mangel an Struktur und Disziplin in der Familie zu verdecken. Die Familie hat viel gesunde Liebe und Struktur, und der Junge ist ein verantwortlicher Mensch. Er hat dieses Syndrom tatsächlich und er nimmt Medikamente, die ihm helfen, sich zu konzentrieren und zu denken. Er mochte jedoch weder die Umstände, die ihn zwangen, die Medizin zu nehmen, noch das Gefühl, nicht normal zu sein, das mit der Notwendigkeit der Medikamente einherging. Deswegen wollte er, wie es bei Teenagern oft vorkommt, damit aufhören. Meine Bekannte kam zu mir und fragte:»Wie kann ich ihn zwingen, die Medizin zu nehmen? Er braucht sie.«

»Was hast du schon probiert?«, fragte ich.

»Ich habe ihn daran erinnert, dass er sie braucht, und versucht ihn dazu zu bewegen, sie zu schlucken«, erwiderte sie.»Ich habe sogar schon daran gedacht, ihm Hausarrest zu geben, bis er sie wieder nimmt.«

Ich dachte ein bisschen darüber nach und sagte dann:»Lass ihn ein paar Tage ohne auskommen.«

»Bist du verrückt?«, fragte sie.»Er wird sich in der Schule nicht konzentrieren, nicht lernen und keine Hausaufgaben machen können.«

»Vielleicht«, sagte ich,»aber versuch es trotzdem mal.«

Sie fand die Idee nicht gut, aber da sie mit ihren eigenen Methoden keinen Erfolg hatte, wollte sie es versuchen.

Ein paar Tage später fragte ich nach, wie es aussah.»Es ist komisch«, antwortete sie.»Die ersten paar Tage fand er es klasse ohne die Tabletten. Aber am dritten Tag haben sie ihn gebeten, das Klassenzimmer zu verlassen, weil er Faxen gemacht hat. Dann hat er seine Hausaufgaben vergessen und hat in einem Fach, in dem er nur Einsen hatte, einen Test verhauen.«

»Was ist dann passiert?«, fragte ich.

»Naja, ich habe nichts gesagt, obwohl es mir auf der Zunge lag. Aber bevor er an dem Abend zu Bett ging, sagte er zu mir: ›Mama, ich glaube, ich brauche meine Tabletten, bloß sei bitte nicht zu triumphierend, ja?‹«

Wir mussten beide über seinen Kommentar lachen, aber die Lektion war eine ernste. Meine Bekannte nahm eine wichtige Änderung vor, die große Frucht im Leben ihres Sohnes brachte. Sie hörte auf, ihn zu erinnern und zu nörgeln, und ließ zu, dass er einige Tage ohne Medikamente erlebte. Das Beste daran ist, dass *der Junge jetzt selber derjenige ist, der die Verantwortung für seine Situation und seine Medikamente sieht und übernimmt, nicht mehr seine Mutter.* Er ist auf dem Weg, erwachsen zu werden.

Ich war mir ziemlich sicher, dass es einen guten Ausgang der Sache geben würde, weil ich diesen Jungen kannte. Es ist ihm wichtig, in der Schule gut voranzukommen, und er möchte auf eine gute Universität gehen. Wenn das nicht der Fall gewesen wäre, hätte ich vielleicht einen anderen Vorschlag gemacht. War die Veränderung, die diese Mutter unternahm, unbequem und schwierig? Ja, auf jeden Fall. Und doch, weil sie willens war, das Risiko einzugehen, etwas anderes zu versuchen und die Kontrolle über die Situation aufzugeben, geht es ihnen beiden viel besser.

Die Trägheit loswerden

In der Physik ist die Trägheit die Tendenz von Dingen so zu bleiben, wie sie sind. Wenn Sie einen Baseball werfen, dann wird er in die gleiche Richtung weiterfliegen, es sei denn ein externer Einfluss, wie ein Baseballschläger, verändert seine Richtung. Eine zweite Regel der Trägheit, die sich auf Veränderung anwenden lässt, ist diese: Es braucht mehr Energie, um ein stillstehendes Objekt in Bewegung zu bringen, als um die Richtung eines Objektes, das sich in Bewegung befindet, zu verändern. Sie müssen mehr dazu tun, um einen Ball in die Luft zu kriegen, als um die Richtung eines fliegenden Balles zu verändern.

Diese Prinzipien der Trägheit lassen sich auch auf Ihr persönliches Leben und Ihr Streben nach Erfolg anwenden. Wir haben alle eine Tendenz, uns der Veränderung zu widersetzen und die Dinge genauso zu erhalten, wie sie sind. Das ist Trägheit. Aber es ist schwieriger, sich zu verändern, wenn Sie sich nicht bewegen, als wenn Sie in Bewegung sind, *auch wenn Sie in die falsche Richtung gehen.* Wenn Sie sich schon bewegen, ist es leichter, eine Kurskorrektur vorzunehmen.

Ich habe z. B. einen Freund, der erst in den Dreißigern seinen beruflichen Weg fand. Er machte einige Fehler und nahm viele

Jobs an, die für ihn nicht das Richtige waren. Aber er suchte immer weiter, fragte, forschte und probierte. Er erlitt finanzielle Rückschläge, obwohl er nie zuließ, dass seine Familie gefährdet wurde. Er gab sich nie mit einem »Das ist wohl das Beste, was ich mir erhoffen kann, aber es macht mir keinen Spaß« zufrieden. Er gab nie jemand anderem die Schuld an seiner Situation. Er machte einfach weiter, ging zu Meetings, stellte Fragen und informierte sich. Schließlich ging er in die Medienindustrie, was für ihn genau das Richtige war. Er ist jetzt seit vielen Jahren in der Branche glücklich.

Seien Sie wie mein Freund. Werden Sie die Trägheit los; entscheiden Sie sich jetzt dafür, eine Veränderung vorzunehmen. Eine schlechte Entscheidung ist besser als keine Entscheidung, wie sie bei der amerikanischen Marine sagen. Werden Sie ein sich bewegendes Objekt. So lange Sie in Bewegung sind, wird es Gott weniger Energie kosten, Ihre Richtung zu verändern!

Genießen Sie das Geschehen

Es ist nicht genug, die Zähne zusammenzubeißen und zu sagen: »Okay, dann werde ich anfangen, für Veränderung offen zu sein.« Eine solche Haltung ist halbherzig und in der Angst verwurzelt, und Sie werden sich am Ende damit selbst sabotieren. Stattdessen müssen Sie lernen, Veränderung als positiv, nutzbringend und oft sogar erfreulich wahrzunehmen.

Ich höre oft von Menschen, die sich der Veränderung widersetzen, solche negativen, der Trägheit verhafteten Sätze wie »Das wird nie funktionieren«, »Das ist eine verrückte Idee« oder »Ich schätze, die Dinge sind so, wie sie sind, schon in Ordnung«. Solche Reaktionen spiegeln ihr Gefühl wider, dass Veränderungen schlecht und schmerzhaft sind. Auf der andere Seite höre ich Menschen, denen Veränderung Spaß macht, solche Sachen sagen wie »Die Idee ist vielleicht gerade verrückt genug, um zu funktionieren« oder »Wie kann man die Sache betrachten, wie sie vielleicht noch nie gesehen wurde?« oder »Wir sind festgefahren und es ist langweilig – lasst uns mal für ein bisschen Wirbel sorgen«.

Ich bin gerne in der Gesellschaft dieser zweiten Gruppe. Diese Leute sind offen, erwartungsfroh und fürchten sich nicht vor dem Unbekannten. Schließen Sie sich dieser Gruppe an.

Sehen Sie Ihren Ängsten ins Gesicht und weisen Sie sie zurück

Wenn ich Geschäftsleute bezüglich ihrer Organisation oder Menschen bezüglich ihrer Beziehungen berate, dann erlebe ich meistens einen vorhersagbaren Prozess. Zuerst sprechen wir über die Ziele oder die Problem-Situation. Dann betrachten wir, was sie schon versucht haben, was nicht effektiv war. Und dann graben wir nach den tieferen Fragen, die dem Konflikt oder dem Problem zugrunde liegen. Danach schauen wir uns neue Lösungen an. Was jetzt geschieht, ist meistens irgendeine Form des Widerstands, eine Ausrede oder ein Ausweichen: Die Kunden haben gewöhnlich Gründe, warum die Lösungen nicht funktionieren werden. Aber ich erwarte schon, dass das geschieht, also machen wir weiter.

Als Nächstes stoßen wir oft auf eine weitere Schicht unterhalb des Widerstands, die den Widerstand erklärt: eine Schicht der Angst. Wenn Leute sich selbst eingestehen können: *Ich habe Angst davor, mich aufzumachen und etwas zu riskieren in dieser Beziehung oder bei diesem Job oder im Umgang mit meinen Gewohnheiten*, dann kommen wir dem Erfolg extrem nahe.

Das hört sich vielleicht nicht eingängig an, aber es ist wahr. Wie kann das Eingestehen einer negativen Sache wie der Angst, Sie näher an ein tolles Leben heranführen? Die Antwort ist, dass Sie, wenn Sie Ihre Ängste vor dem Risiko verstehen können, frei werden, sie zurückzuweisen. Und diese Freiheit führt zu einer weiteren: der Freiheit, neue Schritte zu neuen Wegen des Erfolgs zu gehen. Wenn Sie Ihre Ängste nicht kennen, dann können Sie nicht damit umgehen. Die Ängste behalten die Kontrolle über Ihr Leben und Sie bleiben machtlos.

Hilfreiche und nutzlose Angst

Genauso wie es schlaue und dumme Risiken gibt, gibt es auch hilfreiche und nutzlose Ängste. Wie jede Emotion dient uns die Angst als Signal. Sie warnt uns vor einer möglicherweise gefährlichen Situation und bereitet uns darauf vor, uns zu schützen. Deswegen gibt es auch eine physiologische Komponente der Angst: erhöhte Herzfrequenz, Adrenalinstöße und Muskelanspannung. Diese Reaktionen bereiten uns auf die Flucht vor der Gefahr vor. Also ist die Angst hilfreich, wenn wir vor einer wirklich gefährlichen Situation stehen und wenn es nötig ist, dass wir der Gefahr ausweichen. Wenn Ihre Firma auf den Bankrott zusteuert, könnte Ihre Angst vor finanziellen Problemen Ihnen helfen, Bewerbungen zu schreiben und einen neuen Job zu suchen. Diese hilfreiche Angst hat ihre Basis in der Wirklichkeit.

Manche Ängste jedoch sind für uns nutzlos und halten uns von Risiken ab, die wir eingehen sollten. Diese nutzlosen Ängste entsprechen nicht der Wirklichkeit, sondern eher den falschen Wahrnehmungen und Verzerrungen, die wir im Kopf haben. Wir müssen lernen, auf die eine zu achten und die andere loszuwerden.

Zum Beispiel liebe ich Rockmusik und habe früher als Student in einer Band gespielt. Als ich erwachsen wurde und anfing zu arbeiten, dachte ich mir, dass meine aktiven Tage vorbei wären, und ich fand mich damit ab, nur noch ein Zuhörer zu sein. Eines Tages jedoch unterhielt ich mich mit ein paar Nachbarn und sie erwähnten eine anstehende Probe. Ich spitzte die Ohren und fragte sie, was sie denn proben würden. Sie erzählten mir, dass sie in einer Rock-Band spielten. Ich war überrascht, dass diese Geschäftsleute, die auch Ehemänner und Väter waren, in einer Rock-Band spielten. Jetzt weiß ich, dass dies viel öfter vorkommt, als mir damals bewusst war.

Jedenfalls sagte ich ihnen, dass ich auch gern spielte, und fragte, ob sie noch jemanden brauchten. Wenn ja, könnte ich mal vorspielen. Sie sagten: »Klar!«, und erklärten, wann ich wo hinkommen sollte.

Sofort nachdem ich zugesagt hatte, überfielen mich Angst und Sorge. Es war nichts Lähmendes, aber es war stark genug, um mich überlegen zu lassen, ob ich eine Ausrede dafür suchen sollte, das

Vorspiel abzusagen. Ich fühlte sowohl hilfreiche als auch nutzlose Ängste. Ich liste hier ein paar davon auf, zusammen mit meinen Gegenargumenten.

- *Was, wenn ich nicht gut genug bin für die Band und die Männer schlecht von mir denken?* Nutzlos. So sind diese Männer nicht. Wenn ich nicht gut genug sein sollte, kann ich vielleicht Stunden nehmen und mich verbessern.
- *Was, wenn ich nicht gut bin, und sie lassen mich mitmachen, weil sie nette Kerle sind und ich ihnen leid tue?* Nutzlos. Sie werden die Band nicht ruinieren, nur um nett zu sein. Und außerdem würden wir alle in ein paar Monaten erkennen, ob es funktioniert oder nicht.
- *Was, wenn ich reinkomme in die Band und meine anderen Freunde und meine Familie sagen mir, dass ich wohl versuche, wieder ein Jugendlicher zu sein?* Nutzlos. Wenn sie das sagen, dann hole ich mir einen Rat und schaue, ob es einen psychologischen Grund gibt, warum ich das nicht tun sollte. Aber bis es so weit ist, gibt es keinen Grund nicht vorzuspielen.
- *Was, wenn es meiner Familie zu viel Zeit wegnimmt?* Hilfreich. Jedes persönliche Interessengebiet muss an Beziehungen, Werten und Verpflichtungen gemessen werden.
- *Was, wenn die Ausrüstung viel Geld kostet?* Hilfreich. Zeit, mit meiner Frau darüber zu sprechen, wie viel das Hobby-Budget hergibt.

Das Resultat war, dass das Vorspiel gut verlief, und seit einigen Jahren macht mir das Hobby großen Spaß. Aber der Punkt für Sie dabei ist, zu lernen, welche Ängste hilfreich sind – das heißt ihre Basis in der Wirklichkeit haben – und welche nutzlos sind –, weil sie auf Ihren eigenen falschen Wahrnehmungen gegründet sind. Wenn Sie sich mit Ihren nutzlosen Ängsten befassen, sind Sie viel mehr in der Lage, frei und richtig zu entscheiden, welche Risiken Sie eingehen sollten.

Ihre Angst-Liste

Ängste wird man wie schlechte Träume am besten bei Tageslicht los. Legen Sie Ihre Ängste vor sich selbst und anderen, denen Sie vertrauen, bloß. Identifizieren Sie sie und ihren Ursprung. Sie sind viel weniger machtvoll, wenn Sie sie im hellen Licht betrachten. Sagen Sie zu sich selbst: *Ich bin in einem wichtigen Bereich meines Lebens ein Risiko nicht eingegangen, weil ich Angst habe, dass:*

- *Ich eine Beziehung verlieren werde.* Sind Sie sicher? Oder wird die Person nur wütend werden und sich eine Weile lang zurückziehen?
- *Jemand auf mich wütend wird.* Der Zorn anderer ist unangenehm, aber um erfolgreich zu sein, müssen Sie es aushalten können, dass Menschen auf Sie wütend sind.[10]
- *Ich die Gefühle eines anderen verletze.* Natürlich, das könnten Sie. Aber Gefühle verletzen und Schaden anrichten sind zwei verschiedene Dinge. Sie wollen keinen verletzen, aber Unbehagen könnte jemandem helfen.
- *Ich meinen Job verliere.* Überprüfen Sie mit einem ausgeglichenen Freund, ob diese Angst berechtigt ist. Ist die Situation wirklich so heikel?
- *Ich versagen könnte.* Sie könnten. Sie könnten aber auch nicht. Und Versagen ist oft ein Segen.
- *Ich enttäuscht sein könnte.* Das ist möglich. Und wenn Sie es sind, rufen Sie einen Freund an, lassen sich aufmuntern und stehen Sie wieder auf.
- *Ich die Kontrolle über mich selbst verliere.* Wenn bei Ihnen starke Emotionen hochkommen, dann arbeiten Sie daran mit jemandem, der Ihnen helfen kann, sie auszudrücken und zu verstehen.
- *Ich nicht weiß, was als Nächstes passiert.* Stimmt, aber Sie haben eine ziemlich feste Vorstellung davon. Warten Sie nicht, bis Sie eine hundertprozentige Garantie in Bezug auf das Ergebnis haben.
- *Ich Gefühle haben könnte, die ich nicht haben will.* Ja, Gefühle können unangenehm sein, aber sie halten ja nicht ewig an.

- *Es mir schlechter gehen wird, als wenn ich das Risiko nie eingegangen wäre.* Sie sollten natürlich nicht alles auf eine unsichere Karte setzen. Aber werden Sie später bereuen, die Gelegenheit zur Verbesserung der Situation, die Sie jetzt haben, verpasst zu haben?

Ich hoffe, dass Sie nicht meinen, ich wolle Ihre Ängste verharmlosen – das tue ich nicht. Ängste sind real und sie sind recht schmerzhaft. Aber prüfen Sie immer Ihre Ängste an der Wirklichkeit. Forschen Sie nach, ob dabei Ihre Vergangenheit Einfluss nimmt oder eine kritische Person, der Sie zu viel Macht eingeräumt haben, oder ob die Dinge wirklich so schlimm sind, wie Sie befürchten. Es ist eine hilfreiche Übung.

Lernen Sie, mit der Angst umzugehen und sie zurückzuweisen

Die oben aufgeführte Liste durchzuarbeiten wird nicht für alle Zeiten jede Angst vertreiben. So ist das Leben nicht. Obwohl Sie zu einem Menschen werden können, der sich der Veränderung stellt und Risiken eingeht, werden Sie sich immer mit Sorge, Beunruhigung und Gefühlen der Furcht konfrontiert sehen, wenn eine unbekannte Gefahr auftaucht. Aber Sie können die Angst zurückweisen, wenn Sie sie verstehen und wenn Sie verstehen, wo sie ihre Macht hernimmt, Sie zu lähmen.

Angst vor der Angst

Wie Ihnen jeder Psychologe sagen kann, ist die Angst größer, wenn wir uns davor fürchten, Angst zu bekommen. Dies nennt man die Angst vor der Angst. Sagen wir mal, Sie müssten eigentlich Ihren Chef mit seiner Einstellung konfrontieren, aber Sie haben Angst, dass er sich rächt. Also bleiben Sie äußerlich fröhlich und positiv, aber innerlich unzufrieden.

Je länger Sie die Angst ignorieren, desto stärker wird sie. Und da die Angst mit einem unbequemen Ergebnis assoziiert wird, vermittelt sie Ihnen naturgemäß ein unangenehmes Gefühl, wenn sie in Ihrem Verstand herumgeistert. Mit der Zeit lernen Sie, nicht mehr an die Angst erzeugende Situation zu denken, damit Sie die Angst nicht mehr spüren müssen. Und je mehr Sie das Gefühl der Angst meiden, desto mehr Angst haben Sie davor. Es ist ein bösartiger Kreislauf und er hilft Ihnen nicht dabei, Ihre Träume zu verwirklichen.

Wenn Sie in dieser Abwärtsspirale stecken, lassen Sie zu, dass die Angst in Ihnen aufkommt. Lassen Sie zu, dass Sie die Sorge und Angstgefühle, die Sie wegen der Wut Ihres Chefs haben, spüren. Je mehr Sie dies tun, desto mehr werden Sie bemerken, dass die Dinge vielleicht unangenehm werden können, aber Sie es durch seine Wut hindurchschaffen. Jetzt können Sie zulassen, dass die Angst aufkommt, sie als das erkennen, was sie ist, und sie loslassen. Der Angst ins Auge zu sehen hilft Ihnen, nicht länger Angst vor der Angst zu haben. Dadurch wird die Macht der Angst stark reduziert.

Selbstbeherrschung und Macht

Ein weiterer Aspekt der Angst besteht darin, dass *die Angst umso größer wird, je weniger Sie sich der Situation gewachsen fühlen.* Angst ist ein Gefahrensignal. Sie ruft: »Schütze dich! Lauf!« Und wenn Sie empfinden, dass Sie keine Kontrolle oder Macht über Ihr eigenes Leben und Ihre Möglichkeiten haben, dann erleben Sie sich selbst als machtlos, gefährdet und verletzlich. Sie sind der Gefahr ausgeliefert und Sie können sich nicht davor schützen. Es ist ein furchtbares Gefühl und gibt der Angst eine Kraft, die sie nicht haben sollte.

Das Gegenmittel dazu ist, zu erkennen, dass Sie nicht hilflos sind. Sie haben Wahlmöglichkeiten, alle Möglichkeiten, die ein reifer Erwachsener hat. Sie sind nicht der Sklave, das Opfer oder das kleine Kind des Chefs. Sie können in Beziehung zu ihm treten, als erwachsene Person mit ihm reden und – wenn Sie müssen – sich gegen jegliche Giftigkeit, die er Ihnen entgegenbringt, schützen. Erinnern Sie sich selbst daran, dass Sie Wahlmöglichkeiten haben. Das wird Ihnen den Zugang zu aller Kontrolle und Macht, die Sie brauchen, ermöglichen.

Unterstützung und Wirklichkeits-Check

Es ist immer hilfreich, ein paar Freunde zu haben, denen Sie Ihre Ängste beichten können – Freunde, die diese Ängste von außen betrachten können. Erzählen Sie ihnen, wovor Sie Angst haben, und sagen Sie: »Ich brauche in der Sache eine Überprüfung an der Wirklichkeit. Höre ich auf eine Angst, die echt ist, oder die nur in meinem Kopf ist?« Sie können Einsicht, Perspektive und Ermutigung bieten, um einen Weg durch die Angst hindurchzubahnen.

Ich musste einmal eine bestimmte Person mit einem Problem konfrontieren und ich hatte wirklich Angst vor seiner Reaktion. Er war defensiv und wälzte gern die Schuld auf andere ab und ich hatte beobachtet, wie er Menschen zusammenstauchte, die ihm die Wahrheit sagten. Aber es war für ihn und seine Familie nötig, dass ich es tat. Ich sorgte dafür, dass ein paar Freunde mich etwa zwei Stunden vor dem Gespräch auf dem Handy anriefen und sagten: »Dies ist eine Überprüfung an der Wirklichkeit. Du tust das Richtige und ich bin in der Sache auf deiner Seite.« Es bedeutete mir sehr viel und ich konnte das Gespräch führen. Es war schlimm und er brüllte mich an, aber ich konnte zuhören, neutral bleiben und trotzdem in der Sache nicht ausweichen. Und weil ich das tat und weil es in der richtigen Art geschah, ging es ihm und seiner Familie im Endeffekt viel besser.

Probieren Sie Dinge aus, die Sie überfordern

Mein erster Job nach der Uni war ein Betreuer in einem Kinderheim. Ich fand mich als 23-Jähriger, gerade mit dem Studium fertiger junger Mann, in einem Haus mit sieben Jungs im Teenager-Alter wieder, die ich betreuen sollte. Ich hatte keine Ahnung davon, wie viel ich nicht wusste, und im Nachhinein bin ich froh, dass ich es nicht wusste.

Einer der Jungs auf dem Gelände, eine großer und muskulöser 16-Jähriger namens Paul, hasste mich unglaublich. Er lebte in einem anderen Haus, und ich hatte ihn eines Nachts dabei erwischt, wie er sich hinausschlich. Nach seiner Auffassung hatte ich keine Autorität, ihn zu melden, weil er keiner von meinen Jungs war. Als ich es dann tat, setzte er sich zum Ziel, mir das Leben zur Hölle zu machen. Paul kam in ein Zimmer, in dem ich mit anderen war, und verfluchte und beschimpfte mich. Er bedrohte mich, wenn es andere nicht hören konnten. Zu meiner Bestürzung hatte er einen Ruf als guter Kämpfer, sodass seine Drohungen ernst waren. Er ermutigte auch andere Kinder, mir nicht zu gehorchen. Mit der Zeit funktionierte seine Strategie. Obwohl die anderen Betreuer und ich all die richtigen Dinge versuchten – mit Paul zu reden, an der Beziehung zu arbeiten, Grenzen zu setzen und ihn vor weiteren Verboten zu warnen, eskalierte sein schlechtes Benehmen und geriet immer mehr außer Kontrolle. Ihm waren die Grenzen egal; er wollte mir Schaden zufügen.

Ich hatte keine Ahnung, was ich tun sollte. Die Dinge wurden immer schlimmer. Dann sagte eines Tages Ray, mein Chef, der wirklich eine Gabe im Umgang mit Kindern hatte: »Liefere dir mit Paul einen Boxkampf.«

»Was?«, fragte ich.

»Ich glaube, du solltest mit Paul boxen.«

»Das soll ja wohl ein Witz sein!«

»Naja, lass mich zu Ende reden«, sagte Ray. »Nichts funktioniert, stimmt's? Und ich glaube, dass manchmal ein wirklich zorniger Junge wie Paul seine eigene Aggression mit deiner Aggression erleben muss, im echten Leben. Er hat diese Rache-Geschichte laufen und ich glaube, dass seine Gedanken immer zorniger und mächtiger werden, weil er nirgendwo hinkann mit seinem Zorn. Er hatte nie einen Vater, mit dem er auf gesunde Weise Konflikte austragen konnte. Und deswegen hat sein Zorn ein Eigenleben. Ich glaube auch, dass es eine Bindung zwischen euch beiden aufbauen könnte. So wie die Bindung, die gegnerische Mannschaften nach einem Spiel empfinden.«

Ich sagte: »Nein. Du bist verrückt. Nein.«

Ray sagte: »Es ist nur ein Gedanke. Aber überleg es dir mal, ja?«

Und ich überlegte es mir. In den nächsten paar Tagen wurde Paul immer verrückter und wir begannen darüber nachzudenken, ob wir ihn in eine strengere Einrichtung schicken sollten. Schließlich dachte ich: *Was soll's.*

Also wurde der Boxkampf angesetzt. Drei Runden. Das Kinderheim geriet vor Erwartung außer Rand und Band. Es war der Traum jedes Kindes zu sehen, wie einer der ihren eine Autoritätsfigur schlägt. Ich für meinen Teil verstand überhaupt nichts vom Boxen, sodass ein Freund mir schnell etwas Unterricht erteilte. Am Tag des Kampfs hatte ich das Gefühl, mich übergeben zu müssen. Ich ging in den Raum, wo sie einen provisorischen Ring aufgebaut hatten. Drum herum standen sechzig Jugendliche, die alle Paul anfeuerten, mich zu vernichten. Als die Glocke ertönte, gingen wir aufeinander los. Paul war viel schneller und hatte mehr Erfahrung beim Boxen als ich, aber ich war etwas größer und vielleicht konnte ich auch etwas besser strategisch denken. Jedenfalls überlebte ich drei Runden und die meisten erklärten den Kampf für unentschieden. (Eigentlich glaube ich, dass Paul gewonnen hat.)

Was Ray gesagt hatte, stimmte genau. Paul veränderte sein Verhalten mir gegenüber. Wir hatten nie eine enge Freundschaft, aber die Schikane hörte auf. Er sagte »Hallo«, wenn wir uns begegneten, und wenn ich ihn fragte, wie es so lief, hatte er immer ein bisschen zu erzählen. Irgendeine Art positive Verbindung hatte sich zwischen uns aufgebaut und auch ein wenig gegenseitiger Respekt. Später in dem Jahr verließ ich das Kinderheim und ich habe Paul nie wieder gesehen. Aber ich denke immer noch von Zeit zu Zeit an ihn und wünsche ihm alles Gute.

Ich würde Rays Methode nicht unbedingt empfehlen. Ich glaube, dass es ein intuitiver, genialer Einfall unter den besonderen Umständen von ihm war, der sich nicht wiederholen lässt. Und ich befand mich weit außerhalb meiner Wohlfühlzone. Aber die Kombination der Faktoren – der Wahrheit, dass nichts funktionierte, zusammen mit meinem Respekt für Ray und meiner eigenen Impulsivität in den Zwanzigern – schufen einen Weg, etwas zu probieren, das weit über meine eigenen Fähigkeiten hinausging. Es war vielleicht nicht im körperlichen Sinn zu viel für mich, aber es ging mit Sicherheit weit über jede Vorstellung, die ich mir machen konnte, hinaus, so etwas Tollkühnes zu tun, wie mit einem kampferprobten Jungen zu boxen. Und daraus entstanden gute Dinge.

Das Strecken

Darum geht es, wenn wir davon sprechen, uns aufmachen und etwas riskieren zu wollen. Erfolgreiche Menschen sind immer dabei, sich auszustrecken, neue Dinge zu probieren und sich mal außerhalb ihrer Wohlfühlzone zu bewegen. So funktioniert das Leben und so sind wir gestrickt. Im Leben und im Wachstum gibt es keinen Stillstand. Wir bewegen uns entweder vorwärts oder rückwärts. Und das ist die Wahrheit, die diese Strategie erfordert: *Die Sache, nach der Sie sich sehnen, wird mehr von Ihnen erfordern, als Sie heute sind.*

Wovon träumen Sie und wonach sehnen Sie sich? Ich hoffe, Ihre Träume sind große Träume; groß zu träumen ist der einzige Weg, um im Leben zu wachsen. Aber gleichzeitig werden große Träume viel von Ihnen verlangen, Sie werden vielleicht feststellen, dass Sie Dinge ausprobieren müssen, die Sie zurzeit nicht tun können. Das bedeutet, dass Sie Fähigkeiten und Talente entwickeln müssen, um Ihren Traum zu erreichen.

Ich habe z.B. eine gute Freundin, die schon immer davon geträumt hat, Psychologin zu werden. Sie fühlt sich sehr davon angezogen, mit den Gefühlen anderer Menschen tief mitzuempfinden und ihren innersten Kern zu verstehen, um ihnen beim Wachsen und der Heilung zu helfen. Sie ist eine alleinerziehende Mutter, deshalb passt ihr Ausbildungsweg nicht in das übliche Modell der Weiterbildung nach dem Studium. Aber das ist nicht das größte Hindernis für sie gewesen. Was ihr wirklich zu schaffen machte, waren die Voraussetzungen des Studiengangs in den Fächern Mathematik und Statistik. In früheren Zeiten hatte sie einen Abschluss in der bildenden Kunst gemacht und hasste und vermied Mathematik. Nun hat sie dieses Ziel, das Kurse und Examen in Mathematik und Statistik erfordert. Es war eine große Sache.

Sie wollte sich jedoch davon nicht abhalten lassen. Also schrieb sie sich in den Kurs ein, nahm die Hilfe von Tutoren in Anspruch und machte Übungsprüfungen in den Bereichen, denen sie vorher ausgewichen war. Es war zuerst wirklich mühsam, da sie ihr Gehirn in diesen Bereichen nie trainiert hatte – ganz abgesehen von der Tatsache, dass sie seit vielen Jahren nicht mehr in der Schule gewesen war. Aber mit der Zeit *wurde das, was ihr zu schwer war, ein Teil von ihr.* Jetzt kann sie kaum glauben, dass sie Mathematik und Statistik auf einem recht hohen Niveau tatsächlich verstehen kann. Es wäre nie passiert, wenn sie nicht bereit gewesen wäre, sich aufzumachen und etwas zu riskieren.

Werfen Sie einen Blick auf Ihre eigene Situation. Erfordert Ihr Traum mehr von Ihnen, als Sie zurzeit haben? Dass Sie in Ihren Beziehungen mutiger und durchsetzungsfähiger werden? Dass Sie eine neue Fähigkeit erlernen, wie Buchführung, den Umgang mit einem Computer oder Verkaufstechniken? Dass Sie sich in der Bibel auskennen und theologische Konzepte erfassen können? Dass Sie für eine bestimmte Aufgabe das Zuhören lernen? *Bloß weil Sie heute diese Dinge nicht tun können, heißt das noch lange nicht, dass Sie sie morgen nicht tun können.* Die bald folgende Erörterung über Beharrlichkeit (siehe Kapitel 8) wird Ihnen detailliert aufzeigen, wie Sie in diesen Prozess einsteigen können, der Sie dahin bringt.

Wenn Sie das Ende Ihrer Fähigkeiten erreichen, ist das der Punkt, wo Sie wirklich leben. Wir sind geschaffen, um uns zu verändern, neue Dinge auszuprobieren, zu versagen, zu lernen und zu reifen. Die Menschen, die aufgehört haben, sich nach Neuem auszustrecken, haben aufgehört zu leben. Die Forschung über das Altern unterstützt diese Ansicht. Wenn Menschen älter werden, bleiben diejenigen, die weiterhin Dinge lernen – von Tanzen über Bergsteigen bis Immobiliengeschäft – gesünder und aufmerksamer. Die Fähigkeit des Verstandes, sich zu verändern, heißt Plastizität. Das bedeutet, dass unser Verstand sich anpasst und sich verändert, so wie wir es von ihm verlangen. Aber wenn wir von unserem Verstand nichts verlangen, dann beginnt er sich zurückzubilden. Es ist das »Benutze es oder verliere es«-Prinzip.

Es gibt einen weiteren Vorteil, wenn Sie neue Fähigkeiten erlernen, um Ihr Ziel zu erreichen oder Ihr Problem zu lösen. *Die neuen Fähigkeiten werden dabei wertvoll sein, auch andere Ziele zu erreichen.* Fähigkeiten, die für Sie zuvor zu schwer waren, können oft in vielen Lebensbereichen angewandt werden und dadurch zu mehr Erfolg, Kompetenz und Kontrolle bei Ihren anderen Plänen und Träumen führen. Eine bessere Ausrüstung für das Geschäftsleben oder persönliches Wachstum oder das Wissen über Abhängigkeiten oder Elternschaft können so viele andere Aspekte Ihrer Welt beeinflussen. Zum Beispiel ist meine Freundin, die jetzt so viel über

Mathematik weiß, auch viel kompetenter bei ihren persönlichen Finanzen. Und meine eigene Erfahrung mit Paul half mir dabei, effektiver mit Menschen umzugehen, die mich hassen. (Ich darf Ihnen allerdings versichern, dass ich dafür andere Wege als das Boxen gefunden habe!)

Denken, dann Handeln

Die Menschen, die versiert darin sind, sich aufzumachen und Risiken einzugehen, haben die Fähigkeit zu denken und zu handeln. Das hört sich vielleicht zu simpel an, aber viele Menschen besitzen diese Fähigkeit nicht. Als Ergebnis leben sie oft nicht das Leben, das sie gerne leben würden. Lassen Sie mich das erklären. Jedes Ziel, das ein Risiko erfordert, sei es, etwas zu investieren, eine wichtige Unterhaltung zu führen, oder zu versuchen, in einem neuen Arbeitsgebiet Fuß zu fassen, wird auch einen Prozess erfordern, wie man dieses Risiko am besten angeht. Das bedeutet im Wesentlichen, dass schlaue Menschen, die Risiken eingehen, die Sache gut durchdenken und dann, wenn es scheint, dass es das Risiko wert ist, handeln. Sie trauen sich und springen ins kalte Wasser. Sie haben gelernt, wann man nachdenkt und analysiert und wann es Zeit ist, damit aufzuhören und einfach anzufangen. Das ist der Prozess – Denken und Handeln. In erfolgreichen Abläufen kommt das eine vor dem anderen.

Als mein Vater und meine Mutter in unserem Heimatstaat North Carolina miteinander ausgingen, erhielt sie eine Einladung, für eine große Oper in New York City vorzusingen. Sie war eine hochtalentierte Koloratursopranistin und das Interesse an ihr war groß. Sie bekam tatsächlich ein Angebot, dorthin zu ziehen und an der Oper zu arbeiten.

Dieses Angebot gab meinem Vater ein paar harte Nüsse zu knacken. Er schätzte ihr musikalisches Talent sehr und wollte, dass sie Erfolg hatte. Aber ihr Umzug nach New York würde für die Beziehung Schwierigkeiten mit sich bringen. Auf der anderen Seite hatten Ehen schon solche Entfernungen überstanden. Er dachte lang und intensiv über die Situation nach und wog beide Seiten der Angelegenheit ab. Aber schließlich traf er eine Entscheidung und sagte meiner Mutter:»Wenn du gehst, ist es zwischen uns vorbei.«

Das wollte sie wirklich nicht hören. Für die Oper zu singen war ihr lebenslanger Traum. Sie war aber auch sehr verliebt in meinen Vater und wünschte sich ein Leben mit ihm. Sie war in einer Situation, in der sie etwas ihr sehr Wichtiges verlieren würde, egal welche Entscheidung sie traf. Sie wog die Alternativen ab und entschied sich letztendlich, nicht nach New York zu gehen. Heute, nach über fünfzig Jahren Ehe, gibt sie zu, dass mein Vater sich ihr gegenüber richtig verhalten hat. Es kostete sie sehr viel, aber sie bedauert es nicht.

Zu dem Zeitpunkt wusste mein Vater nicht, ob seine Entscheidung richtig sein würde oder nicht. Er hatte nicht viel Zeit, darüber nachzudenken. Sie sollte bis zu einem bestimmten Tag abreisen und er musste sich entscheiden, ob er etwas tun oder die Dinge so laufen lassen sollte. Wenn er sie zu einer Entscheidung drängte, dann riskierte er, sie für immer zu verlieren. Wenn er nichts tat, dann riskierte er, sie wegen der großen Entfernung zu verlieren. Nichts zu tun war auch eine Möglichkeit. Also überlegte er, so viel er konnte, und dann ging er ein Risiko ein. Er entschied sich, zu handeln.

Es gibt eine Zeit zu überlegen, nachzudenken, zu analysieren und zu beten. Dann gibt es eine Zeit zu handeln.

Wenn Sie ein großes Risiko eingehen wollen, dann denken Sie gut darüber nach. Holen Sie sich alle Informationen, Einsicht und Weisheit, die Sie kriegen können. Verstehen Sie die Natur der Vorzüge und des Preises. Jesus lehrte dieses Prinzip in einer Metapher über das Bauen:»Denn wer würde mit dem Bau eines Hauses beginnen, ohne zuvor die Kosten zu überschlagen und zu prüfen, ob das Geld reicht, um alle Rechnungen zu bezahlen?« (Lukas 14,28). Das ist ein notwendiger Schritt. Erfolgreiche Menschen riskieren vielleicht etwas, aber sie setzen Risiko nicht mit Impulsivität gleich.

Gleichzeitig muss das Überlegen irgendwann ein Ende haben und dem Risiko weichen. Mein Vater hatte nur eine begrenzte Zeit, sonst hätte er seine Gelegenheit verpasst. Wir haben die Tendenz, alle Antworten parat haben zu wollen, bevor wir uns ins kalte Wasser trauen: Wird es mich tragen? Ist es zu kalt? Wie tief ist es? Als Petrus sich entschied, das Boot zu verlassen und zu Jesus auf dem

Wasser zu gehen, hatte er keine Selbsthilfegruppe, die ihm sagte, wie er hinaustreten sollte. Es gibt einen Ausdruck für diese Forderung, im Besitz aller Informationen zu sein, bevor man etwas riskiert: Wir nennen es Paralyse durch Analyse. Oft sorgen und zersorgen sich die Leute in dem Bemühen, das Risiko zu kontrollieren, bis sich das Fenster der Gelegenheit schließt. So funktioniert das Sich-Aufmachen, Riskieren oder Glauben nicht. Irgendwann muss man sein bestes Urteilsvermögen nutzen und eine Wahl treffen. Treffen Sie sie. Mehr kann keiner machen.

Und zu guter Letzt, wenn Sie ein Risiko eingehen, dann tun Sie es ganz. Wenn Sie das Risiko nicht mit ganzem Herzen eingehen können, kann es besser sein, dass Sie es nicht tun, als dass Sie es nur halbherzig tun. Wenn Sie nicht wirklich das Risiko eingehen und es durchziehen können, dann werden Sie den Schmerz des Risikos erleben, aber nie den Gewinn. Ein Risiko halb einzugehen erzieht Sie zu dem Glauben, dass der Prozess nicht funktioniert. Es ist bei Weitem besser, das Risiko einzugehen in dem Wissen, dass Sie entweder bekommen, was Sie wollen, oder dass Sie Ihr Bestes getan haben und aus Ihrem Versagen lernen können.

Letztes Jahr nahm ich mit meinen beiden Söhnen zusammen mit einem anderen Vater und seinem Sohn an einer Wildwasserfahrt teil. Unterwegs kletterten wir in einer Schlucht, wo wir einen natürlichen See fanden. Über einer Seite des Sees erstreckte sich eine Steilklippe, die wie ein natürlicher Sprungturm wirkte. Wir wechselten uns alle beim Springen ab, außer dem Sohn meines Freundes, der keine Erfahrung damit hatte, von großen Höhen herunterzuspringen. Er war ein guter Athlet, aber er hatte noch nie eine Gelegenheit gehabt, so etwas auszuprobieren. Trotzdem kletterte er auf die Klippe. Er ging bis zum Rand und schaute hinunter. Er wich ein wenig zurück, dann ging er wieder heran. Dann tat er es wieder. Und wieder. Inzwischen wussten wir alle, dass er gegen sich ankämpfte. Wir riefen ihm Ermutigungen zu und wir riefen ihm auch zu, dass es in Ordnung wäre, wenn er nicht spränge. Wir wollten ihm wirklich eine Unterstützung sein. Wieder bis an den Rand, wieder zurück in die Sicherheit, wieder und wieder. Ich war mir nicht sicher, wie es enden würde, und ich fühlte wirklich mit ihm und seiner Zwickmühle. Er versuchte mutig zu sein, aber seine Angst war stark. Schließlich nahm er allen Mut zusammen, sprang und landete im Wasser. Wir klatschten und bejubelten seinen Erfolg, denn wir wussten, was der Sprung für ihn bedeutet hatte.

Wenn Sie bereit sind, mit dem Denken aufzuhören und das Risiko einzugehen, dann kann es kein Zurück geben. Sie können nicht mitten in der Luft die Richtung ändern. Denken Sie darüber nach, wo Sie jetzt sind. Welches Risiko liegt vor Ihnen, das Ihnen helfen wird, Ihren Traum zu verwirklichen? Werden Sie freie Abende aufgeben müssen, um zu lernen? Oder zu dem Mann hingehen, mit dem Sie derzeit ausgehen, und ihm sagen, dass Sie ihn nicht mehr treffen werden, wenn er sein schlechtes Verhalten nicht ändert? Oder mit einem Job aufhören und sich auf die Suche nach einen besseren machen? Oder vor jemandem zugeben, dass Sie eine Abhängigkeit haben, von der Sie befürchten, dass sie langsam Ihr Leben beherrscht?

Die gute Nachricht ist, dass in der Luft einer der Orte ist, an denen Gott uns gerne trifft. Er weiß, wie furchterregend es ist, etwas zu riskieren. Und er weiß, dass wir in den Momenten, in denen wir in der Luft hängen, es am nötigsten haben, die Gewissheit seiner Gegenwart, seiner Unterstützung und seiner Gnade zu spüren.

»Fürchte dich nicht, denn ich bin bei dir. Sieh dich nicht ängstlich nach Hilfe um, denn ich bin dein Gott: Meine Entscheidung für dich steht fest, ich helfe dir. Ich unterstütze dich, indem ich mit meiner siegreichen Hand Gerechtigkeit übe« (Jesaja 41,10).

Sie sind gesegnet, wenn Sie sich aufmachen und etwas riskieren, um Ihre Träume zu verwirklichen. Er ist an Ihrer Seite.

Kapitel 5
Sie können
Verbundenheit finden

Talent gewinnt Spiele, aber Teamwork und Intelligenz gewinnen Meisterschaften.

Michael Jordan

Kevin, ein Freund von mir (John), ist enorm erfolgreich in der Baubranche. Er ist in der oberen Liga, sehr respektiert und verdient eine Menge Geld. Gleichzeitig ist er ein Mensch mit großer geistlicher Tiefe und Hingabe, der großzügig spendet.

Von Zeit zu Zeit bekommt Kevin jedoch Saures von Leuten aus seiner Branche, die ihn nicht persönlich kennen. Ein paar Leute, hauptsächlich Konkurrenten, erzählen anderen manchmal, dass er kein Team-Player ist und viel zu viel allein macht. Ich habe ihn eines Tages deswegen befragt.

»Schreibst du deinen Erfolg der Tatsache zu, dass du ein Einzelgänger bist«, fragte ich, »der sich selbst hochgearbeitet hat und so?«

Er dachte einen Moment nach. »Meistens stelle ich fest, dass die Vorstellung, ich sei ein Einzelgänger, von Menschen kommt, die mich nicht gut kennen. Ich kann bestimmt sehr stur sein und ich bin, was meine Arbeit betrifft, ziemlich eigensinnig. Vielleicht kommt mein Ruf daher. Aber welchen Erfolg ich auch immer habe, er kommt nicht vom Einzelgängersein, sondern vom Gegenteil.«

»Was meinst du?« »Naja, ich habe mein Leben darauf aufgebaut, mich mit Leuten zu umgeben, die mir auf alle möglichen Arten helfen erfolgreich zu sein. Ich bin in einer Gruppe, die sich auf persönliches geistliches Wachstum konzentriert, wo ich angenommen, unterstützt und angespornt werde, ein besserer Mensch zu sein. Ich habe ein paar Kollegen in der Branche, von denen ich die Ansichten der Branche höre. Ich habe ein tolles Administrations- und Arbeitsteam, das dort einspringt, wo meine eigenen Fähigkeiten nicht ausreichen. Sie agieren hinter den Kulissen, aber sie lassen mich gut aussehen. Ich habe einen Mentor, der mich bei dem Gesamtbild meiner Ausrichtung und meines Weges führt. Meine Frau ist meine Vertraute und sie hat schon unzählige Vorschläge gemacht, die mir in meinem geschäftlichen Wachstum enorm geholfen haben.«

Kevin schloss mit einer rhetorischen Frage:»Also, ich nehme an, so arbeiten Einzelgänger?«

Kevin zeigt uns den Schlüssel dazu, wie jeder wirklich erfolgreiche Mensch arbeitet und weiterkommt. Sie tun dies nicht in einem Vakuum. Sie ziehen sich nicht an ihrem eigenen Schopf aus dem Sumpf. Obwohl sie höchst unabhängig sind und ihre eigenen Werte und Meinungen haben, sind sie doch eng verbunden mit der Außenwelt, wo man die Mittel für den Erfolg findet.

Wenn Sie sich entscheiden, ein Einzelgänger zu sein, oder darauf bestehen, unabhängig von anderen zu sein, in der Isolation und Selbstgenügsamkeit verharrend, kann Ihr Versagen, Ihre Träume und Ziele zu erreichen, keinem anderen zugeschrieben werden als Ihnen. Es wird Ihre eigene Schuld sein.

Das Ökosystem des Erfolgs

Wenn Sie vorankommen und Erfolg in Beziehungen und Karriere haben wollen, dann müssen Sie verstehen lernen, dass der Erfolg so ähnlich arbeitet wie ein Ökosystem. Ökosystem ist ein Begriff aus der Biologie, der eine Gemeinschaft von interaktiven Organismen und ihrer Umgebung beschreibt. Ein einfaches Beispiel eines Ökosystems ist der Dschungel. Im Dschungel sorgt die Sonne für Energie, die die Pflanzen erhält, welche pflanzenfressende Tiere ernähren, die ihrerseits Nahrung sind für fleischfressende Tiere, und alle Tiere helfen dabei, die Pflanzen zu düngen. Jede Komponente arbeitet auf irgendeine Weise mit jeder anderen Komponente zusammen. Der Dschungel ist nicht ein einzelnes Ding; er ist ein System und er funktioniert nur erfolgreich, weil er ein System ist.

Erfolgreiche Menschen verstehen, dass wir so geschaffen sind, auf ähnliche Weise zu funktionieren. Wir arbeiten am besten, wenn wir innerhalb unseres eigenen Ökosystems arbeiten und uns vernetzen. Gott hat in unserem Umfeld Hilfen geschaffen, mit denen wir interagieren und von denen wir empfangen müssen, sonst werden wir letztendlich versagen. Diejenigen, deren Herzenswünsche erfüllt werden, verlassen sich auf ihr Ökosystem und gehen eine Verbindung ein mit den Hilfen, die sie brauchen.

Der Selfmademan (oder die Selfmadefrau) ist eigentlich eine Absurdität. Er/sie mag vielleicht denken, dass er/sie sich selbst gemacht hat. Aber wenn Sie unter die Oberfläche blicken, dann werden Sie immer feststellen, dass er/sie anderen Hilfen in seinem/ihrem Leben, deren er/sie sich gar nicht bewusst sein mag, eine ganze Menge schuldet.

Manche Menschen mögen die Idee nicht, dass sie von Verbindungen zu anderen abhängig sind. Sie wollen nicht schwach, bedürftig oder unvollständig erscheinen. Sie setzen die Abhängigkeit von anderen mit Kindlichkeit gleich und das beißt sich mit ihrer Vorstellung von dem, wie ein Erwachsener sein sollte. Oder sie haben vielleicht die Sorge, dass Beziehungen oder Verbindungen zu anderen sie der Gnade skrupelloser Menschen ausliefern, die sie behindern könnten. Manche Leute sind einfach zu stolz, um sich abhängig zu machen. Oder manche idealisieren die fiktiven Helden unserer Gesellschaft so wie Tom Cruises Figur in *Mission Impossible* und Bruce Willis' Figur in *Stirb langsam*.

Unser Bedürfnis nach Verbundenheit ist im Grunde eine geistliche Angelegenheit und eine geistliche Wirklichkeit. Gott hat uns so konzipiert, dass es uns im Leben besser geht, wenn wir mit den richtigen Menschen und den richtigen Dingen verbunden sind. Wir kommen einfach nicht weiter, wenn wir von den Menschen und den Dingen abgekoppelt sind. Wenn Sie sich die Gestaltung der Schöpfung anschauen, dann können Sie sehen, dass Gott uns von Anfang an dazu gedacht hat, miteinander in Beziehung zu stehen, uns andere Menschen zu suchen und auf vielfältige Weise miteinander verbunden zu sein. Das sind seine ersten Instruktionen an Adam und Eva zu Beginn aller Zeiten:

Und Gott segnete sie und gab ihnen den Auftrag: »Seid frucht-
bar und vermehrt euch, bevölkert die Erde und nehmt sie in
Besitz. Herrscht über die Fische im Meer, die Vögel in der Luft
und über alle Tiere auf der Erde.« Und Gott sprach: »Seht her!
Ich habe euch die Samen tragenden Pflanzen auf der ganzen Erde und die Samen tragenden Früchte der Bäume als
Nahrung gegeben. Allen Tieren und Vögeln aber habe ich
Gras und alle anderen grünen Pflanzen als Nahrung zuge-
wiesen.« Und so geschah es. Danach betrachtete Gott alles,
was er geschaffen hatte. Und er sah, dass es sehr gut war.
(1. Mose 1,28-31)

Das erste menschliche Paar hatte Gott, hatte einander und große
Ressourcen an Rohstoffen. Das wurde ihnen zu ihrem eigenen Nutzen und für ihre Ernährung gegeben und als Gegenleistung waren
sie beauftragt, sich gut darum zu kümmern. Es war nie geplant,
dass wir in uns die Stärke finden, die wir brauchen, und uns selbst
in den Erfolg und in das Glücklichsein hineinmanövrieren. Die
Quellen des Lebens sind immer außerhalb unsres Selbst gewesen,
nie innerhalb.

Ich musste vor Kurzem eine weitreichende Geschäftsentschei-
dung treffen. Sie hatte mit meinem Gefühl für meine Mission im
Leben, meinen Fokus, meine Ausrichtung zu tun und damit, was
getan werden musste, um dorthin zu kommen, wo ich hinwollte. Es
war auch eine sehr komplexe Angelegenheit, und welche Wahl ich
auch traf, würden sich die Dinge für mich ziemlich radikal ändern.
Also wollte ich wirklich den richtigen Weg einschlagen. In die falsche Richtung zu gehen würde mich teuer zu stehen kommen –
beruflich, finanziell und persönlich.

Ich dachte lang und intensiv darüber nach. Eigentlich wollte ich
in meinem Herzen, dass Gott die Entscheidung für mich traf. Ich
suchte nach einem Zeichen, einem Wunder, einer Stimme in der
Nacht, einem brennenden Busch – es war egal was, Hauptsache, es
war ein klares Signal von Gott. Die Wahrheit war, dass ich nicht die
Verantwortung für die Konsequenzen meiner Entscheidung übernehmen wollte. Ich mochte die Vorstellung nicht, dass eine falsche
Entscheidung meine Schuld sein würde. Ich wollte, dass Gott, nicht
ich, schuld sein sollte, wenn etwas schiefging. Ich wollte, dass er

sowohl seinen als auch meinen Job machte, indem er entschied, welche Richtung ich einschlagen sollte.

In dieser Zeit las ich eines Tages in meiner Bibel und bat ihn darum, mir zu zeigen, was ich tun sollte. »Ich tue, was immer du sagst«, sagte ich, »nur gib mir Klarheit.« Und ich meine es wirklich ernst. Der Bibelvers in meinem Andachtsplan für den Tag war aus dem Buch der Weisheit, den Sprüchen. Ich dachte: *Ein Vers der Weisheit. Das ist cool. Ich werde hier die weise Lösung lesen und loslegen.* Also las ich: »Bleibt nicht länger dumm, denn ihr sollt leben. Geht den Weg der Weisheit« (Sprüche 9,6).

Ich konnte es nicht glauben. Ich las die Stelle noch einmal. Da stand immer noch das Gleiche. Ich mochte wirklich nicht, was ich da sah. Ich hatte nicht gedacht, dass Gott die Entscheidung einfach wieder an mich zurückgeben und mich damit stehen lassen würde. Trotzdem schien die Stelle so etwas Ähnliches auszusagen und es war ganz bestimmt nicht das, was ich hören wollte. Als ich aber länger darüber nachdachte, wurde mir klar, was ich da eigentlich las.

Ich sollte nicht dumm bleiben: Ich hatte auf eine sehr simple Art gedacht, dass Gott mir direkt sagen würde, was ich tun sollte. Und das tut er auch manchmal. Aber nicht immer. Dieses Mal sollte ich nicht fordern, dass die Antwort mir auf die einfache Art präsentiert würde – direkt von Gott. *Ich sollte anfangen zu leben*: In der Bibel ist Leben immer verknüpft mit Verbundenheit und Beziehungen. Wenn wir von Gott und anderen abgeschnitten sind, sind wir abgeschnitten vom Leben und von dem, was am wichtigsten ist. Ich hatte zwar eine echte Verbindung zu ihm, aber nicht zu Menschen, was einen großen Teil des geistlichen Lebens ausmacht. *Ich sollte lernen, den Weg der Weisheit zu gehen*: Ich wollte keine Bewertung oder Analyse der Angelegenheit vornehmen. Es war zu kompliziert und zu überwältigend, mit zu vielen Variablen. Ich wollte einfach die Worte in Feuer an die Wand geschrieben haben, die mir genau sagten, was ich tun sollte.

Soweit ich es sehen konnte, war die Botschaft an mich folgende: Ich sollte aufhören, Gott darum zu bitten, für mich die Entscheidung zu treffen, und stattdessen die Mittel nutzen, die er schon in meine Umgebung gestellt hatte, um die Antwort zu finden. Also habe ich an dem Tag ein oder zwei Stunden dazu genutzt, nachzudenken, zu analysieren und ein paar meiner engsten Freunde anzurufen, die sich viel Zeit nahmen, die Vielschichtigkeit der Angelegenheit mit mir zu entwirren. Bald begannen sich in dem Chaos meiner Gedanken ein Muster und ein Weg zu zeigen. Indem ich alles nutzte, was ich aus dem Gebet, dem Rat anderer und meinem eigenen besten Ermessen entnommen hatte, grenzte ich ein, was, soweit ich es sehen konnte, der richtige Weg war. Alle Quellen schienen miteinander übereinzustimmen und sie fühlten sich für mich folgerichtig an. Also entschied ich mich für diesen Weg und es war die richtige Entscheidung.

Der echte Durchbruch kam, als ich die verschiedenen Faktoren mit meinen Freunden durchsprach und auf ihre Einsichten einging. Die Dinge fingen an, sich zu bewegen, als ich mich in das Ökosystem einklinkte.

Das soll alles erklären, wie der Erfolg sich einstellt, wenn wir uns dem unterordnen, wie Gott die Welt geschaffen hat, und das Ökosystem, in dem wir sind, in Anspruch nehmen. Wenn wir das tun, bewegen wir uns mit der Strömung der Wirklichkeit und paddeln nicht verzweifelt dagegen an. Was ich gelernt habe, ist Folgendes: Sie werden mit Ihren Träumen so weit Erfolg haben, wie Sie mit der Außenwelt in Kontakt treten. So entscheidend ist Verbundenheit.

Finden Sie den Kraftstoff

Verbindungen sind der Kraftstoff, der Ihnen den Antrieb und die Energie gibt, die Sie brauchen, um Ihr Ziel zu erreichen, ob es die Lösung eines Beziehungsproblems ist, das Finden Ihrer Traumkarriere, das Entwickeln einer gesunden Ehe oder das Überwinden einer lästigen Gewohnheit. Sie müssen wissen, wo der Kraftstoff ist, und wie Sie ihn in Ihren Tank bekommen.

Erfolgreiche Menschen wenden sich nicht nur an eine einzelne Quelle, sondern an mehrere, um die Verbindungen zu finden, die sie brauchen. Ihre Reise wird viele verschiedene Herausforderungen mit sich bringen und eine Quelle für Verbindungen wird nicht ausreichen, um ihnen allen zu begegnen. Jede Verbindung wird einen der Kraftstoffe stellen, den Sie für die eine bestimmte Phase

Ihrer Reise brauchen. Auf den nächsten Seiten werden wir einige der Hauptquellen für die Kraftstoffe, die Sie brauchen werden, vorstellen und besprechen.

Kraftstoffquelle Nr. 1:
Gott

Obwohl es wohl kaum extra gesagt werden muss, ist Gott die Verbindung, die wir am meisten brauchen, um erfolgreich zu sein. Es ist wichtig, dieses Bedürfnis nicht als irgendein religiöses Abstraktum zu betrachten, wie es manche Leute sagen: »Die Religion ist eine gute Sache für die Menschen; sie gibt ihnen Frieden und hilft ihnen dabei, ihre Probleme zu lösen.« Die Wahrheit ist viel größer. Es ist gut für uns, an Gott zu glauben und ihm zu vertrauen, nicht weil es unseren Blutdruck senkt oder uns beruhigt oder unsere geistige Gesundheit verbessert. Tagebuchschreiben und ins Fitnessstudio gehen könnten das genauso gut!

Mit Gott in Verbindung zu treten, heißt eine Bindung mit der Wirklichkeit selbst einzugehen, auf eine sehr echte, tiefe und auch praktische Weise. Er ist der Ursprung der Wirklichkeit. Als Schöpfer und Gestalter dessen, wie das Leben funktionieren soll, bevollmächtigt, führt und unterstützt er unsere Bemühungen um ein besseres Leben und bessere Beziehungen. Gott ist sowohl im Hintergrund als auch im Vordergrund dieser Dinge.

Deswegen ist es viel mehr als nur eine gute und praktische Handlung, uns nach Gottes Hilfe bei unserer Reise zum Erfolg auszustrecken. Es ist ein notwendiges und bedeutsames Vorgehen. Erfolg stellt sich außerhalb von Gott nicht ein. Wir brauchen ihn und seine Hilfe und es ist unmöglich, ohne seine Führung und seine helfende Hand einen Weg aus schlechten Situationen heraus und in bessere hinein zu finden.

In alten Zeiten, als Israel ein Königreich war, blieben die Führer des Landes mit ihren Erfolgen und Träumen und mit denen der Nation in Verbindung mit und abhängig von Gott. Mit der Zeit jedoch begannen die Führer die Verbindung zu Gott zu lockern, ihre eigenen Wege zu gehen und sich auf sich selbst zu verlassen. Obwohl Gott sie ständig dazu einlud, sich wieder in die Abhängigkeit von ihm zu begeben, hörten sie auf falsche Propheten und wandten sich meistens von einer Verbindung mit ihm ab. Das Ergebnis war, dass das Königreich mit der Zeit zusammenbrach und völlig vernichtet wurde. Israels Bevölkerung hatte viele Jahre lang keine Verbindung zu ihrem eigenen Land. In den letzten Tagen des Königreichs, als die Nation von Eindringlingen angegriffen wurde, sprach einer ihrer wahren Propheten, der Jesaja hieß, Gottes Worte an sein Volk.

Während dieser Dämmerung der Nation versuchten die Führer in der Hauptstadt Jerusalem, sich gegen die bevorstehende Aggression von Feinden zu verteidigen und stärken. Sie wollten sicher sein, dass sie genug Wasser hatten, um eine Belagerung durchzustehen. Jeder würde dies als wichtige Aufgabe ansehen, Probleme zu lösen und erfolgreich zu sein! Aber Gottes Reaktion war nicht ermutigend: »Du legst auch einen Wasserspeicher zwischen zwei Mauern an, der mit Wasser vom alten Teich versorgt wird. Doch dabei achtet ihr nicht auf den, der es wirkt, und schaut nicht auf den, dessen Beschluss alles schon vor langer Zeit in die Wege geleitet hat« (Jesaja 22,11).

Diese Worte waren an Israel gerichtet, aber die Wahrheit, die dahinter steht, ist zeitlos und hat heute noch für uns großen Wert. Lassen Sie sich von diesem Vers nicht zu der Frage verleiten, was wichtiger ist: Gottes Wille oder unsere Bemühungen. Für Ihren Erfolg ist sicherlich wichtig, hart an Ihren Plänen zu arbeiten, aber es macht genauso viel Sinn, Gott um Hilfe zu bitten. Es ist seine Natur, seinen Menschen Hilfe und Führung zu schenken. Er ist der Grundstein für alle Träume, die Sie erreichen wollen.

Wenden sie sich an Gott. Erzählen Sie ihm, dass Sie den Wunsch, den Traum und die Leidenschaft haben, eine Firma zu gründen oder eine Beziehung zu finden oder einen Dienst für andere Menschen zu beginnen oder eine zerbrochene Beziehung zu heilen. Legen Sie ihm diesen Wunsch vor, fragen Sie, ob er von ihm kommt und ob er in seinen Plan für Sie passt. Seine Bestätigung ist ein Aspekt der Verbindung zu ihm. Aber es gibt mehr. Gehen Sie weiter und bitten Sie ihn nicht nur, Ihren Traum zu bestätigen, sondern auch um die Stärke, die Führung und die Weisheit, um ihn Wahrheit werden zu lassen. Bitte Sie ihn, Türen zu öffnen, die Meinung von Menschen zu verändern und Ihnen Gelegenheiten und Ideen zu geben, die Sie nie zuvor gehabt haben. Unser Erfolg liegt ihm am Herzen, wenn er von ihm ausgeht, und sein Königreich und seine Werte voranbringt. Wenn Sie in Ihrem Traum mit ihm verbunden sind, dann ist für Sie wahr: »Freu dich am Herrn und er wird dir geben, was dein Herz wünscht« (Psalm 37,4). Der Wunsch, den Sie in sich spüren, hat seinen Ursprung in ihm.

Gott ist die Quelle. Aber wie in meinem oben erzählten Beispiel ist die Verbindung sowohl direkt als auch indirekt. Wir schauen nicht nur auf ihn, sondern auch auf die Verbindungen, die er in unser Umfeld stellt – unser Ökosystem. Lassen Sie uns einen Blick auf die indirekten Arten der Verbindung werfen, die Gott uns schickt und die Sie in Richtung Ihrer Ziele vorantreiben können.

Kraftstoffquelle Nr. 2:
Beziehungen, die Ihr Leben schützen

Menschen, die der Kultur der Schuldzuweisung entrinnen und in die Welt des Erfolges eintreten, schaffen um sich herum ein Team. Sie verstehen, dass wir alle ein paar Menschen um uns herum brauchen, die uns unterstützen. Dieses Team besteht aus Menschen, die mit Ihnen und für Sie sind. Sie sind willens, Teil Ihres Lebens zu sein, zu helfen, es zu schützen und darüber zu wachen. Sie haben die Zeit und die Hingabe, jeden Schritt des Weges mit Ihnen zu gehen. Sie sind diejenigen, an die Sie sich wenden, wenn Sie sich verrückt, entmutigt oder komplett daneben fühlen. In einem gewissen Sinn sind sie Familie, das »Zuhause«, wo Sie hingehen, um Hilfe, Unterstützung und Ermutigung zu erfahren.

Diese Beziehungen haben einen bestimmten Sinn. Das sind nicht die Personen, zu denen Sie gehen, wenn Sie eine bestimmte technische Kompetenz oder spezielle Informationen brauchen. Sie bieten eine Grundlage aus Sicherheit, Bestätigung, Feedback, Konfrontation und Unterstützung. Verbindungen, die auf Informationen basieren, sind auch wichtig, denn sie geben hauptsächlich acht auf Ihre Träume. Wir werden Ihnen im nächsten Abschnitt zeigen, worum es da geht.

Sie brauchen nicht sehr viele Leute in Ihrem Beziehungsteam. Tatsächlich funktioniert es nicht wirklich mit einer großen Gruppe. Es braucht viel Zeit, die Art von Beziehung zu entwickeln, in der

Menschen sich gut kennen und ein tiefes Vertrauen entwickeln. Qualität ist viel wichtiger als Quantität. Machen Sie bei der Auswahl Ihres Teams eine leichte Erreichbarkeit nicht zum Hauptkriterium. Nach meiner Erfahrung gibt es meistens einen Grund dafür, dass Leute, die alle Zeit der Welt haben, nicht so sehr eingespannt sind. Menschen, die Ihnen etwas zu bieten haben, haben es wahrscheinlich auch einem anderen zu bieten und Sie müssen vielleicht die Zeit für eine Beziehung zu ihnen erarbeiten.

Wenn Sie Ihre Träume verwirklichen wollen, werden Sie wahrscheinlich eine gewisse Struktur in diese Beziehungen einbauen müssen. Zum Beispiel bin ich seit vielen Jahren Teil einer Gruppe, die sich auf Wachstum und persönliche Unterstützung konzentriert. Die Beziehungen in dieser Gruppe begannen als lose Freundschaften, die gelegentliche Treffen zum Mittag- oder Abendessen beinhalteten. Mit der Zeit bemerkten wir alle eine gewisse Ähnlichkeit von Werten, Ausrichtungen und Persönlichkeitsstrukturen. Unsere Persönlichkeiten sind alle sehr unterschiedlich, aber dadurch bleibt es interessant. Das entwickelte sich alles vor dem Auftauchen des Phänomens der Kleingruppen in der Welt der Kirchengemeinden, sodass ich eigentlich gar nicht in diese Richtung dachte. Aber ich bemerkte, dass ich anfing, mich immer öfter wegen Unterstützung und Rat an diese Personen zu wenden. Wenn ich einen Traum oder ein Problem hatte, dann rief ich zuerst sie an. Wenn ich gesellschaftlich etwas tun wollte, dann fielen sie mir zuerst ein. Und das Gleiche galt auch für sie. Wir wandten uns alle aneinander, um Ermutigung, Unterstützung und Anschluss zu suchen. Irgendwann wurde es uns allen klar, dass es vielleicht helfen würde, uns regelmäßig zu treffen. Uns wurde bewusst, dass wir in unseren sozialen Kontakten Struktur und Kontinuität brauchten. Also entschieden wir uns, eine Gruppe zu gründen und uns regelmäßig zu treffen, um Unterstützung, Gebet und persönliches Wachstum zu fördern.

Jetzt kann ich mir überhaupt nicht vorstellen, ohne diese Leute durchs Leben zu gehen. Wir haben fast alles zusammen durchgemacht, einschließlich Elternschaft, Ehefragen, Stressfaktoren im Leben, Karrierefragen, persönliches Versagen und Kämpfe sowie geistliche Fragen. Wir kennen einander extrem gut, und es gibt wenige Geheimnisse zwischen uns, wenn überhaupt. Wenn die Arbeit oder Reisen es mir unmöglich machen, an einem unserer

Treffen teilzunehmen, merke ich, dass ich mir wünsche, ihre Unterstützung und ihre Einsichten zur Verfügung zu haben. Das Leben ist besser mit diesen Leuten und es ist nicht das Gleiche ohne sie.

Was Träume und Erfolg angeht, ist diese Gruppe für alle Mitglieder ausschlaggebend. Wir kennen gegenseitig unsere Ziele und Leidenschaften und wir halten uns darüber auf dem Laufenden. Wir sorgen auch dafür, dass wir nicht nur durch diese Ziele verbunden sind. Es ist wichtig, mit dem Herzen und mit der Seele eine Bindung einzugehen, nicht nur auf der Basis des Traums. Das ist es, was Sie von Ihrem Team brauchen. Sie müssen über das Leben, das Sie führen, Bescheid wissen, über Ihren Hintergrund, Ihren Charakter und Ihre Schwächen. Sonst können Sie nicht wirklich Ihren Fortschritt in Richtung Ihrer Ziele voranbringen.

Das ist ein wichtiger Punkt. Es ist wichtig, dass Sie Ihr ganzes Selbst in Ihr Team einbringen, nicht nur Ihre Idee von dem, wo Sie hinwollen. Sich auf Ihre Ziele zu konzentrieren, ohne an sich selbst zu arbeiten, ist, als ob Sie versuchen, Ihre E-Mail-Software besser zum Funktionieren zu bringen, wenn Ihr Betriebssystem kaputt ist. Bei Computern ist das Betriebssystem immer wichtiger als die Anwendung. Alles ruht, bis das Betriebssystem funktioniert, weil es die Struktur ist, die alles andere trägt. Sie wollen nicht die Unterstützung Ihres Teams für Sie beeinträchtigen, weil Sie nicht offen sind, sich nicht verletzbar machen und ehrlich zugeben, wer sie wirklich sind und was sie wirklich brauchen.

Also bauen Sie Ihr Team auf und wählen Sie die Mitglieder mit Vorsicht. Finden Sie Menschen, denen Sie am Herzen liegen. Die ähnliche Werte haben. Die beziehungsfähig, nicht verurteilend, aber trotzdem direkt und ehrlich mit Ihnen sind. Und die regelmäßig für Sie erreichbar sind. Ideal ist es, Menschen zu finden, die die gleiche Unterstützung von Ihnen wollen, die Sie von ihnen erwarten. Dann haben alle im Team einen gemeinsamen Nutzen. Sie lernen sowohl einander zu geben als auch zu empfangen. Das begünstigt ein warmes, familiäres Gefühl, das Ihnen durch manch eine dunkle Nacht auf Ihrer Reise zu Ihren Zielen hindurchhelfen wird. Es gibt die richtigen Menschen dort draußen. Vielleicht suchen sie auch nach Ihnen, und wenn Sie einander finden, dann können Sie Ihre Ziele gemeinsam erreichen. Seien Sie gegenseitig Wächter für Ihr Leben, Ihre Herzen und Ihre Seelen.

Kraftquelle Nr. 3:
Beziehungen, die Ihre Träume schützen

Ich diene in den Vorständen von mehreren karitativen Organisationen, an deren Ziele ich glaube. In einer Sitzung eines dieser Vorstände diskutierten vor Kurzem einige der Vorstandsmitglieder darüber, ob man den Fokus der Organisation vom Dienst an der ursprünglichen Zielgruppe auf eine Gruppe mit einer anderen Demografie verschieben sollte. Keine der beiden Gruppen verdiente es mehr als die andere, es war mehr eine Frage der Bewertung des Interesses des Vorstandes und der Struktur und der Anpassung der Organisation an die Zielgruppe.

Ich war überrascht, als eines der Vorstandsmitglieder sagte: »Diese Organisation wurde geschaffen, um der Gruppe zu helfen, die sie jetzt unterstützt. Wir haben uns alle bereit erklärt, als Vorstandsmitglieder zu dienen, weil wir eine Not spürten, dieser Zielgruppe zu helfen. Wenn wir den Schwerpunkt ändern, dienen wir nicht länger dieser Gruppe, der ich helfen wollte, und dann bin ich raus. Ich werde eine Organisation finden, die die Gruppe unterstützt, die mir am Herzen liegt.« Mein erster Gedanke war: *Es geht nicht um dich und was du willst. Es geht um die Organisation.* Ich hatte den Eindruck, dass er kein Interesse am Dienen hatte, sondern seine eigenen Ziele verfolgen wollte. Aber je länger ich ihm zuhörte, desto mehr wurde mir bewusst, dass er recht hatte. Und ich war ganz seiner Meinung. Was uns alle zusammengebracht hatte, war die Tatsache, dass wir in uns etwas gespürt hatten und uns persönlich für diese Zielgruppe von Menschen interessierten. Wir fühlten uns dazu berufen und wir wollten die Organisation darin unterstützen, ihren Auftrag zu erfüllen, weil er mit unserem eigenen Ruf übereinstimmte.

Die Kommentare dieses Mannes halfen dabei, den ursprünglichen Auftrag der Organisation neu zu fokussieren. Kurz gesagt, diente er als Wächter des Traumes. Die Dinge hätten anders laufen können. Wir hätten uns alle einig sein können, dass unsere Leidenschaft und Berufung sich geändert hatten. Oder wir hätten aussteigen und einen anderen Ort finden können, um uns einzubringen. Diese Möglichkeiten wären auch in Ordnung gewesen. Aber in dieser Situation behielten wir den ursprünglichen Fokus bei, und für alle wurde das Richtige getan.

Sie sind der Hüter Ihres Traums. Er ist ganz allein Ihrer und Sie hoffen, dass er von Gott in Sie hineingelegt wurde. Er soll wachsen und gute und lang anhaltende Frucht tragen. Aber obwohl es Ihr Traum ist, müssen Sie ihn nicht alleine schützen. Sie brauchen Menschen, die an Ihrer Seite stehen und die mit Ihnen zusammen diesen Traum schützen und entwickeln. Die Beziehungen, die Sie finden müssen, sind Menschen, die sich darauf konzentrieren werden, Ihnen beim Erreichen Ihres Zieles zu helfen. Während Ihr Unterstützungs-Team über Ihr Leben wacht, geht es bei diesem Wächter-Team um den Erfolg, den Sie sich wünschen. Das bedeutet nicht, dass es nicht zwischen den beiden Überschneidungen geben kann. Beziehungen des Herzens und Beziehungen der Ziele können die gleichen sein. Aber Erfolg zu erreichen, erfordert meistens Menschen und Teams, die sich jeweils nur auf eine Ihrer Aufgaben konzentrieren.

Wenn Sie diejenigen aussuchen, die als Wächter Ihres Traums fungieren sollen, sollten Sie die folgenden zwei Typen von Menschen suchen.

Gleichgesinnte in Ihrem Interessengebiet. Finden Sie Menschen, die in Ihrem bestimmten Interessengebiet Erfahrung und Interesse haben. Wenn Sie eine Karriere als grafischer Designer verfolgen, dann sprechen Sie mit Leuten, die in dieselbe Richtung gehen. Fragen Sie Freunde, ob sie jemanden kennen. Starten Sie eine Internetsuche nach solchen Menschen. Rufen Sie Firmen an, die mit Grafik-Design zu tun haben, und fragen Sie, ob sie Leute oder Gruppen haben, mit denen Sie sich zusammensetzen können. Wenn Ihr Ziel persönlicher ist, zum Beispiel zu lernen, wie man mit emotionalen Kämpfen umgeht, dann ist der Prozess derselbe. Rufen Sie Kirchen/Gemeinden, Beratungszentren und Schulen an, wo es Menschen gibt, die in diesem Bereich Erfahrung haben. Treffen Sie sich mit ihnen und stellen Sie Fragen. Ob es um eine Karriere geht oder um ein Problem: Menschen in den gleichen Interessenbereichen haben viel Wissen über das, was Sie tun wollen. Sie können Ihnen Informationen liefern, Abkürzungen ermöglichen und Sie anderen Menschen vorstellen, die Ihnen weiterhelfen können.

Coaches und Mentoren. In den letzten paar Jahren ist dieser Bereich zu einer eigenen Industrie geworden und das aus gutem Grund. Coaches und Mentoren haben riesige Erfahrung und Kompetenz in ihrem Sachgebiet. Aber genauso wichtig ist, dass sie wissen, wie man andere in den Bereichen lehrt, anleitet und trainiert. In eine Coaching-Beziehung zu investieren bedeutet, dass Sie eine konzentrierte Wachstums-Erfahrung erleben, die auf Ihre persönliche Situation zugeschnitten ist. Das ist hochintensiv, lohnt sich als Investition und kann für Sie einen Quantensprung bedeuten.

Mein Freund Jim ist ein Mann, der bestimmt nicht nur für seine Arbeit lebt. Er arbeitet, sodass er sein Radfahrhobby finanzieren kann. Er betreibt den Sport ernsthaft, besitzt mehrere Räder für verschiedenes Terrain, trainiert jede Woche stundenlang und nimmt an Wochenenden an Hundert-Meilen-Rennen teil. Er ist verrückt nach seinem Hobby.

Neulich wollte Jim die nächste Stufe seiner Fähigkeiten erreichen und er wusste, dass er dazu einen Coach brauchte. Er recherchierte ein wenig und fand die perfekte Person. Sie war eine frühere olympische Radfahrerin und ihr Fachgebiet war die Arbeit mit Leuten wie Jim – Radfahrer, die gut waren, aber besser werden wollten. Das einzige Problem war, dass diese Person in einem anderen Bundesstaat wohnte. Jim fand jedoch heraus, dass sie mit Hilfe von Internet und Telefon Sportler weltweit trainierte. Er machte einen Vertrag mit ihr und nachdem sie erfahren hatte, was sein Hintergrund und seine Ziele waren, erstellte sie ihm einen Trainingsablauf, einen Fitness- und einen Diätplan. Er arbeitete mit dem Programm. Nach zwei Monaten schlug Jim seine eigenen Rekorde und verbesserte sich weiter enorm. Er hat seinen Coach niemals von Angesicht zu Angesicht gesehen und glaubt nicht, dass er das je tun wird.

Das ist einer der Unterscheide zwischen denen, die über Ihr Leben wachen, und denen, die über Ihren Traum wachen. Das »Leben-überwachen«-Unterstützungsteam muss wirklich in der Nähe sein, wegen des persönlichen Kontakts, es sei denn, Sie befinden sich an einem schwer zugänglichen Ort und es geht einfach nicht anders. Das technische Team oder das »Traum-überwachen«-Team (Coaches, Mentoren und Gleichgesinnte) sollte im Idealfall persönlich erreichbar sein, aber das ist nicht entscheidend. Wichtiger sind solche Aspekte wie ihr Wissen, ihre Erfahrung, ihre Kompetenz und ihre Fähigkeit, die Information mitzuteilen.

Andere Kraftstoffquellen, die Sie brauchen werden

Verbundenheit ist nicht immer gleich Beziehung. Es geht auch um Hilfsmittel, die Ihnen helfen, Ihr Ziel zu erreichen. Man kann sie zum Teil über Menschen bekommen, aber zum Teil auch auf andere Weise. Sie müssen Anschluss finden an die äußere Welt der Informationen und der Hilfsmittel, die mit Ihrem Ziel zu tun haben. Die Idee ist die gleiche wie bei Ihren menschlichen Helfern: *Denjenigen, die vorwärtskommen, ist klar, dass sie nicht alles selbst haben. Sie strecken sich außerhalb ihrer selbst nach dem aus, was sie brauchen.* Das sind die hauptsächlichen Arten externer Hilfen, nach denen Sie Ausschau halten müssen:

Information. Sie müssen viel wissen, um Ihren Traum zu erreichen. Seien Sie demütig genug, um zuzugeben, dass Ihnen Informationen fehlen. Nur Narren geben vor, etwas zu wissen, das sie nicht wissen, und sie stehen am Ende mit weniger Informationen da als alle anderen. Menschen haben seit Jahrhunderten große Träume verwirklicht und sie haben dabei unglaubliche Mengen wertvoller Informationen angehäuft.

Wenn Sie einen schlanken, athletischen Körper haben wollen, dann vertiefen Sie sich in Informationen über Diät und Fitness. Werden Sie Experte auf dem Gebiet. Wenn Sie die Firma leiten wollen, dann lesen Sie Informationen darüber, wie andere es geschafft haben. Wenn Sie die tollste Ehe der Welt führen wollen, dann studieren Sie die besten Denker und Autoren auf dem Gebiet. Werden Sie zum Informations-Junkie. Es gibt dort draußen eine Welt von Informationen, die nur darauf wartet, angezapft zu werden. Sie können sie in Bibliotheken, im Internet, in Computerprogrammen, in Audio- und Videokassetten, CDs, DVDs und vielem mehr finden. Wenn Sie sich die Informationen nicht zunutze machen, liegt die Schuld nur bei Ihnen selbst.

Vor ein paar Jahren las ich einen Zeitschriftartikel über zwei der besten Gitarristen der Welt. Einer dieser Virtuosen betonte immer wieder, wie er die Techniken und die Kunst anderer studierte, und wie viel er von ihnen lernte – sogar von Leuten, die ihn als Vorbild sahen. Der andere Gitarrist sprach sehr viel darüber, dass er sein eigener Mensch sei, mit seinem eigenen Stil, und dass er nicht viel von anderen lernte, weil er nur auf seine eigene Muse hörte.

Der Kontrast war erstaunlich. Das Interessante daran ist, dass noch heute die Songs und Beiträge des ersten Gitarristen zu hören sind und man von dem anderen überhaupt nichts mehr hört.

Sie müssen nicht das Rad neu erfinden. Es gibt dort draußen einen Schatz an Informationen über genau die Dinge, die Sie lernen müssen.

Training und Erfahrung. Information und Wissen sind ein guter Anfang, aber sie sind nicht genug. Menschen, die ihre Ziele erreichen, haben Erfahrung in der Verwirklichung ihrer Träume. Es gibt nur einen Weg, das zu erreichen, und das ist durch Training. Durch Training nutzen Sie die Informationen in Ihrem Verstand und Ihrem Leben. Hören Sie nicht bei Kopfwissen auf.

Wir vermeiden manchmal den Prozess des Trainings und Erfahrung-Sammelns, weil er Arbeit und Zeit kostet und uns dazu zwingt, Versagen zuzugeben. Aber es gibt keine Abkürzung und keinen Ersatz. Es gibt ein Sprichwort: *Gutes Urteilsvermögen kommt aus der Erfahrung; Erfahrung kommt von schlechtem Urteilsvermögen.* Sie mussten, als Sie klein waren, ein paar Mal vom Rad fallen, aber so haben Sie gelernt, Rad zu fahren.

Training kann formell oder informell sein, je nach Kontext. Coaches, Mentoren und Unterricht sind die eher strukturierten und formellen Arten. Ihr Vorteil ist, dass die Strukturiertheit Ihnen bestimmte Erfahrungen innerhalb einer bestimmten Zeit garantieren. Informelles Training kann so etwas sein, wie sich freiwillig als Laufbursche für einen Coach zur Verfügung zu stellen, dessen Sport Sie lernen wollen, oder in einer Organisation auszuhelfen, die Hilfe für Bedürftige anbietet, oder einen Freund in der Versicherungsbranche zu fragen, ob Sie ihn einen Tag lang begleiten dürfen, um zu sehen, wie seine Welt ist. Im Allgemeinen ist das informelle Training eher dazu geeignet herauszufinden, ob Sie wirklich Interesse an einem bestimmten Gebiet haben. Wenn das feststeht, können Sie sich einem strukturierteren Training zuwenden.

Zeit und Raum. Diese Gegebenheiten sind oft schwerer zu nutzen als jede andere, aber es muss sein. Man findet den Sinn seines Lebens nicht nebenbei. *Erfolg zu erzielen, hängt im Wesentlichen davon ab, wie viel Zeit und Raum Sie sich dafür nehmen.* Und die Ausnahmen von dieser Regel kommen extrem selten vor, ähnlich wie ein Lottogewinn. Die Wahrheit ist, dass die Menschen, die sich nach einem besseren Leben ausstrecken wollen, meistens schon sehr beschäftigt sind. Sie haben Jobs, Beziehungen, Familien und Verpflichtungen, und das sind alles wirkliche und umfangreiche Verantwortlichkeiten. Diese Verantwortlichkeiten und Verbindungen nehmen viel Zeit in Anspruch, und es ist schwer, die zusätzlichen Stunden zu finden, die man braucht, um seinen Traum zu verwirklichen.

Aber es ist machbar. Jeden Tag bewegen sich Menschen, die so beschäftigt sind wie Sie, Schritt für Schritt bewusst auf tolle Ziele zu. Wenn andere das schaffen, dann können Sie es auch. Es gibt ein paar Tipps, die Ihnen dabei helfen.

- Lassen Sie das Überflüssige weg.
  Tragen Sie die nächsten dreißig Tage Ihres Lebens in einen Kalender ein. Tragen Sie alle Notwendigkeiten Ihres Lebens ein und auch alle nicht notwendigen Aktivitäten, die Ihnen einen Ausgleich verschaffen, wie soziale Beziehungen und Hobbys. Danach machen Sie eine Bestandsaufnahme des gesamten Monats und bewerten Ihre Einträge im Licht ihres Nutzens für Sie im Vergleich zu Ihrem Traum. Sie werden oft erheblich Überflüssiges finden, das Sie weglassen können. Diese Zeit widmen Sie Ihrem Traum.
- Delegieren Sie.
  Tun Sie etwas, das Sie lieber anderen überlassen sollten? Vielleicht haben Sie seit Jahren als Vorsitzender eines Komitees gedient und es ist an der Zeit, zurückzutreten. Können Sie eine Vereinbarung mit Eltern aus der Nachbarschaft treffen, dass man sich abwechselnd einmal in der Woche um die Kinder der anderen kümmert? Könnte ein Student zweimal in der Woche für Sie die Hilfe bei den Hausaufgaben Ihrer Kinder übernehmen? Könnte Ihr Partner vielleicht öfter das Einkaufen übernehmen?
  Manchmal lassen wir die Aufgaben, die wir erledigen, nicht los, weil wir Kontroll-Freaks sind. Wenn wir uns dazu durchringen, eine Aufgabe zu delegieren, stellen wir meistens überrascht fest, dass die Welt nicht zusammenbricht. Unsere eigene Co-Abhängigkeit hält uns gefangen.
- Setzen Sie den Traum an die erste Stelle.

Wenn Sie Ihren Kalender zu Ende geführt haben, legen Sie ihn beiseite und beginnen Sie mit einem leeren Kalender von vorn. Dieses Mal sollten die ersten Termine, die Sie eintragen, die Zeiten sein, die Sie brauchen, um an Ihrem Ziel zu arbeiten. Beziehen Sie solche Dinge wie Zeit für Mentoren, Lesen, Training und so weiter mit ein. Dann bauen Sie Ihr Leben um diese Zeiten herum auf und schauen, ob es funktioniert. Sehr oft stellt man fest, dass die wichtigen Dinge immer noch erledigt werden. Das ist ähnlich wie das Sparprinzip, nach dem Sie jeden Monat, wenn Sie Ihre Rechnungen bezahlen, sich selbst zuerst bezahlen – das heißt Ihr Sparkonto bedienen.

- Finden Sie Ihren Raum.

Sich auf Ihr Ziel hinzubewegen erfordert physischen Raum, der Ihnen allein gehört, mindestens für ausreichende Zeiträume. Sie brauchen einen abgeschiedenen Platz für sich allein, an dem Sie überlegen, träumen, beten und planen können. Dies kann man schlecht in der Nähe von Kindern, Fernsehern, Arbeitsplätzen oder Familienaktivitäten machen. Wenn absolut kein abgeschiedener Platz vorhanden ist, müssen Sie vielleicht allen mitteilen, dass Sie sich jetzt mal für zwei Stunden in das Schlafzimmer zurückziehen und nicht gestört werden wollen. Oder Sie können vielleicht nach der Arbeitszeit noch ins Büro gehen. Oder sogar in die Bibliothek. Wo immer es auch ist, sorgen Sie für einen Platz, an dem Sie sich ganz auf Ihre Pläne konzentrieren.

- Bitten Sie einen Freund um Hilfe.

Zeigen Sie Ihren Kalender jemandem, dem Sie vertrauen – jemandem, der seine Zeit gut managt und die Wirklichkeit versteht. Bitten Sie ihn oder sie darum, Ihnen bei Einsparungen an Ihrem Zeitbudget zu helfen. Ein Freund oder eine Freundin wird eher objektiv sein und Möglichkeiten eher erkennen können als Sie, und das wird Ihnen helfen, die notwendigen Beschneidungen in Ihrem Zeitbudget vorzunehmen.

Feedback-Systeme. Erfolgreiche Menschen führen meistens irgendeine Art ein, Informationen darüber zu bekommen, wie sie sich entwickeln, um ihren Fortschritt einzuschätzen und zu sehen, wo sie sich vielleicht verrennen oder verzetteln. Das nennt man ein Feedback-System. Feedback-Systeme können Ihnen Zeit und Mühe ersparen, Ihren Fokus erhalten oder sogar Ihren Fortschritt beschleunigen. Coaches und Freunde sind sicherlich ein Teil dieser Beobachtung und dieses Feedbacks. Aber Sie können auch messbare Ziele setzen (Einkommen, Gewichtsabnahme etc.) und in Abständen Ihren Fortschritt daran messen.

Zum Beispiel führe ich in meinem Computer eine simple Excel-Tabelle, die Spalten hat für das Datum, mein Gewicht, meine Besuche im Fitnessstudio, mein Essverhalten, meine Schlafstunden und Kommentare zu meinem Tagesablauf. Es dauert abends weniger als eine Minute einzutragen, was ich an dem Tag gemacht habe. Diese kleine Tabelle ist ein Feedback-System für meine körperliche Gesundheit. Nicht nur hält sie meinen Fortschritt fest, sie sorgt auch für eine gewisse Disziplin. Das Wissen darum, dass ich sie jeden Tag öffne und bearbeite, gibt mir ein wenig mehr Selbstkontrolle. Was unter Beobachtung steht, tendiert dazu, sich zu verbessern. Feedback-Systeme helfen Ihnen dabei, sich selbst bei dem Erreichen Ihrer Träume zu beobachten.

Wie Sie sehen können, gibt es dort draußen viele Hilfen, die dazu geschaffen sind, Sie auf den Weg zum Erfolg voranzubringen. Menschen, die Verantwortung übernehmen, sind immer auf der Suche nach weiteren Hilfsmitteln, weil sie ihren Wert verstehen.

Wie wir am Beginn dieses Abschnitts schon sagten, müssen Sie den Kraftstoff finden. Und Sie finden ihn, indem Sie sich bei den richtigen Hilfsmitteln einklinken. Aber das ist noch nicht genug. Den Kraftstoff zu finden, ist nur ein Teil der Angelegenheit. Der nächste Schritt ist, zu wissen, wie man den Kraftstoff verbrennt. Zu lernen, wie man den Kraftstoff effizient verbrennt, bringt einen seinem Traum das entscheidende Stück näher. Wenn er nur in Ihrem Tank ist, ist er nutzloser Ballast. Der nächste Abschnitt wird Ihnen helfen, die Mittel, die Sie finden, einzusetzen.

Verbrennen Sie den Kraftstoff

Ich kenne viele Menschen, die sich von anderen, die sich ein besseres Leben wünschen, nicht im Mindesten unterscheiden.

Sie sind intelligent, talentiert und gutherzig. Aber sie erreichen oft ihre Ziele nicht, weil sie nicht wissen, wie sie die Hilfsmittel, die sie haben, nutzen können. Sie stehen in Verbindung mit den richtigen Menschen und Orten, aber sie erzielen nicht die Ergebnisse, die sie wollen. Mit den folgenden Empfehlungen können Sie dieses Versagen vermeiden und Ihre Hilfen maximieren. Sie sind einfach, aber sie funktionieren für Leute, die auf dem Weg zum Erfolg sind.

Erbitten Sie Feedback von den Wächtern Ihres Lebens. Sie können davon ausgehen, dass die Wächter Ihres Zieles – die Experten, die Sie wegen spezieller Informationen ansprechen – wissen, dass sie Ihnen hilfreiches Feedback geben müssen. Das gehört automatisch zu der Natur der Sache. Aber mit engen Freunden als Teil Ihres Feedback-Systems sieht es anders aus. Machen Sie nicht den Fehler anzunehmen, dass sie auch wissen, dass Sie ihren Input brauchen. Sie glauben vielleicht, dass Sie von ihnen nur Ermutigung, Annahme und guten Willen wollen. Sie glauben vielleicht auch, dass Sie sie schon danach fragen werden, wenn Sie in einem bestimmten Punkt Feedback wollen. Oft wollen Ihre Freunde einfach nicht kritisch klingen und Ihre Gefühle verletzen, und das kann man ihnen auch nicht übel nehmen.

Aber Sie wollen nicht auf die enorme Hilfe und den Nutzen, die diese Menschen Ihnen bringen können, verzichten. Die Wächter Ihres Lebens können Ihnen – im Gegensatz zu den Wächtern Ihres Zieles – Rat, Einsicht, Ideen, Korrekturen und Konfrontationen bieten, die letztendlich den entscheidenden Unterschied beim Erreichen Ihres Zieles ausmachen können.

Wenn Sie Ihr Unterstützungs-Team zusammenstellen, achten Sie darauf, jeder Person die Erlaubnis zu geben, Ihnen die Wahrheit zu sagen, nicht nur mit Liebe und Unterstützung, sondern auch mit Direktheit und Klarheit. Sie werden vielleicht zuerst nicht glauben, dass es Ihnen damit ernst ist. Wenn sie also sich trauen und etwas sagen wie: »Es ist mir aufgefallen, dass du anscheinend viel Zeit damit verbringst, anderen die Schuld für deinen Mangel an Fortschritt zuzuschieben«, dann sollten Sie sagen: »Danke für die Korrektur. Hast du noch eine?« Nachdem sie gesehen haben, dass Sie sich nicht abwehrend zusammenkrümmen oder defensiv werden oder eine Opferrolle einnehmen, werden sie damit anfangen, Ihnen die

Wahrheiten zu sagen, die Ihr Wachstum schützen und fördern können. Das heißt, wenn sie die richtigen Personen für Ihr Team sind. *Achten Sie darauf, die Hilfsmittel von dem Ergebnis getrennt zu halten.* Sie werden unweigerlich Ihren menschlichen Helfern nahe kommen, auf jeden Fall den Wächtern Ihres Lebens und oft auch den Wächtern Ihres Traumes. Ein Gefühl des sich Nahestehens folgt ganz natürlich, wenn sich Menschen einander mit der Zeit öffnen. Und das ist eine gute Sache. Denken Sie jedoch daran, dass, ganz gleich wie wertvoll die Menschen Ihnen werden, das letztendliche Resultat Ihre Verantwortung bleibt und nicht deren. Das ist Ihr Traum und Sie müssen sein Eigentümer bleiben. Man erliegt oft der Versuchung, zuzulassen, dass das Team die Bürde mitträgt. Ein wenig Mittragen kann hilfreich sein, aber ihre eigentliche Rolle ist, Sie zu unterstützen und Ihnen zu helfen. Wenn Sie stolpern oder versagen, müssen Sie dafür die Verantwortung übernehmen und die Situation in Ordnung bringen. Es ist nicht deren Schuld, wenn Sie versagen. Das Ergebnis ist Ihres.

Es ist ein bisschen wie in einer Firma, die versucht, so demokratisch zu agieren, dass niemand die Autorität hat. Alles scheint idealerweise gleichwertig und kooperativ zu sein, bis ein Problem auftaucht. Wenn keiner das Sagen hat, dann ist keiner verantwortlich. »Wir sind alle verantwortlich« ist keine Hilfe dabei, das Chaos zu beseitigen. Der Slogan des US-amerikanischen Präsidenten Harry Truman: *The buck stops here* (sinngemäß: »Hier ist mit Ausgaben Schluss, d. h., ich entscheide letztendlich, was passiert«), definiert zutreffend Ihre Verantwortlichkeit für Ihren Traum. Es lohnt sich, den Slogan für sich selbst anzunehmen.

Seien Sie dankbar, offen und nicht defensiv. Seien Sie jeden Tag dankbar für die Menschen, die sich ehrenamtlich oder beruflich bereit erklärt haben, mit Ihnen auf Ihr Ziel zuzusteuern. Sie sind ein großes Geschenk. Je mehr Sie ihre Beiträge schätzen, desto besser werden Sie die Weisheit und Hilfe, die sie Ihnen bieten, nutzen. Seien Sie offen für das, was sie Ihnen sagen, und verwickeln Sie sich nicht mit ihnen in Machtkämpfe. Probieren Sie ihre Vorschläge aus, auch wenn sie anfangs nicht viel Sinn zu machen scheinen. Sie sollten natürlich nachfragen und hinterfragen, aber denken Sie daran, dass Sie wahrscheinlich diesen Leuten mehr zuhören sollten, als zu reden.

Als Jesus lehrte, trainierte und Menschen mit Hilfsmitteln versah, sagte er vieles, das entweder für sie keinen Sinn machte oder sie sehr herausforderte:

- Als Petrus den Tod von Jesus verhindern wollte, sagte Jesus: »Geh weg von mir, Satan.«[11]
- Er sagte den Jüngern, dass sie, um ihr Leben zu retten, es verlieren mussten.[12]
- Er sagte Nikodemus, dass er zweimal geboren werden musste, was den total verwirrte.[13]
- Als die Menschen wissen wollten, wann das Gottesreich kommen würde, sagte er, dass es unter ihnen sei.[14]
- Als die Menschen ein Wunder sehen wollten, sagte er ihnen, dass er den Tempel in drei Tagen wieder aufbauen würde, aber er meinte nicht den tatsächlichen Tempel in Jerusalem.[15]
- Er sagte, dass traurig sein gut für Menschen sein könnte.[16]

Und doch geben die Worte von Jesus immer noch Erkenntnis, Einsicht und Hilfe in allen Bereichen des Lebens, wenn die Menschen wirklich Ohren haben zu hören. Erfolgreichen Menschen macht es nichts aus, von ihren Mentoren verwirrt zu werden. Das ist nur ein weiterer Schritt auf dem Weg des Lernens und des Wachstums. Seien Sie offen für das, was Sie von Ihren Wächtern hören, auch wenn es Ihnen zuerst nicht schmeckt.

Erklären Sie Schwierigkeiten und unterschiedliche Ansichten für normal. Einer der besten Wege, Ihren Kraftstoff effizient zu verbrennen, ist, schwierige Situationen und Antworten sowie unterschiedliche Ansichten, die Sie von Ihren menschlichen Helfern bekommen, für normal zu erklären, das heißt, sich daran zu gewöhnen. Sie brauchen die Fähigkeit, von unbestimmten Bereichen und Unklarheiten nicht überwältigt oder aus der Bahn geworfen zu werden, denn so ist das wirkliche Leben.

Die meisten bedeutsamen Ziele und Träume und auch die meisten unserer herausforderndsten Probleme haben mehrere komplexe Ebenen und mehr als eine Möglichkeit, an sie heranzugehen. Es ist verlockend, das Ganze zu vereinfachen und nach dem einen richtigen Weg oder den drei richtigen Schritten zu suchen, die einen ans Ziel bringen. Aber so organisieren Kinder sich ihre Welt.

Erwachsene wollen nicht die Wahrheit in eine leicht zu schlucken-
de Kapsel verpackt haben, denn bei dem Prozess der Reduktion
können wichtige Informationen verloren gehen. Sie wollen das
Feedback oder die Perspektiven, auch wenn die Angelegenheit
so komplex ist, dass die verschiedenen Berater sich nicht einig
sind. Die rivalisierenden Möglichkeiten zu sortieren kann eine der
hilfreichsten Erfahrungen sein, die Sie machen können. Die Entscheidung selbst treffen zu müssen wird Sie darin unterstützen, die
Verantwortung für Ihren Weg, Ihren Fortschritt und Ihr Ergebnis
zu übernehmen.

Ein Freund von mir analysierte seine finanzielle Situation in
Bezug auf seinen derzeitigen Job und stellte bestürzt fest, dass er,
wenn die Dinge sich nicht änderten, nicht zur gewünschten Zeit in
den Ruhestand gehen konnte. Er fing an zu recherchieren, um festzustellen, wie hoch sein jährliches Einkommen ab diesem Zeitpunkt
sein müsste. Es war mehr, als sein derzeitiger Job einbringen würde,
aber er mochte seinen Job und wollte ihn nicht aufgeben. Also suchte er nach Möglichkeiten, sein Einkommen aufzubessern.

Schließlich fand er einen Teilzeit-Job, der nicht allzu viel seiner
Zeit in Anspruch nehmen würde, weil er ein passives Einkommen
erzielte. (Ein Beispiel für passives Einkommen sind die Zinszah-
lungen bei einem Sparkonto.) Bevor er jedoch darauf ansprang,
sprach er mit Finanzexperten, Experten auf dem Fachgebiet, Ver-
sicherungsleuten, Steuerberatern und anderen entsprechenden
Informationsquellen. Die Informationen, die er bekam, waren
sehr komplex. Die Empfehlungen der Experten stimmten nicht
alle miteinander überein und sie sprachen mehrere verschiedene
Ebenen seiner Situation an. Außerdem repräsentierten diese Leute
verschiedene Fachbereiche und benutzten verschiedene Begriffe
und fast unterschiedliche Sprachen. Es war eine Zeit lang höchst
verwirrend, aber er blieb dabei und verpflichtete sich sich selbst
gegenüber, alle Möglichkeiten verstehen zu wollen. In kurzer Zeit
wurde er geübter darin, zu verstehen, was die verschiedenen Experten sagten, und konnte sich das heraussuchen, was er von ihrem
Input benötigte. Jetzt ist er weit damit vorangekommen, seine finanziellen Ziele zu erreichen. Er bespricht sich immer noch mit seinen
Experten, aber er weiß, wie er sie einsetzen kann, um seinen eigenen Traum zu fördern.

Haben Sie keine Angst vor Komplexität und sich widersprechenden Ratschlägen. Hören Sie zu, lernen Sie und Sie werden bald in der Lage sein, sich mit den Informationen und den Erfahrungen auszustatten, die Sie brauchen.

Verbindungen einzugehen wird für Sie gute Früchte tragen

Es ist nicht gut, alleine zu sein, besonders dann, wenn Sie sich aufmachen, Risiken eingehen und hart daran arbeiten, ein ersehntes Ziel zu erreichen. Es ist nötig, dass Sie Verbindungen eingehen. Es ist viel besser, sich nach Menschen, Informationen und Erfahrungen auszustrecken, die es Ihnen ermöglichen, den nächsten Schritt zu tun, und dafür zu sorgen, dass es der richtige Schritt ist.

Kapitel 6
Sie können lernen,
Nein zu sagen

Jedes Ereignis, das ungeteilte Aufmerksamkeit erfordert, wird von einer zwingenden Ablenkung begleitet.

Robert Bloch

Eine der inspirierendsten Geschichten der letzten Jahre ist die des Hoyt Teams, der sportlichen Partnerschaft von Vater und Sohn Dick und Rick Hoyt aus Massachusetts.

In den letzten 25 Jahren haben die beiden als Team an über 200 Triathlons und 64 Marathons teilgenommen. Im Jahr 1992 radelten und liefen sie in 45 Tagen quer durch die ganze USA. Ein nach jedem Maßstab erstaunlicher Rekord. Was das Hoyt-Team jedoch auf eine ganz andere Ebene hebt, ist die Tatsache, dass Rick Hoyt seit seiner Geburt spastisch querschnittsgelähmt ist, zerebrale Kinderlähmung hat und nicht sprechen kann. Wie diese beiden Männer das erreicht haben, was sie erreicht haben, ist ein großes Vorbild für all diejenigen von uns, die sich wünschen, große Ziele und Träume in ihrem eigenen Leben zu verwirklichen.

Bei der Geburt von Rick stellten Dick und Judy Hoyt fest, dass die Nabelschnur um seinen Hals gewickelt war, was die Sauerstoffzufuhr zu seinem Gehirn unterbrochen hatte. Die Ärzte sagten den jungen Eltern, dass Rick sein ganzes Leben lang hochgradig geistig behindert sein würde. Die beiden wollten dies jedoch nicht akzeptieren und entschieden sich, dass ihr Sohn so normal wie möglich aufwachsen sollte. Sie begannen, ihr Familienleben mit dieser Einstellung und bekamen in den folgenden Jahren noch zwei Söhne.

Mit der Zeit fingen Dick und Judy an, Anzeichen dafür zu sehen, dass Rick genauso intelligent war wie seine Brüder. Die Schulbehörden glaubten es nicht und so widersetzten sie sich den Bemühungen der Familie, Rick in das normale öffentliche Schulsystem einzugliedern. Eine Gruppe Ingenieure von der Tufts University lernte Rick kennen. Während sie sich mit ihm beschäftigten, erzählten sie ihm einen Witz, über den er herzhaft lachte. Das brachte die Ingenieure dazu zu glauben, dass Rick Konzepte verstehen und kommunizieren konnte. Sie wurden dadurch inspiriert, einen interaktiven Computer zu entwickeln, den Rick benutzen konnte, um durch Kopfbewegungen Gedanken zu kommunizieren. Nachdem Rick an dem Computer trainiert hatte, wurde es klar, dass er über eine normale Intelligenz verfügte. Mit 13 Jahren wurde Rick an einer öffentlichen Schule zugelassen.

Als Rick 15 war, entstanden Pläne für einen lokalen Benefiz-Lauf zugunsten eines Lacrosse-Spielers aus dem Ort, der durch einen Unfall gelähmt war. Rick wollte teilnehmen, also schob Dick seinen Sohn im Rollstuhl in ihrem ersten Wettlauf. Obwohl sie als Vorletzte am Ziel ankamen, erzählte Rick seinem Vater, dass er sich bei der Teilnahme an einem solchen Lauf nicht länger behindert fühlte, sondern normal. Die Erfahrung war für sie beide so positiv, dass sie anfingen, immer öfter an Wettläufen teilzunehmen. Ihre Zeiten verbesserten sich immer mehr. 1981 beendeten sie ihren ersten Boston-Marathon im obersten Viertel der Läufer.

Rick schloss sein Studium an der Boston University ab und arbeitet jetzt für das Boston College, wo er dabei hilft, Wege zu entwickeln, wie gelähmte Menschen mechanische Hilfsmittel kontrollieren können, so wie durch Augenbewegungen angetriebene elektrische Rollstühle. Und zusätzlich zu seiner weiteren Teilnahme an Wettläufen führt das Team Hoyt im ganzen Land Tourneen durch, bei denen sie motivierende Vorträge halten. Über die Jahre haben die beiden vielen Tausenden Menschen Hoffnung und Inspiration gebracht.[17]

Versetzen Sie sich einen Moment lang in die Lage der Hoyts. Sie hatten einen Traum, so wie Sie, der das Potenzial dazu hat, enorm Gutes auf vielen Ebenen zu bewirken. Stellen Sie sich auch die riesigen Hindernisse vor, denen sie gegenüberstanden, und lernen Sie von ihrer Entschiedenheit, zu diesen Hindernissen *Nein* zu sagen.

Zum einen hatte Dick einen Vollzeitjob und das Ehepaar hatte drei Kinder, also gab es nicht viel extra Zeit und Geld. Sie mussten zu der Vorstellung, dass ihr Traum nicht zu verwirklichen war, *Nein* sagen. Ein weiteres Hindernis war Ricks Zustand, der sehr viel Arbeit und Unterhalt kostete. Sie mussten zu der Enttäuschung und der Resignation *Nein* sagen. Dazu muss man die Tatsache bedenken, dass niemand jemals zuvor so etwas gemacht hatte und es deswegen kein Modell, keine Anleitung, keine Präzedenzfälle gab. Sie mussten zu ihren Ängsten vor dem Unbekannten *Nein* sagen. Außerdem begegneten sie anfangs einer ganzen Menge von gesellschaftlichem Widerstand gegenüber der Vorstellung, als Team anzutreten. Andere Athleten gingen ihnen bei den Wettläufen aus dem Weg. Sie mussten zu der Kritik und dem negativen Feedback *Nein* sagen. (Glücklicherweise sind solche Einstellungen in der Welt des Sports in den letzten Jahren sehr viel positiver geworden.) Und doch sind Dick und Rick ein Erfolg; sie haben große Ziele erreicht und tun es noch.

Ein Aspekt des Beispiels vom Team Hoyt kann Ihnen helfen, in Ihrem Leben die Herrschaft zu übernehmen und Ihre Ziele zu erreichen. Der Grundsatz ist, zu *allem* Nein *zu sagen, das Sie von Ihren Zielen und Träumen ablenken würde.* Diese Fähigkeit kommt durch Geschick, Training und Arbeit und ist bei Ihren Bestrebungen unbezahlbar. Die Idee, *Nein* zu sagen, mag negativ erscheinen, aber wenn Sie zu den richtigen Dingen *Nein* sagen, hat das ein sehr positives Ergebnis. Es ist einfach, den Umständen und den Schwierigkeiten, die Ihnen zugeteilt wurden, die Schuld zu geben und zu sagen: *Es ist nicht meine Schuld.* Aber es ist tausendfach lohnender, zu den Dingen *Nein* zu sagen, die Ihnen im Weg stehen, und Ihr Blatt auf Gewinn auszuspielen.

Wir müssen alle *Ja* sagen zu den anderen Grundsätzen, die wir in diesem Buch präsentiert haben, so wie zu unserem Leben und unseren Entscheidungen zu stehen, dem Versagen ins Auge zu schauen, weiterzumachen, unser Denken zu verändern, Risiken und Verbindungen einzugehen. Aber diese *Jas* sind nicht genug. Ein *Nein* ist auch nötig – ein sehr spezielles und bestimmtes *Nein*.

Es ist notwendig, unseren Traum vor Mächten, die vielleicht verhindern, dass wir erreichen, was wir erreichen wollen, zu schützen und zu bewahren. Wir müssen die Fähigkeit erlernen, zu diesen

Mächten *Nein* zu sagen. Genauso wie jede erfolgreiche Sportmannschaft eine Defensive und eine Offensive braucht, so auch Sie. In diesem Kapitel geben wir Ihnen die defensive Strategie, die Sie arbeits- und zielgerichtet und geschützt hält.

Seien Sie ein Wächter

Werfen Sie zuerst noch einen Blick auf Ihre Motivation – das Ziel, das Sie erreichen wollen. Ist es Ihr Ziel, eine bessere Karriere anzustreben? Eine Ehe zu erneuern? Eine schlechte Gewohnheit loszuwerden? Eine Familiensituation zu verbessern? Fit zu werden? Was auch immer Ihr Traum ist, es ist mehr als nur eine »Kopf-Sache« oder eine intellektuelle, kognitive Wahrnehmung. Es geht tiefer als das. Es ist eine Sache des Herzens.

Menschen investieren nicht Zeit, Arbeit, Schweiß und Geld in Dinge, die nur eine »Kopf-Sache« sind. Sie engagieren sich, wenn etwas ihr Herz berührt. Das Herz ist der Ort, wo wir Leben, Sinn, Bedeutung und Erfüllung finden. Es ist dort, wo wir wirklich verstehen, was uns am meisten bedeutet. Es ist das, was uns nachts wach liegen lässt, uns treibt, etwas über die Idee zu lernen und uns daran hält, für Führung und Erfolg zu beten. Alle großen Träume beginnen im Herzen, mit einer Vision, einem Ziel oder einem Plan.

Gleichzeitig ist der Traum, den Sie im Herzen tragen, zerbrechlich und jung. Er ist noch nicht komplett verwirklicht. Er ist ein Traum. Er ist ein Samen, der in Ihnen gepflanzt worden ist und langsam Wurzeln schlägt. Er beginnt gerade zu wachsen. Aber er braucht Zeit, Unterstützung, Erfahrung und Hilfe, um das zu werden, was er sein soll: eine neue Firma, eine liebende Beziehung, ein Sieg über eine Abhängigkeit oder einen Weg, Ihre Gaben und Talente im Leben bestmöglich einzusetzen. Besonders in dem frühen Keimstadium Ihres Traumes müssen Sie ein Wächter sein, einer, der die Entwicklung dessen, was werden soll, beschützt und unterstützt. Sie müssen wachsam und umsichtig sein, um sicherzustellen, dass das Ziel in Ihnen nicht überwältigt, verletzt oder vernachlässigt wird. Sie sind die erste und beste Verteidigung Ihres Zieles.

Sie mögen sich von dieser Idee etwas abgestoßen fühlen. Für manche hört sich Selbstschutz egoistisch und eigennützig an. Und wir sind mit Sicherheit zu großer Selbstsucht und Selbstzentriertheit fähig, was niemals gut ist. Aber davon sprechen wir hier nicht.

Selbstschutz, wie wir es hier meinen, hat mehr mit Verwalterschaft und nichts mit Selbstsucht zu tun. Ihr Leben, Ihr Herz und Ihre Träume sind im Idealfall etwas, was Sie nutzen, um ein besserer Mensch zu werden, anderen irgendwie zu helfen und die Welt als besseren Ort erscheinen zu lassen und das Königreich Gottes in Ihrem Bereich voranzubringen. Es geht darum, dass Sie eine Verantwortung haben, Ihr Leben, Ihre Talente und Gaben auf eine Art zu investieren, die dem Grund, weswegen Sie auf der Erde sind, einen Sinn gibt.

Also haben Sie keine Angst, Ihr Herz mit einem Schutzzaun zu umgeben. Sie leben damit Verantwortung und Verwalterschaft aus. Ich liebe es, wie König Salomo, der Weise, es ausdrückt: »Vor allem behüte dein Herz, denn dein Herz beeinflusst dein ganzes Leben.« (Sprüche 4,23). Ihr Herz besitzt Ihren Traum. Wenn Sie Ihr Herz behüten, dann schützen Sie Ihren Traum.

Die Zone

Niemand nimmt im Vorübergehen sein Leben in Besitz und setzt große Veränderungen um. Wenn Sie in Ihrer Freizeit zwischen ein paar Besorgungen Ihr Leben, Ihre Arbeit und Ihre Beziehungen umkrempeln könnten, dann hätten Sie es schon längst getan. Das Leben und die Veränderung funktionieren nicht so einfach. Die Dinge, die wir uns am meisten zu erreichen wünschen, werden immer einiges an Raum und Zeit erfordern, damit Sie träumen, lernen, planen und riskieren können. Der Prozess muss im Kalender eingeplant und geschützt werden. Es hilft uns, in die *Zone* einzutreten – den mentalen Zustand, in dem Sie komplett eingestellt sind auf den Teil Ihres Traumes, an dem Sie gerade arbeiten. Es ist eine vorübergehende Zeit der Konzentration, in der Sie all Ihre Gedanken und Energien dem Traum widmen. Die Zeit, die Sie in Ihrer Zone verbringen, kann extrem effektiv sein.

Menschen begeben sich in allen Phasen ihres Lebens in Zonen. Es ist, als ob die Zeit stillsteht. Ein professioneller Basketballspieler wird unaufhaltbar und erzielt 40 Punkte; es ist, als ob er nicht daneben werfen kann. Ein Vertreter wird eine Serie toller Geschäfte abschließen und wenn man ihn fragt, wie er es geschafft hat, sagt er: »Ich weiß nicht, ich war in diesem Monat einfach heiß.« Teilnehmer einer Selbsthilfegruppe haben ein Treffen, in dem sie sich einander öffnen, einander gegenüber verwundbar werden und entdecken, dass die Zeit verfliegt, als sei gar keine vergangen. Eine Person, die an einem Karriereplan tüftelt, wird den ganzen Morgen mit Planen und Überlegen verbringen und plötzlich feststellen, dass es Mittagszeit ist. Es ist wichtig, dass Sie Zonenzeiten für sich erschaffen und schützen. Wenn Sie sie zu einem normalen Teil Ihres Lebens machen, werden Sie überrascht sein, wie schnell Sie vorankommen.

Aber lassen Sie uns nicht die schützenden *Neins* vergessen. Bevor Sie Ihre Zone erreichen können, müssen Sie sich mehrerer Hindernisse bewusst sein, sie beachten und darauf vorbereitet sein, *Nein* zu sagen.

Hindernisse für die Zone: Ablenkungen

Fangen Sie zuerst damit an, sich der Dinge und Handlungen bewusst zu werden, die Sie von Ihren Schritten zu Ihrem Ziel hin ablenken. Sie müssen überhaupt nicht negativ oder ungesund sein. Tatsächlich können sie sehr gut für Sie sein. Deswegen werden Sie wahrscheinlich durch sie abgelenkt. Aber auch gute Dinge können Ihre Bemühungen, sich aufzumachen und den Erfolg zu erreichen, behindern. Sie können Ihren Schwung bremsen, Sie ablenken und Sie zum Stillstand bringen.

Die Invasion des Informationszeitalters: Das phänomenale Zeitalter der Information, in dem wir leben, kann sowohl Segen als auch Fluch sein. Man kann in atemberaubend kurzer Zeit Menschen und Fakten finden und das kann bei der Arbeit und in Beziehungen ein riesiger Vorteil sein. Aber gleichzeitig schaffen dieselben technologischen Fortschritte anderen jederzeit Zugang zu Ihnen. Ihr Telefon klingelt. Ihr Handy läutet. Eine E-Mail kommt. Ihr Faxgerät spuckt einen Brief aus. Eine Chat-Message öffnet sich auf Ihrem Computermonitor. (Ich hatte mich gewundert, warum meine Kinder ihre Hausaufgaben nicht fertig bekamen, bis ich bemerkte, dass sie gleichzeitig versuchten, Internet-Recherchen zu betreiben und vier oder fünf Chatrooms bedienten!) Und als Krönung des Ganzen ist das alles noch nicht mal auf das Büro oder Zuhause beschränkt. PDAs und Handys machen es anderen möglich, Sie jederzeit fast überall auf dem Globus zu erreichen.

Dann gibt es noch die Art von Ablenkung durch das Informationszeitalter, die nichts damit zu tun hat, dass andere uns erreichen, sondern mehr damit, dass wir uns von unseren Aufgaben weglocken lassen durch Kleinkram, der uns so leicht und erreichbar scheint, dass wir gar nicht groß darüber nachdenken. Dinge wie Surfen im Internet, unwichtige E-Mails und unnötige Anrufe. Eine unfassbare Welt von Menschen und Informationen ist heutzutage nur einen Klick oder eine Taste entfernt und nur zu oft geben wir der Versuchung nach, uns verbinden zu lassen, wenn wir unseren Traum schützen und Nein sagen sollten.

Die meisten von uns gehen mit diesen Dingen um wie mit normalen Bestandteilen unseres Lebens und unserer Arbeit, was sie ja auch zu einem gewissen Grad sind. Aber wenn Sie sich auf eine persönliche Mission einlassen, die Art, von der wir in diesem Buch reden, können diese Ablenkungen ein bedeutsames Problem werden. Wenn es nur Ihr Ziel im Leben ist, es bis 17 Uhr zu schaffen, damit Sie zu Abend essen und fernsehen können, dann sind die Ablenkungen des Informationszeitalters kein Problem, denn Sie haben nichts, wovon Sie abgelenkt werden können. Aber die Tatsache, dass Sie dieses Buch lesen, ist ein starkes Indiz dafür, dass Sie so nicht sind. Sie müssen die Kontrolle über Ihre Ablenkungen bekommen, denn sie arbeiten gegen Ihre Fähigkeit, Ihr Leben in die Veränderungs-Zone zu bringen.

Eine Sache, die enorm helfen kann, ist, eine heimtückische falsche Erwartung loszuwerden, die uns durch elektronische Kommunikation aufgedrängt wird. Wir sind inzwischen dazu trainiert zu denken, *weil andere uns erreichen können, sind wir verpflichtet, auf sie zu reagieren.* Das hört sich verrückt an, ist aber wahr. Die meisten von uns denken, dass, bloß weil jemand uns eine E-Mail geschickt oder eine Nachricht auf dem Anrufbeantworter hinterlassen hat, wir dafür verantwortlich sind, sofort zu reagieren. Und manche Leute erwarten das auch. Wie oft habe ich schon Ähnliches gehört wie: »Ich haben Ihnen heute Morgen eine E-Mail geschickt.

Warum haben Sie noch nicht geantwortet?« oder »Ich habe vor einer Stunde eine Nachricht auf Ihrem Anrufbeantworter hinterlassen, warum haben Sie noch nicht zurückgerufen?« Also, wer genau ist verantwortlich für Ihren Traum?

Denken Sie daran, dass Sie Menschen das schulden, was Sie ihnen versprochen haben, nicht das, was sie von Ihnen erwarten, weil Sie Ihnen eine Nachricht geschickt haben. Steigen Sie aus der Schuldfalle aus. Sie wird Sie niemals zu Ihrem neuen Leben führen. Manchmal, wenn ich an meinem Computer arbeite, stelle ich mein E-Mail-Programm aus, damit ich nicht versucht werde, jede Nachricht, die kommt, zu beantworten. Und ich lasse auch das Telefon auf stumm, außer für wirkliche Notfälle meiner Patienten, und höre den Anrufbeantworter nur zweimal am Tag ab – damit ich frei von Ablenkungen arbeiten kann.

Versuchen Sie mal diese Übung: Einen Tag in dieser Woche schreiben Sie sich auf, wie viele E-Mails, Anrufbeantworter-Nachrichten, Chatroom-Messages und so weiter Sie bearbeitet haben. Notieren Sie, in welchen es ums Überleben ging, welche Ihnen mit Ihrem Traum weitergeholfen haben und welche zwar nett, aber unnötig waren und Ihnen Zeit für Ihren Traum gestohlen haben. Sie werden wahrscheinlich überrascht sein, wie viel Zeit Sie in unnötige Anrufe und Antworten investieren. Das ist wertvolle Zeit, die Sie besser nutzen können. Gebrauchen Sie diese Liste, um zu entscheiden, zu welchen Ablenkungen der Kommunikation Sie Nein sagen wollen, um Ihren Traum zu erreichen.

Andere Ablenkungen: Die Ablenkungen des Informationszeitalters sind nicht die einzigen, deren Sie sich bewusst sein müssen. Analysieren Sie solche Aktivitäten wie Fernsehen, Zeiten des Müßiggangs, nutzlose Unterhaltungen und Überorganisation. Diese Aktivitäten haben alle ihre Berechtigung und können uns wohl dienen, aber wenn wir sie nicht kontrolliert einsetzen, können sie auch Zeit und Energie kosten. Die gute Nachricht ist, dass einfach schon die Beurteilung und Überprüfung, wie viel Zeit man auf diese Dinge verwendet, einen Ausgleich herbeiführen kann.

Die meisten Ablenkungen werden reduziert, wenn sie uns bewusst werden, und vermehrt, wenn wir nicht darüber nachdenken. Übernehmen Sie die Kontrolle über Ihre Zeit, indem Sie zu Ablenkungen *Nein* sagen. Und wenn Sie einen signifikanten Fortschritt beim Erreichen Ihres Zieles gemacht haben, dann belohnen Sie sich, indem Sie einigen von ihnen in Maßen nachgeben.

Hindernisse für die Zone: Schädliche Menschen

Als ich noch in den ersten Jahren meiner Ausbildung zum Psychologen war, bat ich einen erfahreneren Psychologen, sich mit mir zu treffen und mich in seelsorgerlichen Fragen zu beraten. Er war mir bei einigen Fällen, die ich gerade bearbeitete, sehr behilflich. Aber eines Tages beschrieb ich eine sehr schwierige Situation mit einem schwierigen Klienten und er sagte: »Gib es auf, er wird sich nie bessern.«

»Was meinst du?«, fragte ich.

»Er ist schon zu lange so gewesen«, sagte er. »Er wird sich nie ändern.«

Er hatte über andere Klienten schon Ähnliches gesagt und ich störte mich langsam an solchen Aussagen. Wenn er recht hatte, was tat ich dann eigentlich in diesem Fachbereich? Ich verstand nicht, wie er sagen konnte, jemand sei hoffnungslos. Es deckte sich nicht mit dem, was ich auf der Universität gelernt hatte, oder mit meinen eigenen persönlichen Erfahrungen oder mit dem, was ich über die Macht von Gottes Gnade und Heilung wusste. Ich ging ernsthaft in mich und mir wurde klar, dass dies nicht die Einstellung war, die ich in diesem Beruf einnehmen wollte. Ich zwang mich dazu, mehr über die bestimmte Problematik, mit der mein Klient sich herumschlug, zu lernen. Ich holte mir Feedback von anderen Therapeuten und ich besuchte den nicht mehr, der mir geraten hatte, die schwierigen Fälle abzuschreiben. Das Ergebnis war, dass mein Klient anfing, bedeutsame Fortschritte in seinem Leben zu machen. Ich musste mich nur von einer schädlichen Person zurückziehen, die mir einen schlechten und falschen Rat gegeben hatte.

Ich garantiere Ihnen, dass Ihr Traum, Ziel oder Problem ein oder zwei schädliche Personen mit sich bringen wird. Eine »schädliche Person« ist jemand, der einen negativen Einfluss auf die Ausrichtung Ihrer Wünsche hat. Eine einfache Unterhaltung mit einer schädlichen Person kann Sie entmutigen, Ihnen das Gefühl geben, ein Versager zu sein, Sie verwirren oder sogar dazu bringen, Ihren Traum infrage zu stellen. Schädliche Personen zapfen die Energie, den Antrieb und die Leidenschaft ab, die Sie brauchen, um weiter Fortschritte zu machen.

Das soll nicht etwa heißen, dass Sie keine korrigierenden Menschen in Ihrem Leben brauchen, die Sie konfrontieren. Wie wir schon in Kapitel 5 über Verbindungen sagten, ist direktes und gesundes Feedback von denjenigen, die auf unserer Seite sind, entschieden hilfreich. Das Problem sind nicht die negativen Aussagen, denn manchmal hilft eine negative Wahrheit. *Das Problem mit schädlichen Menschen ist das negative Ergebnis, das sie in unseren Gedanken erzielen.* Sie müssen lernen, zu den folgenden Typen schädlicher Personen *Nein* zu sagen:

Eifersüchtige Menschen. Es gibt bestimmte Leute, die eine eigenartige Freude an dem Versagen anderer haben und sich an dem Erfolg anderer stören. Tief in diesen Menschen klopft ein neidisches Herz. Obwohl sie es nie zugeben würden, spüren sie eine innere Leere und sie verübeln anderen ihr von ihnen so wahrgenommenes Glück. Allerdings wehren sie sich selbst gegen die Mühe, die es sie kosten würde, sich selbst ein solches Glück zu erarbeiten. So werden sie in einer krankhaften Art zu Traumzerstörern, indem sie solche Sachen sagen wie: »Du glaubst wohl, eine Weiterbildung zu machen, macht dich besser als alle anderen?« oder »Ach, du bist auf Diät, ich habe nicht gewusst, dass du so verzweifelt auf der Suche nach einem Mann bist.« oder »Ich merke, dass du auf eine Beförderung hinarbeitest; da musst du dich bestimmt viel einschleimen.« Die schädliche Natur dieser Kommentare versteckt sich oft hinter dem Anschein des Neckens, aber der Angriff ist wohl da. Wenn Sie Ihren Erfolg nicht erreichen, haben sie wegen ihres eigenen Versagens ein besseres Gefühl.

Schicken Sie diese Traumzerstörer in die Quarantäne! Wenn es in Ihrem Leben einen neidischen Menschen gibt, stellen Sie ihn zur Rede und sagen Sie ihm, dass Sie das in der Beziehung nicht brauchen. Sagen Sie, dass Sie jemanden brauchen, der auf Ihrer Seite ist und an Ihren Traum glaubt. Und wenn er weitermacht, halten Sie etwas Abstand zwischen ihm und Ihrem Traum. Reden Sie einfach nicht darüber und ändern Sie das Thema, wenn er es anspricht. Denken Sie daran, dass Sie der einzige Wächter sind, den Ihr Traum hat.

Negative Menschen. Obwohl wir gesagt haben, dass negatives Feedback eine positive Sache sein kann, gibt es Leute, die einfach zu allem eine negative Einstellung haben und sie bringen in unserem Leben negative Frucht. Sie sehen immer nur die dunkle Seite an allem und nichts erscheint hoffnungsvoll. Sie sagen zum Beispiel: »Du und Jason werden es wohl nicht schaffen; ich glaube nicht, dass die Beziehung hält.« oder »Ich habe es auch schon mal mit dem Fitnessstudio probiert und ich kann dir sagen, nach einer Weile gibst du es auf.« oder »Der Chef hört nie jemandem zu, warum versuchst du es überhaupt?«. Sie haben oft zu ihrem eigenen Leben auch eine negative Einstellung, und das ist traurig. Aber Sie können nicht zulassen, dass ihr Gift sich über Ihren Traum ergießt.

Es ist schwer genug, sich für die eigene Vision eine positive Hoffnung zu erhalten. Es bringt Zeit, Arbeit, Risiko und Versagen mit sich. Das Letzte, was Sie brauchen, ist jemand, der die Ängste und negativen Gedanken, die Ihnen möglicherweise ohnehin schon durch den Kopf gehen, wiedergibt. Sagen Sie Ihrem Freund: »Ich bin wirklich begeistert von meinem neuen Ziel und ich brauche Hoffnung und Ermutigung von dir. Wenn du eine wahre und wirklich negative Tatsache zu sagen hast, die mir hilft, ein Hindernis zu identifizieren und zu überwinden, dann will ich sie hören. Aber es nicht in Ordnung, wenn alles, was ich von dir höre, hoffnungslos negativ ist. Hast du eine ausgeglichene Meinung für mich? Das würde mir echt helfen.« Oft ist eine negative Person sich dieser Tendenz gar nicht bewusst und wird sich ändern.

Kontrollierende Menschen. Seien Sie sich bewusst, dass es Menschen gibt, die wirklich wollen, dass Sie einen Traum verwirklichen. Das Problem ist nur, dass Sie *ihren* Traum verwirklichen sollen, nicht Ihren eigenen! Man nennt sie kontrollierende Menschen. Das sind die Typen, die andere als Möglichkeiten sehen, ihre eigenen Ziele zu erreichen. Und grundsätzlich laufen diese Beziehungen ganz gut, solange die anderen ihr Leben nach deren Fasson leben. Aber wenn Sie Ihren eigenen Weg einschlagen, widersetzen sie sich und werden schädlich.

Zum Beispiel mag ein Ehemann nicht wollen, dass seine Frau wieder außer Haus arbeiten geht, obwohl die Kinder alt genug sind, um relativ unabhängig zu sein. Denn dann ist sie nicht zu Hause, um für ihn alles gemütlich zu machen. Ein Mitarbeiter mag im Job mit Ihnen konkurrieren und versuchen, die Dinge nach seiner Nase laufen zu lassen. Oder eine Frau mag nicht wollen, dass ein Mann, mit dem sie ausgeht, andere weibliche Freunde hat, weil er vielleicht eine von ihnen attraktiv finden könnte. Wenn Sie sich in einer solchen Beziehung wiederfinden, ersticken Sie das im Keim. Sagen Sie: »Unsere Beziehung ist mir wichtig. Aber mir scheint, dass alles gut läuft, wenn wir das tun, was du gerne tust. Aber wenn ich versuche etwas einzubringen, was mir gefällt, dann läuft es nicht gut. Es ist mir wichtig, dass diese Beziehung auf Gegenseitigkeit beruht und dass du mich unterstützt, wenn ich eigene Entscheidungen treffe. Die Entscheidungen sind nicht gegen uns; sie sind für mich. Es ist gut, dass du deine Vorlieben hast. Aber diese Beziehung muss in beide Richtungen funktionieren.« Bestehen Sie auf gegenseitige Freiheit.

Bedürftige Menschen. Menschen, die auf dem Sprung sind, haben oft abhängige Beziehungen, bei denen sie nicht wissen, was sie machen sollen. Das sind Personen, die aus vielen Gründen riesige Lebensschwierigkeiten und Herausforderungen in ihrem Leben haben und oft mit gravierenden Problemen umgehen müssen. Sie sind bedürftig und verlangen sehr viel Zeit, Energie und Unterstützung. Es könnte sein, dass Sie sich in der Funktion als Lebensretter wiederfinden. Sie könnten z. B. einen Freund haben, der oft Ihren Rat und Ihr zuhörendes Ohr in Anspruch nimmt. Oder jemand hat seinen Job verloren und versucht sein Leben wieder zusammenzusetzen. Manchmal hat eine bedürftige Person eine lange Geschichte des Versagens und der Krise und ist seit Jahren von der Unterstützung und Sorge anderer abhängig.

Eine bedürftige Person ist oft ein guter Mensch, der nicht wirklich im Innersten schädlich ist. Er mag einfach zurzeit durch eine dunkle Seelennacht wandern, so wie wir es alle irgendwann im Leben tun. Oder er hat vielleicht ein Problem mit Abhängigkeit, die ihn davon abhält, eigenständig und verantwortlich zu sein. Obwohl eine bedürftige Person gutherzig sein mag, ist das Ergebnis für Sie und Ihre Hoffnungen schädlich und ablenkend.

Es ist wichtig, sich darüber klar zu sein, dass die meisten bedürftigen Menschen wirklich Hilfe, Zeit, Unterstützung und Ermutigung brauchen. Sie profitieren oft sehr von einer Gemeinschaft, die Verbindungen zu ihnen knüpft, um ihnen Sicherheit und Stabilität zu bieten. Wir sind alle dazu aufgerufen, Bedürftigen zu helfen und zurückzugeben, was uns gegeben wurde. Das ist ein großer Teil von dem, was das Leben überhaupt ausmacht. Wie der biblische Spruch sagt: »Ja, hilf den Armen und Elenden und sorge dafür, dass sie zu ihrem Recht kommen« (Sprüche 31,9). Wenn Sie also in Ihrem Leben eine abhängige Beziehung haben, dann stellen Sie sicher, dass Sie großzügig, opferbereit und fürsorglich dieser Person gegenüber sind.

Gleichzeitig jedoch stellen Sie sicher, dass das, was Sie tun, auch wirklich das Beste für sie ist. Man glaubt leicht, dass für die Menschen, die Schwierigkeiten haben, immer da zu sein, das ist, was sie brauchen. Manchmal stimmt das auch. Wenn Sie zum Beispiel ein Kind haben, das sehr krank ist oder ein ernstes Problem hat, muss ein Großteil Ihres Lebens in den Hintergrund treten, damit das Kind die Zeit und die Hilfen bekommt, die es braucht. Oder Ihre Freundin steckt in einem ehelichen Albtraum und mag eine Zeit lang oft auf Sie bauen, um ihr Leben zusammenzuhalten. Denen mit solchen Problemen zu helfen, kann richtig, liebevoll, korrekt und gut sein. Tatsächlich ist für manche Menschen diese Fähigkeit, Bedürftigen zu helfen, deren wahre Berufung. Mutter Theresa ist dafür ein wunderbares Beispiel. Die verzweifelten Bedürfnisse anderer zu erfüllen, stellt diese Leute an ihren richtigen Platz. Für andere ist die Unterstützung der Bedürftigen nur ein Teil ihres Wunschs zu wachsen, sich zu verändern und Erfolg zu haben.

Aber es ist wichtig, sich darüber im Klaren zu sein, dass ein bedürftiger Mensch manchmal mehr braucht, als wir bieten können. Das ist nicht seine Schuld; es ist einfach die Wirklichkeit seiner Situation. Sie haben vielleicht nicht die Fachkenntnis, um seinen Bedürfnissen gerecht zu werden, die eine gute Kirchengemeinde, Seelsorger, ein Pastor, eine Selbsthilfegruppe oder ein Finanzexperte bieten können. Wenn das der Fall ist, schicken Sie die Person zum Seelsorger oder Therapeuten, anstatt die einzige Quelle der Hilfe zu sein. Sie könnten der Person vielleicht besser helfen, wenn Sie eine Brücke zu dem bilden, was wirklich nötig ist. Wenn Ihr Freund blutet, dann ist es vielleicht nicht Ihre Aufgabe, als Chirurg zu dienen, sondern eher die Ambulanz zu sein, die ihn dorthin bringt. Denken Sie ebenso daran, dass in Krisensituationen die Anfänge oft herausfordernder sind als die späteren Stadien. Anfangs müssen

Sie vielleicht mehr Zeit und Energie verwenden, bis Ihr Freund sich stabilisiert hat und wieder besser allein zurechtkommt.

Also wenden Sie sich nicht ab von den Bedürftigen. Seien Sie auf die beste Art, in der Sie helfen können, für sie da. Und während Sie ihnen das geben, was Sie zur Verfügung stellen können, achten Sie darauf, sie zu Hilfsmitteln und Strukturen hinzuleiten, die ihnen auf ihrem eigenen Weg weiterhelfen können. Und gehen Sie weiterhin Schritte auf Ihrem eigenen Weg.

Hindernisse für die Zone: Das Gute zur falschen Zeit

Ich hatte eine Beratung mit dem Präsidenten einer kleinen, aber erfolgreichen Firma, der das Gefühl hatte, dass seine Arbeit ihn auffraß. Sie nahm zu viel Zeit und Energie in Anspruch und er befürchtete, er sei auf dem besten Weg in den Burn-out. Es wurde mir im Laufe unseres Gespräches jedoch klar, dass das Problem nicht bei der Arbeit an sich lag. Was ich langsam aufdeckte, war die Tatsache, dass dieser Mann zu viele Projekte und neue Geschäftsgelegenheiten übernahm, die seinen Hauptfokus und seine Mission behinderten. Seine sehr positive und expansive Einstellung zum Leben trugen noch zu seinem Problem bei. Wenn eine Geschäftsidee mit Erfolgspotenzial auf seinen Schreibtisch kam, begeisterte er sich dafür und bestimmte sofort sich selbst entweder zum Verantwortlichen für das Projekt oder zum Mentor für einen anderen, der es werden konnte (ohne sich klarzumachen, dass auch ein Mentor Zeit und Energie einsetzen muss).

Nachdem mir klar wurde, was da geschah, sagte ich zu ihm: »Es ist nicht wirklich die Arbeit. Das wirkliche Problem ist die Tatsache, dass es Ihnen schwerfällt, zu erkennen, dass manche Dinge zwar wertvoll sind, aber zum falschen Zeitpunkt kommen.«

»Was meinen Sie?«, fragte er.

»Na ja«, sagte ich. »Diese Gelegenheiten, die Sie gerade betrachten, scheinen mir wirklich machbar. Ich glaube, dass sie es wert sind, umgesetzt zu werden. Es sind Projekte, die Ihre Firma gut erledigen könnte, und sie könnten sehr gewinnbringend sein. Und wenn Ihre Firma größer wäre und mehr Mittel hätte, dann sollten

Sie definitiv darin investieren. Aber sie kommen zur falschen Zeit. Sie passen nicht dazu, wo Ihre Firma derzeit steht. Die Mittel, die Sie abzweigen müssten, um das zum Laufen zu bringen, würden Ihr Hauptgeschäft zu sehr belasten. Und was noch schlimmer ist, diese Verteilung von Mitteln könnte Ihre Organisation zurückwerfen und sogar schädigen.«

Das hörte er nicht gerne. Ein solch energischer und fortschrittlich denkender Mensch verliert nicht gern Geschäftschancen. Aber er hörte zu und er begann einige tolle Angebote auszulassen, damit er mit seiner Firma zielgerichtet bleiben konnte. Und mit der Zeit wuchs die Firma unter seiner Leitung und war in der Lage, mehr Aufträge anzunehmen. Ein noch größerer Pluspunkt war die Tatsache, dass die Erfahrung, zu guten, aber zur falschen Zeit ankommenden Aufträgen Nein zu sagen, ihm selbst auch mehr persönliche Freiheit, weniger Stress und mehr Zufriedenheit mit seiner Arbeit verschaffte. Im Grunde sparte er alles aus, was nicht direkt mit seiner Arbeit zu tun hatte, und fing einfach wieder damit an, seine eigentliche Arbeit zu tun. Ich habe schon oft genau das Gegenteil passieren sehen in dem Leben von Menschen, die sich auf ein visionäres Ziel zubewegen. Sie machen gute Fortschritte auf ihr Ziel zu und dann erscheinen wie aus heiterem Himmel diese fantastischen zusätzlichen Möglichkeiten. Sie lassen sich ablenken, kommen vom Weg ab und verlieren ihren Schwung in Richtung ihres Ziels.

Natürlich sollte manchmal die unerwartete neue Gelegenheit beim Schopf gepackt werden. Wenn eine Internet-Firma, die in einer Garage gegründet wurde, innerhalb der ersten zwei Geschäftsjahre ein Übernahmeangebot in Milliardenhöhe bekommt, könnte es sehr wohl der richtige Zeitpunkt sein, das Angebot zu akzeptieren und die Zielrichtung zu verändern. Aber meistens muss man einen langen, gründlichen Blick auf die neuen guten Dinge werfen, die sich auftun. Passen sie zu Ihrer Vision? Werden sie Sie darauf zu- oder davon wegführen? Sind sie gut und wertvoll, aber kommen zum falschen Zeitpunkt?

Das ist auch in anderen Bereichen Ihres Lebens so. Sie mögen sich vielleicht auf Ihr persönliches Wachstum konzentrieren, sich mit dem Beitritt zu einer Selbsthilfegruppe beschäftigen, dem Lesen von Selbsthilfe-Literatur, dem Tagebuchschreiben, dem Essen mit Leuten, die sich auch mit Wachstum und Veränderung befassen und daran arbeiten, selbst und in ihren Beziehungen zu wachsen. Dann werden Sie plötzlich gebeten, ein paar Gruppen zu leiten, weil man herausfindet, dass Sie das gut können. Und Sie werden gebeten, sich mehr in die Personalpolitik der Firma einzubringen Und bald müssen Sie Ihre Vision wegen all der guten, aber nicht zur richtigen Zeit kommenden Aktivitäten zurückstellen. Oder nehmen wir an, Sie sind eine alleinstehende Frau, die endlich eine enge Beziehung mit einem Mann aufbaut, mit dem Sie sich gut verstehen, und zwischen Ihnen beiden wird es ernst. Und dann tauchen plötzlich drei weitere wirklich super Typen auf!

Es ist nicht einfach, gute und nicht zur richtigen Zeit kommende Dinge loszulassen. Potenziell gute Erfahrungen zu verpassen, ist ein echter Verlust. Aber nach meiner Erfahrung in der Arbeit mit erfolgreichen Menschen finden sie viele weitere Gelegenheiten, die auf sie warten, wenn sie ein Ziel erreicht haben. Erfolgreiche Menschen, die sich nach Träumen ausstrecken, werden immer andere Menschen haben, die ihre Zeit, ihr Fachwissen und ihre Führung in Anspruch nehmen wollen. Man muss lernen, zur richtigen Zeit und zu den richtigen Leuten Nein zu sagen.

Hindernisse für die Zone: Ihre eigene Co-Abhängigkeit

Sie haben sich wahrscheinlich gedacht, dass sogar in einem Buch über Träume und Ziele das Wort Co-Abhängigkeit auftauchen würde, wenn die beiden Autoren Psychologen sind! Aber Co-Abhängigkeit muss angesprochen werden, weil sie ein riesiges Hindernis auf dem Weg zum Erfolg werden kann. Und dieses Kapitel ist der richtige Ort, sie anzusprechen, weil das *Neinsagen*-Lernen absolut notwendig ist, um dieses Hindernis zu beseitigen.

Die einfachste Definition von Co-Abhängigkeit ist die Tendenz, zu viel Verantwortung für die Probleme anderer zu übernehmen. Es ist eine gute Sache, sich um Menschen zu sorgen, ihnen zu helfen und sie zu unterstützen, aber der co-abhängige Mensch übertritt eine Grenze in der Beziehung – die Grenze der Verantwortung. Anstatt anderen *gegenüber* verantwortlich zu sein, wird der Co-Abhängige *für* sie verantwortlich. Außer wenn die andere Person Ihr Kind oder jemand anderes ist, für dessen Wohl Sie verantwortlich sind, kann die Grenze zwischen *gegenüber* und *für* ziemlich schwammig werden. Als Ergebnis fangen Sie damit an, zu retten und zu ermöglichen, anstatt fürsorglich und hilfreich zu sein. Rettung und Ermöglichung helfen niemandem dabei, selbst die Verantwortung für sein Leben zu übernehmen. Sie vermehren nur die Abhängigkeit, das Anspruchsdenken und die fehlende Verantwortung. Liebe baut Stärke und Charakter auf, Co-Abhängigkeit zerstört sie.

Unkontrollierte Co-Abhängigkeit kann Sie komplett von dem Weg zu Ihren Zielen und Träumen abbringen. Und es ist nur zu einfach, sich dessen nicht bewusst zu sein. Das kommt daher, dass die Co-Abhängigkeit *in* Ihnen liegt, und Ablenkungen, schädliche Menschen und gute Gelegenheiten, die aber nicht zur rechten Zeit kommen, *außerhalb* von Ihnen liegen. Manchmal ist die Co-Abhängigkeit uns einfach zu nah, als dass wir sie sehen könnten. Aber sie ist, zumindest in kleinen Teilen, in den meisten von uns vorhanden.

Zum Beispiel kommen Sie zu spät zu Ihrem Fortbildungskurs, weil ein Mitarbeiter schludert und Sie bittet, länger zu arbeiten, um ihm auszuhelfen. Oder Sie wollen gerne segeln lernen, aber Ihre Frau lässt sich nicht gern auf neue Sachen ein und bleibt lieber zu Hause und sieht fern. Da sie sich einsam fühlt, wenn Sie weg sind, bleiben Sie zu Hause, was im Endeffekt für Sie beide schlecht ist. Oder vielleicht haben Sie Schuldgefühle, weil sich Ihre Bemühungen bei der Online-Partnerschaftssuche bewähren, während sich Ihre Freundinnen beschweren, dass sie keine Perspektiven haben. Also verheimlichen Sie Ihren Erfolg vor ihnen oder betreiben die Suche nicht mehr so eifrig.

In den meisten Fällen dreht sich das Problem um das Unglücklichsein der anderen Person. Da sie uns wichtig ist, wollen wir nicht, dass sie traurig, verletzt, enttäuscht oder unglücklich ist. Und diese Art von Fürsorge ist eine gute Sache. Es ist aber bis jetzt noch nie jemandem gelungen, einen unglücklichen Menschen glücklich zu machen. Sie können nicht einfach die Gefühle der anderen nehmen und sie für sie verändern. Sie können helfen, lieben, annehmen, mitfühlen, beraten, herausfordern, konfrontieren und unterstützen. Aber letztendlich sind diese Personen für ihre Gefühle selbst verantwortlich. Also müssen Sie zu einem Verhalten, das ermöglicht und rettet, Nein sagen. Das Leben wird besser und Menschen werden erfolgreicher, wenn sie in der Lage sind, ihre eigene Verantwortung zu übernehmen: »Schließlich ist jeder für sein eigenes Verhalten verantwortlich.«[18]

Wenn Sie jedoch damit anfangen, zu Ihrer eigenen Co-Abhängigkeit Nein zu sagen, dann ertappen Sie sich auch dabei, zu den Menschen Nein zu sagen, die Sie bis jetzt gerettet haben. Also seien Sie auf einige Schuldgefühle vorbereitet. Sie fühlen sich vielleicht wie ein Schurke oder befürchten, dass der andere schlecht über Sie denkt. Diese Gefühle sind normal; sehen Sie sie als Teil dessen, was es Sie kostet, Ihren Traum zu erreichen. Denken Sie nur daran, liebevoll und fürsorglich zu bleiben, aber die Grenze der Verantwortung zu respektieren. Die Schuldgefühle sollten sich mit der Zeit auflösen und Sie werden ein freierer Mensch.

Ausreden

Wir haben in anderen Teilen dieses Buches das Problem mit den Ausreden schon diskutiert, aber es ist einfach zu wichtig, um nicht auch in diesem Kapitel enthalten zu sein. *Wenn Sie vorhaben, die Herrschaft über Ihr Leben und die Verantwortung für Ihre Träume zu übernehmen, dann müssen Sie zu allen Ausreden, die Sie bis jetzt benutzt haben, Nein sagen.* Ausreden können in jeder Form existieren, von der Beschuldigung anderer über die Bagatellisierung Ihres eigenen Beitrags bis zur vernunftgemäßen Begründung oder der unverblümten Ablehnung jeglicher eigener Verantwortung. Ausreden sind nicht Ihr Freund; sie sind Ihr Feind. Sie sind die Ursache dafür, dass Sie für Ihren mangelnden Fortschritt nicht die Verantwortung übernehmen und die Schuld dafür auf andere oder auf die Umstände abwälzen.

Haben Sie absolut keine Toleranz für Ihre eigenen Ausreden. Eine Ausrede trägt ihre Belohnung in sich, aber die Zufriedenheit, die sie bringt, ist von kurzer Dauer. Sie wirkt wie ein Betäubungsmittel. Sie mag vorübergehend den Schmerz über Ihre unerfüllten Träume betäuben, aber wenn der Effekt verfliegt, hat sich Ihre Situation um keinen Deut verbessert, und was schlimmer ist: Der Augenblick ist vorbei. Zeit ist ein Gut, das einfach nicht neu geschaffen oder ersetzt werden kann, also können Sie sich nicht erlauben, etwas davon an Ihre Ausreden zu verlieren.

Was ist die beste Art, zu diesem Traumkiller namens Ausrede *Nein* zu sagen? Wir haben ein paar Tipps, die Ihnen helfen können, ihn loszuwerden:

Schreiben Sie Ihre Ausreden auf. Schreiben Sie die Ausreden, die Sie daran hindern vorwärtszukommen auf ein Stück Papier: »Ich bin zu beschäftigt«, »Ich werde nicht genügend unterstützt«, »Ich hatte nicht die Vorteile, die andere hatten«, »Jemand in meinem Leben hält mich zurück« und all die anderen. Wenn Sie Ihre Liste erstellt haben, dann schreiben Sie auf, wo diese Ausreden hergekommen sind. Denken Sie daran, dass Ausreden meistens ein Produkt der Angst sind. Zum Beispiel: »Ich habe Angst vor dem Versagen«, »Das Unbekannte ist mir unbehaglich«, »Ich möchte nicht die negative Reaktion anderer herausfordern«, »Ich fürchte, dass ich ein Versager bin« oder »Ich habe Angst davor, mich darauf zu freuen und dann enttäuscht zu werden«. Die Angst zuzugeben ist ein Zeichen von Verantwortung und Fortschritt. Wenn Sie einmal Ihre Ängste zugegeben haben, können Sie zu ihnen stehen und sich ihnen stellen. Wenn Sie Ausreden benutzen, können Sie zu nichts stehen und sich nichts und niemandem stellen.

Danach fügen Sie Ihrer Liste eine weitere hinzu. Schreiben Sie auf, was Ihre Ausreden Sie in Ihrem Leben gekostet haben. Welchen Preis haben Sie für die Betäubung gezahlt? Verpasste Job-Gelegenheiten? Einen lebenslangen finanziellen Vorteil? Eine liebevollere und leidenschaftlichere Ehe? Ein erfolgreiches soziales Leben? Wege, Ihre Gaben und Talente zu fördern? Es mag schwer sein, diese Liste aufzustellen, aber sie wird Ihnen dabei helfen in Ihrem Denken die Wirklichkeit zu verankern, dass das Leben voller Ausreden für Sie jetzt vorbei sein muss.

Holen Sie sich Partner, denen gegenüber Sie verantwortlich sind. Zeigen Sie Ihre Liste der Ausreden ein paar zuverlässigen, liebenden und ehrlichen Freunden. Bitten Sie sie, Sie regelmäßig nach Ihrem Fortschritt in Bezug auf Ihr Ziel zu fragen. Erlauben Sie ihnen, es Ihnen zu sagen, wenn Sie wieder Ausreden benutzen. Sie wollen nicht, dass sie harsch oder verurteilend sind. Aber erlauben Sie ihnen, sie auf alte Ausreden hinzuweisen, wenn Sie sie benutzen, damit Sie es erkennen und sich damit befassen können. Je eher, desto besser.

Seien Sie sich der Abschnitte der Verantwortungsübernahme bewusst. Das Timing ist wichtig, wenn es um das Neinsagen zu Ausreden geht. Wenn Sie zuerst damit anfangen, Ihr Problem anzugehen oder Ihr Ziel zu planen, dann sind Sie weniger geneigt, Ausreden zu nutzen. Der Flitterwochen-Abschnitt ist aufregend, voller Energie und etwas abgehoben von der Wirklichkeit, so wie es auch sein sollte. Die anfängliche Euphorie und Begeisterung dient dazu, Sie auf Ihr Ziel loslaufen zu lassen. Aber nach den Flitterwochen werden Ihnen die Hindernisse wieder begegnen, die Ihnen schon immer im Weg standen: bestimmte Menschen, Umstände oder irgendeine hinderliche persönliche Einstellung.

Das ist der Zeitpunkt, zu dem Sie aufmerksam auf Ausreden achten und bereit sein müssen, damit aufzuhören. Wenn Sie oder Ihre Freunde aus Ihrem Mund eine Ausrede hören, so wie »Das kann ich nicht tun, denn wenn ich versage, sind alle enttäuscht«, stellen Sie sich einfach über die Ausrede, damit Sie diese klar als solche erkennen können. Erkennen Sie die Ausrede, geben Sie zu, dass sie aus einer Angst geboren wurde, und überprüfen Sie Ihre Natur dadurch, dass Sie die Angst auf eine Weise neu darstellen, die sie als das, was sie ist, beschreibt. »Ich hatte plötzlich nur Angst, dass ich alle enttäuschen konnte.« Nun können Sie zu der Angst und Ihrer Reaktion darauf stehen. Dies ermöglicht es Ihnen, sie hinter sich zu lassen, um sich die Bestätigung, den Mut und die Stärkung zu holen, die Sie brauchen, um weiterzumachen. Denken Sie an die Macht der Ermutigung und des Zuspruchs in Zeiten des Stresses und des Zweifels: »Deshalb sollt ihr einander Mut machen und einer den anderen stärken, wie ihr es auch schon tut« (1. Thessalonicher 5,11). Ausreden erfordern es, sich zu stellen. Verantwortung erfordert Bestätigung.

Erfahren Sie die Ergebnisse von Verantwortung. Ausreden haben ihren eigenen Lohn, aber das sind unbefriedigende, kurzlebige Belohnungen. Verantwortung andererseits schafft wirklich wertvolle Belohnungen. Indem Sie sich wegbewegen von der Vermeidung von Risiken, die mit Ausreden einhergeht, und eintreten in einen Lebensstil der Verantwortung und Initiative, werden Sie sich auf Ihr Ziel zubewegen. Es mag vielleicht immer nur ein kleiner

Schritt auf einmal sein, aber feiern Sie auch die kleinen Siege. Das wird Ihnen helfen, Tag für Tag weiterzumachen, bis das Gewinnen der kleinen Gefechte zum Sieg bei den Schlachten führt.

Es könnte z. B. sein, dass es Ihnen nie gelungen ist, effektiv mit Ihrem Partner darüber zu reden, zusammen an Ihrer Ehe zu arbeiten. Vielleicht zog er sich jedes Mal, wenn Sie es versucht haben, zurück oder machte dicht oder der Versuch endete in einem riesigen Streit. Sie sind versucht, auf Ihre angstbesetzte Ausrede dafür, es nicht mehr zu versuchen, zurückzugreifen: »Es hilft nie etwas und die Streiterei macht es einfach zu schwer, damit umzugehen.« Nutzen Sie statt der Ausrede einen anderen Ansatz: »Ich weiß, dass es dir schwerfällt, das zu hören. Und es tut mir leid, dass ich es nicht in der richtigen Art angebracht habe. Aber ich will etwas Besseres für uns als das, was wir haben. Ich liebe dich, aber ich bin nicht glücklich mit unserer Beziehung, so wie sie geworden ist. Und ich werde darauf bestehen, dass wir beide an unserer Ehe arbeiten. Das ist sehr wichtig für mich und ich werde es nicht aufgeben. Ich möchte hören, was ich tue, das die Dinge für dich so schwer macht. Und ich möchte, dass du meine Seite auch hörst. Wann können wir uns darüber unterhalten?«

Sie ernten vielleicht Schweigen oder Verweigerung oder Zorn. Aber Sie werden wissen, dass Sie direkt, liebevoll und klar gesprochen haben. Das ist der erste Schritt. Das ist Fortschritt und Sie sollten Ihrem Unterstützer-Kreis davon erzählen und ihn feiern, während Sie sich auf den nächsten Schritt vorbereiten.

Sich nicht mit weniger zufriedengeben

1960 kandidierte Richard Nixon gegen John F. Kennedy für das Präsidentenamt der USA und verlor. 1968 kandidierte er gegen Hubert Humphrey. Dieses Mal gewann Nixon die Wahl. Unabhängig davon, was man von seiner Politik hält, vollbrachte Nixon eine unglaubliche Leistung, als er nach einer solchen Niederlage eines der meistbegehrten Ämter der Welt errang. Es erforderte eine große Anstrengung, Durchhaltevermögen und Voraussicht, um diesen beispiellosen Traum zu verwirklichen. Nixon weigerte sich, sich mit weniger zufriedenzugeben als dem, was er wirklich wollte. Für diejenigen, die die Befähigung für Verantwortung und Erfolg erlernen, ist Nixons Beispiel ein wunderbares Vorbild dafür, sich nicht mit weniger zufriedenzugeben.

Wenn wir Hindernissen für unseren Traum begegnen, tendieren wir alle dazu, unser Eigentumsrecht über unser Leben aufzugeben, indem wir uns mit geringeren Zielen zufriedengeben. Es ist der Weg des geringsten Widerstandes. Es ist immer eine Versuchung, die Latte etwas tiefer zu hängen, das kostet weniger Mühe und verursacht weniger Stress. Aber was geschieht, wenn wir uns mit etwas zufriedengeben, das wir nicht wirklich erreichen wollten? Oft überkommt uns der quälende Gedanke: *Was wäre gewesen, wenn ich bei meinem ursprünglichen Traum geblieben wäre?*

Sagen wir mal, Ihr Ziel ist es, 25 Kilo abzunehmen. Sie nehmen 5 Kilo, 10 Kilo und 12 Kilo ab, aber dann stagniert es bei 15 Kilo. Die Pfunde purzeln langsamer, Ihr Appetit kehrt zurück und die Stunden im Fitnessstudio werden zur Qual. Es ist nur natürlich, aufhören zu wollen und sich zu sagen: »15 Kilo abzunehmen ist auch nicht schlecht.« Es geht Ihnen ganz bestimmt viel besser als vorher. Aber stellen Sie sich die Frage: Hören Sie auf, weil es für Sie das Beste ist oder weil Sie sich zufriedengeben? Vielleicht wäre es viel besser, etwas an Ihrer Diät und Ihrem Fitnessplan zu ändern, mit einem Experten zu reden oder sich einer Gruppe anzuschließen. Ein Plateau muss nicht das Ende der Strecke sein.

Oder vielleicht haben Sie das Ziel, in Ihrem Fachbereich in den nächsten zwei Jahren eine bestimmte Position zu erreichen, und Sie schaffen es nicht ganz. Sollten Sie für den Fortschritt, den Sie gemacht haben, dankbar sein und damit aufhören? Oder ist es an der Zeit, Ihr Leben zusammen mit einem Berater zu überprüfen und festzustellen, warum Sie feststecken?

Oder vielleicht haben Sie ein Kind im Teenageralter, das ein Alkohol- und Drogenproblem hat und mit dem Gesetz in Konflikt geraten ist. Ihr ursprüngliches Ziel mag gewesen sein, dass es das Abitur macht und auf die Uni geht. Aber so schwierig, wie das heutzutage sein kann, reicht es Ihnen vielleicht aus, dass es drogenfrei wird, und Sie belassen es dabei.

Kein Zweifel, dass es Ziele gibt, die der Wirklichkeit und dem gesunden Menschenverstand angepasst werden müssen. Manche

Träume waren von Anfang an nicht realistisch. Manche muss man mittendrin ändern, weil sich neue Faktoren ergeben. Michael Jordan ist nach Meinung der meisten der beste Spieler in der Geschichte der nationalen Basketball-Liga. Aber er versagte bei seinem nächsten Ziel – in der nationalen Baseball-Liga ein großer Spieler zu werden, als er es 1994 versuchte. Sehr weise verließ er den Sport und kehrte zum Basketball zurück. Wo er wieder einer der Besten wurde. Jordan akzeptierte einfach die Wirklichkeit und passte seine Ziele entsprechend an.

Bevor Sie jedoch bereit sind, sich zufriedenzugeben und Ihr Ziel anzupassen, *müssen Sie sich einer Sache ganz sicher sein: dass Sie die Wirklichkeit akzeptieren und nicht eher ein Versagen vermeiden wollen.* Viele Menschen geben auf, bevor sie wirklich müssen, weil das Drohen eines Versagens zu schmerzhaft, peinlich oder enttäuschend ist. Anstatt zu sagen: »Ich habe meinen Traum nicht erreicht«, verdecken sie Versagen damit, zu sagen: »Ich habe mir einen anderen Traum geschaffen.« Das ist nichts als eine scheinbar vernünftige Erklärung – und ein echter Traumkiller.

Das ist der bessere Ansatz: *Lernen Sie, dem Versagen seinen Stachel zu ziehen.* Was ist letztendlich so schlimm daran zuzugeben, dass man versagt hat? Gar nichts. Und zusätzlich gibt es eine ganze Menge Gutes daran. Wenn Sie Ihr Versagen zugeben, können Sie daraus etwas lernen. Sie können Ihr Versagen analysieren und herausfinden, was beim ersten Mal schiefgegangen ist. Sie können verschiedene Ansätze ausprobieren. Sie können von anderen Menschen und Hilfsmitteln um Sie herum neuen Input bekommen. Sie können einen neuen Anfang machen. Sie können sich bereit machen, es zu versuchen und zu versagen, es zu versuchen und zu versagen und es wieder zu versuchen.

Also sagen Sie *Nein* dazu, sich zufriedenzugeben und nie zu erfahren, was Ihr Potenzial hätte sein können. Weigern Sie sich, im Land des Bedauerns zu leben, wo es nie jemand wirklich versucht. Gehen Sie stattdessen in das Land der hohen Ziele, wo Sie am Ende nie verlieren können.

Das Zitat von Robert Bloch am Anfang dieses Kapitels lässt sich auf uns alle anwenden: *Jedes Ereignis, das ungeteilte Aufmerksamkeit erfordert, wird von einer zwingenden Ablenkung begleitet.* Wenn das, was Sie erzielen wollen, Ihre ungeteilte Aufmerksamkeit wert ist, dann ist es unter Garantie so, dass es Ablenkungen, schädliche Menschen, Stimmen in Ihrem Kopf geben wird, die alle darauf aus sind, Sie von Ihrem Ziel abzubringen. Der einzige Weg zum Erfolg ist, *zu allem, was Sie von Ihren Zielen und Träumen abbringen will, Nein zu sagen.* Erlernen Sie die Fähigkeit, zu diesen Kräften *Nein* zu sagen und zu dem Traum, den Gott Ihnen ins Herz gelegt hat, *Ja* zu sagen. Wenn er den Samen in Sie hineingelegt hat, wird er es geschehen lassen.

Ich habe von Anfang an das, was kommen wird, vorausgesagt, schon lange, bevor es Wirklichkeit wurde. Ich sage: »Was ich plane, steht fest. Alles, was mir gefällt, führe ich auch aus« (Jesaja 46,10).

Kapitel 7
Sie können mit
Versagen umgehen

Lernen beginnt mit Misserfolg;
der erste Misserfolg ist der Anfang der Bildung.

John Hersey

Erlauben Sie, dass ich Sie bitte, sich einige Minuten für ein paar ehrliche Überlegungen zu nehmen. Finden Sie eine ruhige Ecke, in der Sie nachdenken können, ohne abgelenkt zu werden, und beantworten Sie die folgenden Fragen:

Wenn Sie versagt haben, was haben Sie als Folge davon getan?

Fühlten Sie sich schlecht wegen sich selbst?

Hörten Sie damit auf, das zu tun, wobei Sie versagt hatten?

Tun Sie jetzt die Sache, bei der Sie damals versagt haben?

Sind Sie erfolgreich dabei?

Gibt es etwas, das Sie zurzeit gerne tun würden, das Sie aber nicht angehen, weil Sie dabei versagen könnten?

Wie Sie diese Fragen beantworten oder, besser gesagt, wie Sie die Antworten auf diese Fragen gelebt haben, kann bestimmen, wo Sie im Leben enden. Ihre Antworten werden Ihren Erfolg in den Bereichen, die Ihnen am meisten bedeuten, bestimmen. In diesem Kapitel werden wir die positiven Möglichkeiten erkunden, wie Sie mit den unweigerlichen Misserfolgen auf Ihrem Weg zum Ziel umgehen können.

Gleiche Geschichte, anderes Ende

Bei einem unserer Seminare sprach ich mit einer Frau, die über ihr Beziehungsleben verzweifelt war. Nach einigen Zurückweisungen hatte sie aufgehört, mit Männern auszugehen, und hatte nun so gut wie keine Hoffnung, jemals eine partnerschaftliche Beziehung zu finden.

Zum Beginn des Jahres war sie entschlossen gewesen, wieder anzufangen, mit Männern auszugehen. Sie hatte sich einige tolle Ziele gesetzt, um die Dinge in Gang zu bringen. Sie hatte sich sogar mit einem Unterstützerkreis umgeben und war einem Partnerschaftsservice beigetreten, um neue Leute kennenzulernen. Sie bekam ein paar »passende Partner« zugeteilt und ging mit den Männern aus. Die Abende gefielen ihr und sie freute sich auf eine zweite Verabredung mit zwei von ihnen. Aber die Anrufe kamen nie. Die Männer wollten nicht ein zweites Mal mit ihr ausgehen. Beide waren »weitergewandert«.

Die Frau war am Boden zerstört. Sie zog sich von ihren unterstützenden Freunden zurück und hörte auf, auf der Internetseite des Partnerschaftsservices ihre E-Mails abzurufen. Und sie fühlte sich furchtbar.

Als ich sie fragte, was in ihr vorging, sagte sie Dinge wie: »Ich bin so eine Verliererin. Keiner wird mich je wollen. Ich weiß nicht, warum ich es überhaupt versucht habe. Das wird nie funktionieren. Ich werde immer allein sein.«

Ich hatte nicht viel Zeit, mit ihr zu sprechen, aber keine meiner Ermutigungen und keiner meiner Vorschläge schien zu helfen. Sie hatte sich entschieden. Aus ihrer Sicht war es hoffnungslos und würde sich nie ändern.

Eine Woche später. Ich sprach mit einer anderen Frau, die sich auch dazu entschieden hatte, Kontakte zu Männern zu knüpfen. Auch sie hatte sich einige Ziele gesetzt und war einem Partnerschaftsservice beigetreten.

Bald bekam sie »passende Partner« zugeteilt. Zwei der Männer, mit denen sie ausging, gefielen ihr gut und sie schrieb ihnen, um zu sagen, dass sie einen schönen Abend mit ihnen verbracht hatte und sie gerne wieder sehen würde. Aber nichts passierte. Anscheinend wollte keiner der beiden Männer sie wiedersehen.

»Ein Flop!«, sagte sie. Aber sie machte weiter.

Dann erschien ein weiterer Mann auf der Bildfläche und sie gingen eines Abends aus. Sie mochte ihn und er rief wieder an. Und wieder und wieder und wieder. Es machte ihr Spaß und sie begann, diesen Mann ziemlich zu mögen. So weit, so gut. Bis ... sie eine E-Mail bekam, die im Grunde sagte:»Es war toll, mit dir abzuhängen, aber ich sehe für uns keine Zukunft. Hoffe, dass es dir gut geht, und viel Glück!«

Sie dachte, dass die Dinge gut liefen, und wurde stattdessen mit der klassischen Lass-uns-Freunde-sein-Situation konfrontiert. Fassungslos und verwirrt erlitt die arme Frau einen Mini-Schock. Sie war eine Zeit lang sehr traurig und weinte ein bisschen mit ihren Freundinnen. Aber dann riss sie sich zusammen und bat mich um Hilfe.

Sie erklärte ihre Gefühle.»Die Erfahrung war schwierig. Ich mochte den Mann wirklich sehr. Ich dachte, dass die Dinge zwischen uns wirklich anfingen zu funktionieren, und ich weiß immer noch nicht, was falsch gelaufen ist.« Als sie und ich die Sache gemeinsam besprachen, deckten wir eines der Probleme auf. Ihre Verzweiflung hatte sie dazu gebracht, ihm alles recht machen zu wollen. Dadurch, dass sie sich solche Mühe gab, ihm zu gefallen, wurde sie weniger sie selbst und dadurch weniger interessant. Wie vorherzusehen war, verlor er das Interesse und wandte sich ab.

Sie lernte jedoch von der Erkenntnis, und das nächste Mal verhielt sie sich anders. Dadurch wurde sie in ihrem sozialen Verhalten freier. Sie war nicht länger durch ihre Sorge gebunden, ob der Mann Interesse an ihr hatte, sondern erlaubte sich, in dem Miteinander mit anderen authentisch zu sein. Das war für sie ein großer Wachstumsschritt.

Dann passierte es. Sie rief mich eines Tages an und sagte:»Ich glaube, ich habe ihn gefunden.« Und wissen Sie was? Sie hatte recht. Sie haben ein Jahr später geheiratet.

Durch Zufall begegnete ich in der gleichen Woche der ersten Frau noch einmal.»Wie geht es mit Ihren Beziehungen?«, fragte ich sie, vermutend, dass sie vielleicht eine Veränderung geschaffen hatte.

Ich konnte sofort feststellen, dass das nicht der Fall war. Ihre Augen füllten sich mit Tränen und ihr Kinn begann zu zittern. »Nicht sehr gut«, sagte sie. »Nicht sehr gut.«

Ich versicherte ihr mein Mitgefühl und fragte, ob sie darüber reden wollte. Das tat sie und ich hörte eine sehr traurige Geschichte. Sie war seit der Zurückweisung vor einem Jahr nicht mehr ausgegangen. Sie hatte immer noch das Gefühl, dass sie eine Verliererin sei und dass niemand sie jemals würde haben wollen.

Ich dachte über unser letztes Gespräch nach und was damals passiert war. Dann wurde es mir plötzlich klar. Sie und die zweite Frau hatten genau die gleiche Geschichte. Beide wurden aktiv und stiegen in das Spiel ein. Beide hatten anfängliche Reaktionen bekommen und beide gingen ein paar Mal aus. Aber damit hörten die Ähnlichkeiten schon auf. *Dort verzweifelte die eine und ging tausend Schritte rückwärts und die andere überwand es und ging weiter auf ihr Ziel zu.* Gleiche Geschichte, sehr unterschiedlicher Ausgang. Was war der Unterschied?

War die eine Frau interessanter? Attraktiver? Irgendwie ansprechender? Hat eine deswegen ihr Ziel erreicht und die andere nicht? Keineswegs. Das jeweilige Ende wurde bestimmt von den Antworten, die die beiden Frauen auf die Fragen am Anfang dieses Kapitels gaben. Schauen Sie sich an, wie die beiden die Fragen beantwortet haben, und Sie werden erkennen, dass sie auf Versagen sehr unterschiedlich reagiert haben.

F: Wenn Sie versagt haben, was haben Sie als Folge davon getan?

A: Eine zog sich zurück und hörte auf, die andere lernte aus ihrem Misserfolg und machte weiter.

F: Fühlten Sie sich schlecht wegen sich selbst?

A: Eine sah sich als Verliererin, die andere nicht.

F: Hörten Sie damit auf, das zu tun, wobei Sie versagt hatten?

A: Eine hörte auf, die andere nicht.

F: Tun Sie jetzt die Sache, bei der Sie damals versagt haben?

A: Eine nicht, die andere ist in einer glücklichen Partnerschaft.

F: Sind Sie erfolgreich dabei?

A: Eine ja, die andere nicht.

F: Gibt es etwas, das Sie zurzeit gerne tun würden, das Sie aber nicht angehen, weil Sie dabei versagen könnten?

A: Die eine würde gern ausgehen oder eine partnerschaftliche Beziehung haben. Die andere muss sich darum nicht mehr sorgen und widmet sich anderen Zielen.

Diese beiden Frauen haben bis zu einem gewissen Punkt genau das Gleiche getan. Und ab dem Punkt schritt die eine weiter in Richtung Erfolg und die andere nicht. Wie man auf Misserfolg reagiert ist eine der wichtigsten Lektionen, die man im Leben lernen kann. Und das ist die Lektion in diesem Kapitel.

Manche Dinge im Leben sind sicher, oder: die Natur aller Dinge

Wir haben alle schon gehört, dass zwei Dinge im Leben ganz sicher sind: der Tod und die Steuern. Und das stimmt, aber es gibt noch eine weitere Gewissheit: Versagen oder Misserfolg. Sie sind absolut sicher. Es ist die Natur aller Dinge. Tatsächlich würden wir ohne Versagen nie Erfolg haben.

Denken Sie an die Dinge, die Ihnen liegen. Sie laufen wahrscheinlich gut. Und wenn Sie essen, schaffen Sie es wahrscheinlich, das meiste Essen auch in den Mund zu befördern. Aber das war nicht immer so, oder? Wenn wir ein Video Ihres Lebens hätten, konnten wir sehen, wie Sie als Kleinkind den Lauf- und Essprozess lernten, und das sah ganz anders aus als das, was Sie jetzt tun. Viele Ihrer Schritte endeten damit, dass Sie auf dem Boden lagen. Viele von Ihren Nudeln landeten in Ihrem Gesicht. Wenn Sie heute noch so laufen und essen würden wie damals, würden Sie sehr wahrscheinlich nicht öfter als einmal mit jemandem ausgehen. Aber Laufen und Essen sind heutzutage nicht Ihr Problem, wenn es um soziale Beziehungen geht. Warum? Sie haben den Misserfolg in diesen Bereichen aus dem Weg geschafft. Sie haben etwas getan, das »Lernen« heißt.

Der Prozess lief so ab: Sie haben es versucht und es klappte nicht richtig. Sie gingen vier oder fünf Schritte und setzten sich dann auf Ihren Allerwertesten. Sie hatten ein schlechtes Ergebnis. Ihre Eltern sagten zu Ihnen: »Kein Problem. Versuch's noch mal.« Sie versuchten es noch mal und kamen Ihrem Ziel ein bisschen näher, bevor Sie wieder Bekanntschaft mit dem Teppich machten. Ihre Eltern halfen Ihnen aufzustehen und Sie liefen diesmal drei Meter – bis zum Sofa. Ihre Eltern klatschten Beifall. Beim Essen machten Sie ähnliche Fortschritte. Nachdem viele Nudeln auf den Boden, den Tisch und auf Ihr Lätzchen gefallen waren, haben Sie schließlich die meisten Nudeln in Ihren Mund befördert und geschafft, sie dort zu behalten. Ihre Eltern klatschten und riefen: »Toll! Weiter so!« In kurzer Zeit wurden Ihnen diese schwierigen Handlungen zur zweiten Natur. Sie liefen und aßen ohne bewusste Anstrengung und keiner dachte sich etwas dabei. Tatsächlich erreichten Sie bei diesen Aktivitäten den Punkt, dass Ihre Eltern sogar versuchen mussten, Sie zu zügeln: »Iss die Süßigkeiten nicht vor dem Abendessen und geh nicht weiter als zum Zaun.« Der Erfolg hat seine eigenen Probleme.

Der Punkt ist, dass, was auch immer Ihnen jetzt zur zweiten Natur geworden ist, irgendwann eine sehr, sehr schwierige Aufgabe war und Sie bei den ersten Versuchen gescheitert sind.

Zu scheitern bedeutete für Sie nichts anderes als »Versuch's noch mal.« Der Misserfolg hatte keine persönliche Bedeutung in Bezug darauf, wie liebenswert oder fähig Sie sind, oder für Ihre Gefühle über sich selbst oder die Welt im Allgemeinen. Versagen bedeutete nur, dass die Aufgabe noch erlernt werden musste. Alles, was Ihnen jetzt zur zweiten Natur geworden ist, hat diesen Prozess durchlaufen. Sie haben es das erste Mal nicht gut geschafft und doch taten Sie es immer und immer wieder, bis Sie es verstanden hatten. Das ist die Natur des Lebens. Wir versuchen es, wir bekommen es nicht richtig hin und wir versuchen es so lange wieder, bis wir es schaffen. Wenn dann die Aufgabe erlernt worden ist, vergessen wir den Prozess und tun es einfach und genießen dabei das Ergebnis der Anstrengung, die wir endlich gemeistert haben.

Es gibt zum Beispiel Menschen, die einfach nur zum Spaß mit anderen ausgehen. Sie denken nicht einmal über Ablehnung nach oder dass der Abend nicht gut laufen könnte. Sie tun es einfach und haben ihre Freude daran. Der Grund dafür ist, dass sie gelernt haben, wie, und jetzt ist es wie ihre zweite Natur. Das innere Zittern der Teenagerzeit, die Schüchternheit und die Bedenken liegen alle in der Vergangenheit. Sie sind zu gestandenen Veteranen geworden.

Die zweite Frau z. B., die gelernt hatte, gut mit dem Ausgehen klarzukommen und schließlich geheiratet hat, sagte mir: »Die Veränderung setzte ein, als ich anfing, mich von Ablehnungen nicht beeindrucken zu lassen. Ich hatte immer zugelassen, dass eine Ablehnung mich fertigmachte. Aber je mehr ich mich damit beschäftigte, desto weniger störte es mich, denn ich wusste, dass ich auf dem Weg bin, und eine Ablehnung wäre nur ein Schritt zum nächsten Schritt. Ablehnung wurde manchmal sogar ein bisschen lustig.«

Das Gleiche gilt für Menschen, die erfolgreich öffentliche Vorträge halten, Verkaufsgespräche führen, Golf-Meisterschaften spielen, eine neue Firma gründen, ein Vorstellungsgespräch haben und vieles mehr. Sie sind durch den Abschnitt des Versagens hindurch und wissen jetzt, wie sie die Aufgabe bewältigen. *Aber sie haben den Abschnitt des Versagens nicht übersprungen.* Ihr Stolpern und Fallen zeigt sich ganz bestimmt auf dem Lebens-Video. Aber meistens kommen diejenigen, die festgefahren sind, deswegen nicht so gut voran, weil sie sich nicht erfolgreich durch den Abschnitt des Versagens manövriert haben. Sie sind dort hängen geblieben.

Der Unterschied zwischen den Gewinnern und denen, die nicht gewinnen, ist nicht, dass die Gewinner nicht versagen.

Beide Gruppen versagen, aber die Gewinner sehen das als normal an, arbeiten sich hindurch und lassen es hinter sich. Die anderen bleiben stecken, nicht weil sie unfähig wären, das zu tun, was sie versuchen, sondern weil sie nicht mit dem Versagen umgehen können.

Lektion Nummer 1 über das Versagen ist diese: *Was auch immer Sie tun wollen, Sie werden anfangs dabei versagen.* Akzeptieren Sie die Wirklichkeit. Das ist die Natur der Welt. Alles funktioniert so. Natürlich können Sie immer auf die Ausnahmen verweisen, so wie den Sportler, der beim ersten Mal mit dem Baseballschläger in der Hand einen *home run* trifft, oder einen Lotto-Gewinner. Aber das sind die *Ausnahmen*, die die Regel bestätigen. 99 von 100 Gewinnern werden Ihnen sagen, dass das Versagen der Weg zum Erfolg war.

Lassen Sie uns neun Schritte betrachten, die Sie gehen könnten, um die volle Verantwortung für Ihr Leben zu übernehmen, angefangen mit dem Versagen.

Schritt Eins:
Erklären Sie Versagen für normal und werden Sie damit fertig

Um die Verantwortung für Ihr Leben zu übernehmen und dorthin zu gelangen, wo Sie sein wollen, *müssen Sie die Verantwortung für Ihr Versagen übernehmen.* Die Verantwortung dafür zu übernehmen bedeutet, es anzunehmen, es mit nach Hause zu nehmen und als Ihres zu betrachten, es zu umsorgen, zu füttern und zu pflegen. Es ist, wie ein Haus oder ein Auto zu kaufen. Sie mieten es nicht länger; es gehört *ganz Ihnen* und niemand anderes ist dafür verantwortlich. Das Gute daran ist Folgendes: Da Sie nun Ihr eigenes Leben besitzen, können Sie es aufwerten, Verbesserungen machen, es kontrollieren und letztendlich die Vorteile daraus ziehen. Wenn Sie es nicht besitzen, können Sie sich nur beim Vermieter beschweren, was, wie wir gesehen haben, viele Menschen in ihrem Leben auch tun. Sie benehmen sich, als ob jemand anderes ihr Leben besitzt und sie die Mieter sind. Wenn die Dinge nicht richtig laufen, dann beschweren sie sich nur. Das Problem ist, dass sie ihr Leben leben müssen, also macht es Sinn, zu dem Versagen zu stehen, damit sie es in Ordnung bringen können.

Der erste Schritt ist also, das Versagen für normal zu erklären. Akzeptieren Sie die Wahrheit, dass es ein normaler Teil des Lebens ist. Wenn Sie das tun, dann werden Sie nicht gleich umgehauen, wenn etwas nicht funktioniert. Es wird Sie nicht überraschen. Sie werden es akzeptieren, Gottes Hand ergreifen und das Problem lösen. Wenn Sie Schwierigkeiten damit haben, mit der Wahrheit unausweichlicher Schwierigkeiten zurechtzukommen, denken Sie an die Worte von Jesus: »Hier auf der Erde werdet ihr viel Schweres erleben. Aber habt Mut, denn ich habe die Welt überwunden« (Johannes 16,33). Erwarten Sie Schwierigkeiten und Versagen, aber erwarten Sie auch, dass, wenn Sie Mut fassen und mit Jesus zusammenarbeiten, Sie es über den Berg schaffen und Ihr Ziel erreichen.

Warum steht nicht jeder, der dem Versagen begegnet, wieder auf und versucht es noch einmal? Warum wird eine Frau von zwei ihrer Bekanntschaften abgelehnt und geht dann weiter und findet die Liebe ihres Lebens, während die andere, die abgelehnt wird, einfach aufgibt? Warum führt einer ein Geschäftsgespräch, wird abgelehnt und zieht später in dem Monat das große Geschäft an Land, während ein anderer aufgibt? Die Antwort: Einer hat das Versagen für normal erklärt und gelernt, damit umzugehen, und der andere hat das nicht. Lassen Sie uns mal sehen, warum und wie.

Schritt Nummer Zwei:
Entdecken Sie, was Versagen für Sie bedeutet

Wenn Sie das Versagen als normal auf Ihrem Weg zum Erfolg erklärt haben, sind Sie bereit für den nächsten Schritt. Aber bevor Sie den Schritt machen, lassen Sie uns anhand von ein paar Fragen untersuchen, was Ihnen zurzeit durch den Kopf geht, wenn Sie versagen.

Was fühlen Sie, wenn Sie versagen? (Mit anderen Worten, wenn Sie zurückgewiesen werden von einem Menschen, mit dem Sie ausgehen wollen, oder das Geschäft nicht abschließen oder Ihr Projekt nichts wird.)

Fühlen Sie sich schlecht und werden Sie entmutigt? (Nicht nur Enttäuschung, sondern ein Urteil über sich selbst, das Sie in lähmende Gefühlszustände versetzt.)

Verlieren Sie jede Hoffnung? (Ein Gefühl, dass die Dinge nie anders sein werden.)

Sagen Sie sich, dass Sie ein Verlierer sind? (Ein innerer Dialog verleitet Sie dazu, sich selbst ein umfassendes, kritisches Etikett anzuheften.)

Glauben Sie, dass der Erfolg nur etwas für andere ist und nicht für Sie? (Sie haben das Gefühl, dass Ihnen etwas entgeht, das andere haben.)

Glauben Sie, dass es für Ihr Dilemma einfach keine Antworten gibt? (Es ist Ihnen nicht möglich, so viel zu lernen oder da hineinzuwachsen, egal wie sehr Sie sich bemühen.)

Fühlen Sie sich schuldig? (Ein nagendes Gefühl, dass Sie das hätten schaffen müssen.)

Haben Sie das Gefühl, dass es alles Ihre Schuld ist? (Ein anklagendes, beschämendes, verurteilendes Gefühl.)

Begeben Sie sich in die »Alles an mir ist schlecht«-Position? (Sie verlieren Ihre Fähigkeiten, Stärken und Talente aus den Augen.)

Fangen Sie an, Gott zu hassen und zu denken, dass er nicht auf Ihrer Seite ist? (Das Gefühl, dass Gott Sie im Stich gelassen oder es sogar auf Sie abgesehen hat.)

Viele Menschen reagieren auf Versagen auf diese Art, weil sie *das Versagen als schädigend interpretieren*. Wie wir aber oben schon gezeigt haben, ist das die falsche Art, Versagen zu betrachten. Die zutreffende Bedeutung von Misserfolg ist, dass er eine Lern-Erfahrung ist – eine Gelegenheit, über uns selbst etwas zu lernen, die Fähigkeiten zu erlernen, die gebraucht werden, um eine von uns angestrebte Sache zu meistern, oder mehr über die Sache selbst zu lernen. Aber anstatt es als Gelegenheit zu sehen, etwas zu lernen, interpretieren die meisten ein Versagen auf andere Weise, die sie dazu verleitet aufzugeben, wie die obige Liste zeigt. Meistens ergeben sich diese negativen Deutungen aus unseren vorherigen Erfahrungen. Ein Versagen hat eine schlechte Bedeutung bekommen aufgrund von schmerzhaften Erfahrungen in unseren Familien oder in anderen wichtigen Beziehungen.

Die Bedeutungen, die das Versagen für uns hat, erwachsen aus unseren vergangenen Erfahrungen und Beziehungen. Sie beeinflussen uns in etlichen maßgeblichen Bereichen: unserem Bild von uns selbst, unserem Bild von anderen, unserem Bild von der Welt und wie sie funktioniert und unserem Bild von Gott. Wenn wir in neue Situationen hineingehen, dann erleben wir sie im Licht genau dieser Raster, Überzeugungen, Gefühlsreaktionen und Verhaltensmuster, die wir durch unsere vergangenen Erfahrungen von Misserfolg und Schwierigkeiten entwickelt haben.

Wenn z. B. meine Erfahrungen mir das Gefühl gegeben haben, dass ich ein Verlierer bin, dann nehme ich diese Überzeugung mit in neue Situationen hinein. Wenn ich bei einem neuen Bestreben versage, erlebe ich das neue Versagen als Bestätigung meiner negativen Überzeugung über mich selbst. »Siehst du, ich hab's gewusst. Ich *bin* ein Verlierer. Ich werde es nie schaffen, etwas durchzuziehen. Ich kann es einfach nicht.« Oder wir hatten vielleicht eine schlechte Erfahrung mit einer Person und das bedeutet für uns, dass »Menschen mich immer verletzen oder im Stich lassen werden«. Oder »Gott ist gegen mich« oder »Die Welt ist einfach zu schwierig für mich zu begreifen. Es gibt keine wirkliche Möglichkeit, Dinge zu einem guten Ende zu führen«.

Diese Bedeutungen werden Teil unseres Wesens und sie leben in Herz, Verstand und Seele. Sie sind unmittelbar und unbewusst aktiv, ohne dass wir uns überhaupt bewusst sind, dass wir ihnen folgen. Sie bedingen das Ausleben von Verhaltensmustern und Entscheidungen, die mit den entsprechenden Bedeutungen übereinstimmen. Wir reagieren defensiv, selbstschützend, aggressiv oder ziehen uns aus dem Spiel zurück und geben auf. Das geschieht, weil unsere Lebenserfahrungen uns diese Interpretationen des Versagens eingetrichtert haben, und wenn wir versagen, dann wirken sie automatisch und dominieren uns. Wir verlieren unsere Fähigkeit, uns zu entscheiden und zu reagieren.

Schauen Sie sich die Geschichte Ihrer Versuche in den Bereichen an, wo Sie sich festgefahren fühlen. Schauen Sie auf die Bereiche, die Sie am meisten deprimieren und in denen Sie aufgehört haben es zu versuchen. Das sind die Bereiche, in denen Sie am wahrscheinlichsten mit alten Botschaften und Erfahrungen arbeiten. Finden Sie heraus, welche es sind. Hören Sie auf die Gedanken und Stimmen in Ihrem Kopf. Beobachten Sie Ihre Gefühle über diese Bereiche. Sie werden den Grund entdecken, warum Sie aufgegeben haben oder so negative Gefühle über einen neuen Versuch hegen. Wenn Sie erkennen, wo diese alten Botschaften herkommen, dann können Sie sie zurückweisen und sich von Ihnen lösen. Sie können sich von den Leuten in Ihrem Team Unterstützung und Bestätigung holen und neu erarbeiten, wie Sie denken und fühlen. Aber wenn Sie diese alten falschen Botschaften als Wahrheit akzeptieren, dann werden sie tatsächlich zur Wahrheit werden. »Ich kann nie gewinnen«, wird zu einer sich selbst erfüllenden Prophezeiung.

Schritt Nummer Drei:
Sagen Sie es ruhig: »Ich habe versagt.«

Der erste Schritt dabei, mit einem Versagen umzugehen, ist, es beim Namen zu nennen. Nur zu oft beschämen uns die negativen Bedeutungen, die wir einem Versagen zuschreiben, so sehr, dass wir Angst bekommen, Versagen überhaupt als Wirklichkeit zu sehen. Wir bekommen Angst davor, es überhaupt auszusprechen:

»Ich habe versagt.«

»Es hat nicht funktioniert.«

»Ich hab's vergeigt.«

»Du meine Güte ... ich habe gar nicht gewusst, was ich eigentlich tue!«

»Ich hab's vermasselt.«

»Ich hatte keine Ahnung, was ich eigentlich mache. Habe ich noch viel zu lernen!«

Was ist daran so schwer? Es ist eigentlich hilfreich und befreiend, sich nicht vor dem Versagen verstecken zu müssen, sondern es anzunehmen und zuzugeben. Beobachten Sie die Leute, die das tun. Nehmen Sie die Gewinner unter die Lupe, die über ihre Misserfolge lachen. Sie sind entspannt und fühlen sich wohl, weil sie sich aus dem Geschäft des Image-Schutzes verabschiedet haben. Und sie sind so beliebt. Es ist viel leichter, sich mit den Menschen zu identifizieren und sie anzusprechen, die zu ihren Fehlern stehen und über sie als *ihre* Fehler reden. Sie sind nicht besessen von dem nutzlosen Versuch, sich selbst und andere zu beeindrucken. Stattdessen interessieren sie sich für Ergebnisse. Solche Menschen sind sehr erfrischend und das Gute daran ist, dass Sie auch ein solcher Mensch werden können.

Umgeben Sie sich mit Menschen, die ehrlich sind bezüglich ihrer Unzulänglichkeiten. Sie sind ansteckend. Sie werden sie mögen und sie werden Ihnen dabei helfen, sich mit Ihren eigenen Unzulänglichkeiten wohler zu fühlen. Betreten Sie das Land der Freiheit ... wo Sie Unvollkommenheit zugeben können. Es ist ein wunderbarer Ort und andere werden Sie mögen und respektieren, weil Sie dort sind.

Vor Kurzem hatte der Internetserver unserer Dienstleistungsfirma einen Hardware-Zusammenbruch. Es war furchtbar. Eine ganze Zeit lang hatten wir keinen Internet- oder E-Mail-Zugang. Als es zuerst passierte, fanden wir es doof, aber wir waren nicht bestürzt, weil es hieß, dass es nur einen Tag lang dauern würde. Aber am nächsten Tag war die Nachricht schlimmer. Ihre Server und Sicherungsserver waren alle abgestürzt und nun hieß es, dass die Reparatur länger dauern würde. Da wir mit Verlagen und Organisationen im ganzen Land zusammenarbeiten, bedeutet kein E-Mail im Grunde, dass wir nicht arbeiten können. Zu dem Zeitpunkt entwickelten sich die Dinge von schlecht zu ganz schlimm, weil Gruppen und Medienvertreiber versuchten, über E-Mail von uns Informationen über gebuchte Vorträge und andere zeitlich heiklen Termine zu bekommen. Aber wir konnten nicht viel tun.

Ich rief den Geschäftsführer der IT-Firma an, der uns die Dienstleistungsfirma vermittelt hatte, und fragte: »Warum sind wir bei einer Firma, die zulassen konnte, dass so etwas passiert? Können wir nicht eine andere Firma finden?« Er versicherte mir, dass diese Firma für die Dienste, die wir brauchten, die beste in der Branche sei und dass sie sein ganzes Vertrauen hätte. Er beschrieb die Ereignisse, die den Absturz bewirkt hatten, als »perfekten Sturm« und sagte, dass es nichts Vernünftiges gäbe, das sie hätten tun können, um den Absturz zu vermeiden. Seine Botschaft war durchzuhalten. Ich vertraute ihm, aber ich war mehr als ein wenig ärgerlich auf die Server-Firma.

Dann wurde es noch schlimmer. Die Server-Firma hatte uns erzählt, dass alle Daten gerettet werden würden, wenn die Server wieder am Laufen wären. Aber das Undenkbare geschah: Sie riefen mich an und sagten, dass sie die Daten von allen gerettet hatten, bloß von mir nicht. Meine waren verloren. Für immer gelöscht. Mein Terminkalender, meine E-Mails, meine archivierte Korrespondenz mit jeder Organisation, mit der ich arbeite, und so weiter und so weiter. Alles, was auf dem Server gelegen hatte, war auf Nimmerwiedersehen verschwunden. Ich konnte meinen Ohren kaum trauen.

Glücklicherweise entdeckte ich, dass die vollständige Computer-Sicherung, die ich selbst jede Woche mache, alles gespeichert hatte. Am Ende hatte ich nur die E-Mails von anderthalb Tagen zwischen meiner letzten Sicherung und dem Absturz verloren. Wir kamen wieder auf die Beine und als alles wieder lief, entschuldigten wir uns bei allen, die auf uns gewartet hatten, und machten weiter. Aber in dem Moment hatte ich überhaupt kein Vertrauen mehr in unsere Firma. Die Server waren nicht nur abgestürzt, sie waren eine Woche lang außer Betrieb! Und dann hatten sie auch noch mein Leben gelöscht. Ich wollte immer noch, dass meine IT-Firma eine neue Dienstleistungsfirma ausfindig machte.

Aber dann wurde alles anders.

Ich erhielt eine E-Mail von dem Präsidenten der Dienstleistungs-firma, eine Nachricht, die er an alle seine Kunden schickte. Ich werde hier aus Platzgründen nicht das ganze Schreiben abdrucken, aber das waren die wesentlichen Punkte:

- Wir haben es echt vermasselt. Wir waren nicht vorbereitet auf das, was geschehen ist. Es war unser Fehler.
- Das Durcheinander, das es für Sie verursacht hat, tut uns zutiefst leid.
- Vielen Dank an alle, die uns angerufen haben und ihre Frustration ausgedrückt und uns gesagt haben, was wir hätten tun können, um einen besseren Service anzubieten.
- Wir haben während des ganzen Prozesses umfassende Notizen gemacht, damit wir von dem Geschehen lernen können.
- Folgendes haben wir gelernt, das wir anders hätten machen sollen.
- Folgendes haben wir unternommen, um diese Schwäche zu reparieren und die Fehler zu korrigieren.
- Folgendes haben wir gelernt von den Dingen, die wir richtig gemacht haben.
- Das sind die Veränderungen, die wir umgesetzt haben.
- Die folgenden Dinge können Sie tun, um sich zusätzlich zu schützen.
- Wir haben Verständnis dafür, wenn Sie die Firma wechseln wollen, und wenn Sie das tun, dann helfen wir Ihnen gern dabei, den Wechsel so einfach wie möglich zu vollziehen.

Sofort veränderte sich meine gesamte Einstellung. Ich hatte es hier mit einem Gewinner zu tun, keinem Verlierer. Ich hatte das Gefühl, dass ich in guten Händen war, solange dieser Mann die Firma leitete. Warum, weil er nie versagte? *Nein.* Weil er, als er versagte, dazu stand, es zugab und es annahm, um daraus zu lernen. Er nutzte sein Versagen als Sprungbrett, um eine großartige Firma zu entwickeln. Das gab mir Vertrauen, nicht die Tatsache, dass er keine Fehler gemacht hatte. Geben Sie mir jederzeit lieber eine Person, die einen Fehler macht und weiß, wie sie damit umgeht, als jemanden, der nicht zu seinen Fehlern steht.

Können Sie sich nicht auch eine andere Firma in einer solchen Krise vorstellen, die Ausreden findet, Schuldzuweisungen vornimmt und nicht zu ihrem Fehler steht? »Es ist nicht unsere Schuld! Es sind die Stromschwankungen, die schlechte Hardware, die komplizierten Programme von Windows. Rufen Sie Ihre Lieferfirma oder Ihren Software-Provider an, das ist nicht unser Problem.« Solche Ausreden sind bei den meisten technischen Hotlines die erste Abwehrstrategie. »Jemand anderes ist verantwortlich, nicht wir. Es ist nicht unsere Schuld.«

Aber hier hatten wir einen Gewinner. Ich schrieb dem Präsidenten der Firma sofort einen Brief und dankte ihm für seiner Verantwortlichkeit und Führung. Ich sagte ihm, dass das der Grund sei, warum unsere Firma bei ihm bleiben würde.

Gesellen Sie sich zu den Gewinnern, die ihre Fehler eingestehen und daraus lernen. Die ganze Energie, die Sie darauf verwendet haben, sich vor Versagen zu schützen oder sich zu verteidigen, wenn Sie versagt haben, oder sich zu kasteien, weil Sie versagt haben, wird kanalisiert werden und in die Lösung von Problemen und das Lernen daraus einfließen

Schritt Nummer Vier:
Lernen Sie daraus

An der Geschichte von der Server-Firma kann man das erkennen, was ich gern die »Autopsie« einer Erfahrung des Versagens nenne. Wenn etwas nicht richtig läuft, machen Sie sich nicht selber fertig oder denken Sie schlecht über sich. *Nutzen Sie es zu Ihrem Vorteil!* Sie haben auf diese Lektion viel gute Energie und wahrscheinlich auch Geld, Zeit, Hilfsmittel, Beziehungen und anderes Kapital verwandt. Also ringen sie ihr alles ab, was Sie nur können. Finden Sie solche Dinge heraus wie:

- Was Sie falsch gemacht haben.
- Was Sie richtig gemacht haben.
- Was Sie dabei übersehen haben.
- Welche Entscheidungen Sie getroffen haben, die Sie nicht wieder so treffen würden.

- Warum Sie sie getroffen haben und welche Schwachpunkte zu den Fehlern beigetragen haben.
- Welche Art Unterstützung Ihnen geholfen hätte.
- Welche neuen Fähigkeiten Sie entwickeln müssen, um es das nächste Mal anders zu machen.
- Welche Lehrer oder Mentoren oder Berater oder Coaches Sie vielleicht mit dabeihaben wollen.
- Was an der Situation ein Muster aufdeckt, das Sie schon einmal gesehen haben.
- Welche blinden Flecke Sie an sich und anderen nicht wahrgenommen haben, die dazu geführt haben.

In meiner Tätigkeit als Sprecher und Berater für Ehe, Partnerschaften und Beziehungen sehe ich dieses eine Thema immer und immer wieder. Manche Menschen, die eine gescheiterte Beziehung hinter sich haben, wiederholen den gleichen Fehler in jeder neuen Beziehung, die sie eingehen. Sie lernen nichts daraus. Sie machen einfach nur immer weiter, ohne die Dinge anzugehen, die zu dem letzten Misserfolg beigetragen haben. Andere jedoch finden heraus, was sie zu dem Problem beigetragen haben, lernen durch Scheidungsberatung oder seelsorgerliche Beratung daraus, arbeiten an den notwendigen Dingen und bewegen sich weiter zu besseren Entscheidungen. Sie lernen aus jedem Fehler, damit sie ihn nicht wiederholen müssen.

Wir haben gesehen, dass Fehler normal sind. Sie sind Teil des Lernverlaufs. Denken Sie an die zweite Klasse zurück und an die Fehler, die Sie gemacht haben, als Sie Lesen und Schreiben oder Rechnen gelernt haben. Was, wenn Sie die Fehler einfach ignoriert hätten? Was, wenn Ihr Lehrer erlaubt hätte, dass Sie einfach weitermachen, ohne Sie zu korrigieren? Sie hätten die gleichen Fehler wieder gemacht und Sie hätten die Klasse immer wieder wiederholen müssen. Im richtigen Leben später würden Sie dann mit allen möglichen Problemen kämpfen müssen, von der Unfähigkeit, einen Job zu finden, bis zur Unfähigkeit, Ihre Finanzen zu regeln. Mit anderen Worten, *bis wir lernen, es richtig zu machen, werden wir den Fehler wiederholen.* Wenn Sie jedoch aus Ihrem Fehler lernen, können Sie ihn korrigieren und in die nächste Klasse, die nächste Ebene einer Beziehung oder die nächste Ebene im Job wechseln.

Schritt Nummer Fünf:
Nehmen Sie Vergebung in Anspruch

Es gibt ein unumstößliches Gesetz im Universum, das direkt aus der Bibel kommt: Was verurteilt wird, bessert sich nicht. Es wird schlimmer. Mit anderen Worten, solange Sie sich wegen Ihres Versagens schuldig und verurteilt fühlen, wird es nicht besser werden. Es wird im besten Fall gleich bleiben, oder es wird schlimmer werden. Es unterliegt dem Gesetz der Verurteilung. Dadurch, dass Sie sich schuldig fühlen, böse auf sich selbst sind, sich schämen, Angst haben oder irgendein anderes negatives Gefühl empfinden, wird es Ihnen nicht besser gehen. Es wird Ihnen nur dadurch besser gehen, dass Sie Gnade oder »unverdiente Gunst« bei Gott und anderen Menschen finden. Wenn Sie »in Ihrem Versagen« akzeptiert werden, wird der Stachel und die Macht der Verurteilung schwinden und Sie werden frei sein, das Problem anstatt Ihre Schuld und Angst zu sehen.

Zur Illustration lassen Sie uns mal annehmen, dass ein Mädchen bei seinen Mathe-Hausaufgaben einen Fehler macht. Als ihr Vater den Fehler sieht, fängt er an, sie zu beschimpfen, sie klein zu machen und ihr Schuldgefühle einzureden. Worauf, meinen Sie, konzentriert sie sich in dem Augenblick? Mathe lernen? Ich glaube nicht. Ihr ganzes Wesen ist darauf gerichtet, wie schlecht sie ist, was für eine Verliererin sie ist, wie viel Angst sie vor ihrem Vater hat oder wie wütend sie auf ihn ist, was für ein Trottel er ist, wie sie die Schule hasst, wie sie weglaufen möchte usw. Was auch immer ihr durch den Kopf geht, es hat nichts mit Mathe zu tun. Der Zorn und die Verurteilung haben nur eines erreicht: Sie haben den Fokus von der eigentlichen Frage abgelenkt, nämlich den Mathe-Kenntnissen des Mädchens.

Um sich in Bereichen des Versagens zu verbessern, müssen Sie Vergebung und Gnade empfangen. Sie müssen mit Menschen und mit Gott in Kontakt treten und die befreiendste Nachricht auf der ganzen Welt verstehen: Wenn Sie Vergebung wollen, dann gibt Gott sie Ihnen. Er vergibt Ihnen alles, was Sie tun. Und gute Menschen werden dasselbe tun. Aber um diese Vergebung zu bekommen, müssen Sie mit den Menschen reden. Sie müssen sich ihnen öffnen, ihnen bekennen und ihnen erlauben, Sie zu kennen und in Ihrem Versagen zu lieben.

Lassen Sie das Feigenblatt fallen; nehmen Sie die Maske ab. Öffnen Sie sich einigen zuverlässigen Leuten gegenüber mit Ihren Misserfolgen und zeigen Sie ihnen, wie Sie wirklich sind. Wenn sie Sie akzeptieren, werden Sie lernen, dass Sie sich auch selbst akzeptieren können. Dann verschwindet der Stachel des Versagens, und die Freiheit sich zu bessern tritt an dessen Stelle. Sie werden aussehen wie Tiger Woods auf dem Übungsgelände, wenn er einen Ball schlägt und ihm nachschaut, um zu sehen, wie er fliegt. Sie werden ihn nicht dabei ertappen, dass er dasteht und sich dafür beschimpft, dass der Ball in den Sand flog. Er korrigiert seinen Schlag und macht es das nächste Mal besser.

Wenn Sie nicht außerhalb von sich selbst Vergebung finden, dann werden Sie sie auch nicht innerlich haben. Es braucht die Vergebung von anderen, um unsere Wahrnehmung von uns selbst zu bestätigen, wenn wir versagen. Bitten Sie Gott, und er wird sie Ihnen schenken. Aber zeigen Sie Ihre Fehler auch anderen, die Sie akzeptieren, und Sie werden ihre Liebe verinnerlichen.

Wenn Sie an anderen versagt haben, dann gehen Sie zu ihnen hin und geben Sie Ihren Fehler zu und bitten Sie sie um Vergebung. Wenn mehr getan werden muss, leisten Sie Wiedergutmachung. Bringen Sie die Sache ins Reine. Indem Sie das tun, werden Sie ihnen so helfen, wie Sie ihnen gegenüber versagt haben. Sie werden rehabilitiert, überwinden Ihre eigene Schuld und werden ein gänzlich anderer Mensch als der, der ihnen gegenüber versagt hat. Dadurch, dass Sie Vergebung suchen und Wiedergutmachung leisten, werden Sie zu einem heilenden Faktor für denjenigen, den Sie verletzt haben, und das ist eine riesige Veränderung zum Guten, nicht nur für Sie selbst, sondern auch für die Beziehung und für die Person, die Sie verletzt haben. Gott sieht Vergebung und Wiedergutmachung als so wichtig an, dass er uns vorschreibt, mit anderen ins Reine zu kommen, bevor wir uns an ihn wenden: »... geht zu dem Betreffenden und versöhnt euch mit ihm. Erst dann kommt zurück und bringt Gott euer Opfer dar« (Matthäus 5,24).

Schritt Nummer Sechs:
Beobachten Sie Ihre Reaktionen

Wir haben gesehen, wie wichtig es ist, sich die Bedeutung anzuschauen, die man dem Versagen zuspricht, weil negative Gefühle und Schlussfolgerungen dazu beitragen, dass man festgefahren bleibt. Der nächste Schritt ist herauszufinden, was man dann tut. Für diesen Schritt müssen Sie die Gefühle und Schlussfolgerungen bewerten. Wie haben sie Ihre Reaktion auf das Versagen beeinflusst und was können Sie anders machen?

Wenn Sie versagen, tun Sie eines der folgenden Dinge:

- Sich zurückziehen?
- Auf sich selbst wütend werden?
- Auf jemanden anderes wütend werden?
- Aufgeben?
- Es nicht mehr versuchen?
- Den Kurs impulsiv wechseln?
- Auf ungesunde Weise Essen, Trinken oder Medikamente einnehmen?
- Nach bedeutungslosen Ablenkungen suchen, die Sie dem, was Sie wollen, nicht näher bringen?
- Ausreden finden?
- Schuld zuweisen?
- Vermeiden, es wahrzunehmen, und in Ablehnung verharren?
- Zu einer Ihrer Stärken ausweichen, um sich besser zu fühlen, anstatt sich die Schwäche gut anzuschauen?

Die negativen Bedeutungen, die Sie dem Versagen beimessen, und Ihre emotionalen Reaktionen darauf erzeugen immer begleitende Verhaltensmuster. Sie müssen Ihre eigenen negativen Muster aufdecken und Schritte einleiten, um sie zu verändern. Um das zu tun, werden Sie wahrscheinlich Unterstützung von außen brauchen – eine Gruppe, einen Partner, dem Sie verantwortlich sind, einen Seelsorger oder eine äußere Struktur. Alte Muster verändern sich meistens nicht aufgrund von Willensstärke oder nur weil man andere Verpflichtungen eingeht. Solche Veränderungen verlangen Unterstützung von außen.

Das Leben eines Drogenabhängigen verändert sich, wenn ihm bewusst wird, dass sein Reaktionsmuster auf Versagen die Rückkehr zur Droge ist. Um dieses Versagensmuster zu verändern, muss er ein Treffen besuchen, wo er die von ihm benötigte Unterstützung findet, um der Rückkehr zur Droge zu widerstehen. Er muss sein vorhersehbares Reaktionsmuster auf Versagen unterbrechen. Zu dem Treffen zu gehen, anstatt die Droge zu nehmen, unterbricht dieses Muster. Um Ihre eigenen Muster zu verändern, müssen Sie die gleiche Art Struktur im Hintergrund bereithaben – eine Struktur, an die Sie sich wenden können, wenn Sie die in der Liste aufgeführten Muster nicht überwinden können.

Der wichtigste Tipp, den wir Ihnen bei der Verfolgung jeglichen Ziels geben können, könnte sein, dass Sie sich diese Fragen stellen: Was werde ich tun, wenn das Versagensmuster mich das nächste Mal einholt? Wen werde ich anrufen oder wo werde ich hingehen? Was werde ich anders machen?

Wenn Sie die Antworten auf diese Fragen finden, werden sich Ihre Chancen auf Erfolg ungleich erhöhen.

Schritt Nummer Sieben:
Versuchen Sie es noch mal

Bei einem meiner Beziehungsseminare erzählte mir ein junger Mann, dass die Angst vor Ablehnung ihn davon abhielt, eine Frau zum Ausgehen einzuladen. »Ich kann mit Ablehnung nicht umgehen«, sagte er. »Wie kann ich sie vermeiden?«

Meine Antwort überraschte ihn. Ich sagte ihm, dass er für mehr Ablehnungen sorgen müsste, nicht für weniger. »Ich will, dass Sie sich eine Million Mal ablehnen lassen«, sagte ich. »Denn wenn Sie so oft zurückgewiesen werden, dann bedeutet es, dass Sie dort draußen Ihr Ziel verfolgen. Und bei so vielen Versuchen werden auch einige gute Dinge passieren.«

Denken Sie daran, wenn Versagen ein Teil des Prozesses ist, dann sind wir, je mehr wir versagen, desto engagierter im Prozess und desto mehr Erfolg werden wir finden.

Beharrlichkeit nach einem Versagen ist ein riesiger Schlüssel zum Erfolg. Das nächste Kapitel handelt von Ausdauer und Beharrlichkeit, also werde ich hier nicht ins Detail gehen. Aber wir müssen Beharrlichkeit in unser Denkmuster über das Versagen mit einbeziehen, denn im Versagen wird genau Beharrlichkeit benötigt. Wir brauchen sie nicht, wenn wir Erfolg haben; wir brauchen sie auf dem Weg zum Erfolg, wenn wir dort noch nicht angekommen sind. Bei der Betrachtung von Versagen müssen wir immer daran denken, dass das Erreichen des Ziels viele, viele Versuche benötigt.

Schritt Nummer Acht:
Nehmen Sie endgültig Abschied

Trotz der positiven Aspekte des Versagens müssen wir realistisch sein und der Tatsache ins Auge sehen, dass in manchen Fällen das Versagen nicht nur ein Schritt auf dem Weg zum Erreichen eines Ziels ist. Es ist endgültig. Das Spiel ist aus. Die Firma ist bankrott. Die Beziehung ist beendet. Es gibt keinen nächsten Schritt, den man gehen kann, damit es funktioniert, weil es nicht funktionieren wird. Es ist das Ende des Wegs.

Gewinner wissen das und akzeptieren es. Sie nehmen den Misserfolg an und durchlaufen den Trauerprozess. Sie drücken ihre Gefühle darüber aus, werden zornig und traurig, trauern und gehen weiter. Sie tun nicht die nutzlosen Dinge, die einen feststecken lassen, so wie etwas nachzujagen, das tot ist und aufgegeben werden sollte, oder dazusitzen und gegen die Wahrheit des Unausweichlichen oder schon Geschehenen zu protestieren. Erinnern Sie sich an die Geschichte der Frau, die dreißig Jahre lang verbittert blieb über den Tod Ihres Partners. Sie hätte die Beerdigung halten und weitermachen sollen.

Salomo drückte es so aus:

Geh lieber in ein Haus, in dem getrauert wird, als in ein Haus, in dem ein fröhliches Fest gefeiert wird. Denn dort wird dir bewusst, dass jeder Mensch einmal sterben muss – daran sollte sich jeder Mensch während seines Lebens erinnern.

Kummer ist besser als lachen, denn Traurigkeit reinigt den Menschen.

Der Weise ist mit seinen Gedanken und seinem Herzen bei denen, die trauern; ein Dummkopf überlegt nur, wie er es sich gut gehen lassen kann (Prediger 7,2-4).

Wenn Ihr Ziel lebendig ist und eine Chance auf Erfolg hat, sollten Sie Ausdauer haben. Aber wenn es vorbei ist, ist es das Richtige, »in ein Haus, in dem getrauert wird« zu gehen. Trauer, sagt Salomo, kann dem Herzen gut tun. Das Trauern ermöglicht es Ihnen, den Verlust zu verarbeiten, und dann wird Ihr Herz für neue Dinge frei. Aber wenn Sie den Verlust nicht beerdigen und betrauern, dann hält das Herz noch an dem toten Traum fest und ist nicht bereit für den nächsten Gewinn. Die Frau, die mit vierzig ihren Mann verlor, wollte ihren Verlust nicht beerdigen und betrauern. Sie klammerte sich an den nutzlosen Geist einer toten Beziehung und war deswegen dreißig Jahre lang nicht offen für eine neue Beziehung. Als Ergebnis ihrer Unfähigkeit zu trauern, erlebte diese Frau einen viel größeren Verlust als den Verlust einer Beziehung. Sie hätte eine Beziehung verlieren, aber ein Leben gewinnen können. Stattdessen verlor sie eine Beziehung und ein Leben.

Schauen Sie Ihrem eigenen Versagen oder Verlust direkt ins Auge, halten Sie die Beerdigung ab, drücken Sie Ihre Gefühle aus und nehmen Sie Abschied. Denken Sie daran, was Jesus über Lots Frau sagte. Sie konnte ihr altes Leben nicht loslassen und deswegen wurde sie zur Salzsäule anstatt ein neues Leben zu erringen.

Wenn Sie den Tod eines Traums erleben, dann denken Sie daran, dass nicht alles verloren ist. Wenn Sie weise durch den Prozess des Verlustes gegangen sind, dann haben Sie etwas extrem Wertvolles gewonnen. Sie haben Erfahrung gesammelt, gelernt, Charakterstärke gewonnen und sich die Fähigkeiten erarbeitet, die Sie brauchen, um nie wieder diesen Misserfolg erleben zu müssen. Gott sagt uns, *dass er Gutes aus allem bewirken kann und dass er dafür sorgen kann, dass Ihre schlimmsten Misserfolge zu Ihrem Guten wirken können.* Auch wenn all Ihre große Anstrengung in dem Scheitern eines heiß erwünschten Zieles endet, endet sie niemals im Nichts, wenn wir auf seine Art reagieren.[19]

Ich betrachte es gerne auf diese Weise:

Ein Gewinner macht sich sein Versagen zu eigen und Gott macht sich dessen Schande zu eigen.

Wenn wir zulassen, dass Gott uns vergibt, uns tröstet und in dem Schmerz jeden Versagens bei uns ist, dann können wir dem Versagen ins Auge schauen und in der Weise dazu stehen, die uns letztendlich hilft. Gott nimmt der Sache die Schande, indem er uns bedingungslose Vergebung und Annahme bietet. Dann können wir trauern, nicht wie diejenigen, die keine Hoffnung haben, sondern wie solche, die Hoffnung haben, weil wir wissen, dass Gott mit uns ist.

Schritt Nummer Neun:
Lernen Sie, dass Sie lernen können

Es gibt einen großen Unterschied zwischen einem Opfer und einem Gewinner. Opfer sehen die Dinge so, wie sie sind, und denken, dass sie immer so bleiben werden, weil unkontrollierbare Mächte auf sie einwirken. Aber Gewinner haben eine andere Einstellung, besonders in Bezug auf den Misserfolg und den Versuch, etwas Neues auszuprobieren, um zu sehen, ob das besser funktioniert. Sie wissen eines der wichtigsten Dinge, die wir überhaupt jemals wissen können: *Sie wissen, dass sie lernen können.*

Wenn Ihre Hoffnung in Ihren Fähigkeiten liegt, dann bewegen Sie sich auf unsicherem Boden. Denn wenn Ihr Traum etwas wird, weil Sie in der Lage sind, ihn erfolgreich zu Ende zu führen, dann ist alles gut. Aber wenn Sie alles, was Sie haben, in Ihren Traum stecken und es nicht gut geht, wo liegt dann Ihre Hoffnung? Sie sind am Ende Ihrer Fähigkeiten angelangt und dort ist nichts als Versagen.

Aber wenn in Ihrem Werkzeugkasten noch ein weiteres Instrument der Hoffnung existiert – Ihre Fähigkeit, zu lernen – dann erscheint fast nichts hoffnungslos. Wenn Sie Ihren Traum im Moment nicht erreichen können, können Sie lernen, wie Sie es angehen können. Gewinner denken jeden Tag auf diese Art, und es ist nicht nur eine Art Gerede, um sich selbst aufzubauen, es geht viel tiefer als das. Es ist die Hoffnung auf die eigentliche Natur des

Universums und unserer Beziehung zum Leben. Es ist wie die Hoffnung auf die Schwerkraft.

Gott hat die Menschen mit der Fähigkeit ausgestattet, auf eine viel vielseitigere Art zu lernen als alle anderen Geschöpfe. Wir können wahrnehmen, was wir wissen müssen, um ein Ziel zu erreichen, und dann diesem Wissen folgen. Wir können *gezielt und zweckgebunden* lernen. Er gab uns nicht nur die Fähigkeit, das Ziel zu erreichen, sondern auch tatsächlich das zu erlernen, was man braucht, um das Ziel zu erreichen. Sie können lernen, das zu tun, was Sie tun müssen:

- Ein Ehepaar kann lernen zu kommunizieren.
- Eine depressive Person kann lernen, die Depression zu überwinden.
- Eltern eines Kindes, das außer Kontrolle geraten ist, können lernen, wirksam zu erziehen.
- Eine Person ohne Beruf kann eine neue Fähigkeit erlernen.
- Ein Mensch mit Gewichtsproblemen kann lernen, abzunehmen und nicht wieder zuzunehmen.
- Ein Mensch ohne Glauben kann Gott kennenlernen.
- Eine Person, deren Beurteilung auf der Arbeitsstelle schlecht ausgefallen ist, kann lernen, besser zu werden.
- Ein Mensch mit einem Muster gescheiterter Beziehungen kann die Beziehungsfähigkeiten erlernen, die er braucht.
- Eine Person, die sich immer wieder mit schlechten Menschen einlässt, kann lernen, warum das passiert und wie man es vermeidet.

Wenn Sie wissen, dass Sie lernen können, müssen Sie nicht das Gefühl haben festzustecken. Sie sehen Versagen als einen Schritt in die richtige Richtung, weil es Ihnen zeigt, dass es Informationen oder Fähigkeiten oder Weisheit oder Wissen gibt, die Sie lernen müssen, um zum Ziel zu kommen. Und weil Sie glauben, dass Sie lernen können, sind Sie nicht ohne Hoffnung, sondern befähigt.

Seit Jahren halten John und ich jede Woche ein Seminar ab, das wir »*Lösungen*« nennen. Die Arbeit mit Tausenden von Leuten in diesen Seminaren hat uns die Gelegenheit gegeben, eines immer und immer wieder zu hören. Es ist das Leitmotiv, dass *ein Mensch sich dadurch aus der Hoffnungslosigkeit zur Erfüllung bewegt, dass er Gottes Wege, das Leben zu meistern, erlernt und umsetzt.* Wir hören ständig Leute Dinge sagen wie: »Ich hatte keine Hoffnung, als ich zuerst hierher kam, und jetzt ist alles anders.«

Was ist anders? Hat sich die Welt verändert? Nein, sie ist gleich geblieben. Was sich verändert hat, ist dies: Sie haben die Realität und den Wahrheitsgehalt in den Sprüchen entdeckt, in denen steht: »Mein Sohn, iss Honig, denn er ist gut und schmeckt so süß wie deiner Seele die Weisheit. Wenn du sie gefunden hast, liegt vor dir eine glänzende Zukunft, und deine Hoffnungen werde sich erfüllen« (Sprüche 24,14). *Hören Sie sich das an!* Es ermutigt uns, die mächtige Quelle der Hoffnung zu finden: *Weisheit.* Weisheit führt zur Hoffnung.

Wenn Sie glauben, dass das Finden der Weisheit, die Sie für eine bestimmte Situation brauchen, eine Antwort aufzeigt, dann werden Sie immer Ihre Hoffnung auf die Kraft des Lernens setzen. Es ist eine Lektion, die Ihnen für den Rest Ihres Lebens helfen wird.

Nur die Besten versagen

Wir sehen oft Menschen, die zehn, zwanzig, dreißig Jahre in einem Job bleiben. Sie nennen ihren Job vielleicht eine Karriere, aber das ist er nicht wirklich. Anstatt in jedem dieser Jahre Neues und Wachstum zu erleben, wiederholen sie nur das gleiche Jahr zehn, zwanzig oder dreißig Mal. Im dreißigsten Jahr sind sie nicht anders, als sie es im ersten Jahr waren. Sie versuchen nichts Neues und sie wachsen nicht. Oft bewegt sich bei ihnen nichts und sie verlassen nie das eingefahrene Gleis aus Angst vor Versagen. Das Ergebnis ist, dass sie nie bei irgendetwas die Besten werden, und was schlimmer ist, sie erreichen nie ihr eigenes »persönliches Bestes«. Sie weigern sich, zu versagen und nur diejenigen, die versagen, werden zu den Besten.

Diejenigen, die Versagen nicht riskieren, unterscheiden sich sehr von anderen in stabilen beruflichen Situationen, die jedes Jahr wachsen und lernen. Die dreißig Jahre im selben Job sind alle unterschiedliche Jahre, nicht dasselbe Jahr immer und immer wieder.

Was würden Sie tun, wenn Ihr Ziel eine politische Karriere wäre und Ihnen folgende Dinge passieren würden? Die Liebe Ihres Lebens stirbt; Sie haben einen Nervenzusammenbruch; Sie versagen als Geschäftsmann; Sie unterliegen in den USA in der Wahl zum Abgeordneten der Landesregierung; Sie verlieren Ihren Job; Sie unterliegen in der Nominierung zum US-Bundeskongress; Sie verlieren eine erneute Nominierung; Sie werden als Abgeordneter abgelehnt; Sie unterliegen in der Wahl zum US-Senat; Sie verlieren die Nominierung zum Vizepräsidenten; Sie verlieren wieder die Wahl in den Senat.

Wie würden Sie sich fühlen? Würden Sie sich aus dem Rennen zurückziehen? Würden Sie denken, Sie sind ein Verlierer? Würden Sie denken, dass Sie verrückt wären zu glauben, dass Sie jemals etwas in der Politik erreichen könnten? Würden Sie aufgeben? Oder würden Sie Präsident der Vereinigten Staaten und einer der größten Führer aller Zeiten werden, einen der schwierigsten Abschnitte in der Geschichte dieses Landes erfolgreich lenken und im wahrsten Sinne des Wortes das Land, wie wir es heute kennen, retten? Wenn Sie mit Versagen umgehen könnten, könnten Sie genau das tun. Sie wären Abraham Lincoln.

Lincoln kannte die Wahrheit in der Bibel, die besagt: »Der Gottesfürchtige kann sieben Mal fallen und wird doch jedes Mal wieder aufstehen. Den Gottlosen dagegen genügt ein Unglück, um sie zu Fall zu bringen« (Sprüche 24,16). Mit Glauben und dem Bewusstsein, dass Versagen nicht das Ende bedeutet, sondern allen guten Menschen gemeinsam ist, können Sie auch aufstehen und zu den Höhen aufsteigen, die Gott sich für Sie wünscht. Wer weiß, Sie könnten vielleicht sogar Präsident werden!

Kapitel 8
Sie können beharrlich und ausdauernd sein

Dessen bin ich mir sicher, dass man nur ausharren muss, um zu überwinden.

Winston Churchill

Wenn Sie so sind wie Millionen andere Menschen auf der Welt, dann haben Sie irgendwann in Ihrem Leben ein Auto oder ein Motorrad von Honda gefahren oder sind damit mitgenommen worden. Haben Sie sich jemals gefragt, wie diese Fahrzeuge entstanden sind? Hat sich eines Tages ein Mann namens Honda hingesetzt, ein Automobil entworfen, es einem Händler verkauft, der es dann Ihnen verkauft hat? Nicht so ganz.

Ende der 1930er-Jahre baute sich Soichiro Honda, der noch in der Ausbildung war, eine kleine Werkstatt. Er entwickelte ein Konzept für einen Kolbenring, das er an Toyota verkaufen wollte. Er arbeitete so lange an seinem Entwurf, dass er oft in der Werkstatt schlief. Er heiratete, gab aber seine Idee nicht auf, obwohl er den Schmuck seiner Frau verpfänden musste, um Arbeitskapital zu haben.

Als er dann endlich Toyota einen Prototyp vorstellte, lachten sie über seinen Entwurf. Trotzdem gab er nicht auf. Anstatt sich auf sein Versagen zu konzentrieren, ging er wieder in die Schule und machte immer neue Entwürfe. Zwei Jahre später schloss er mit Toyota einen Vertrag ab.

Jetzt brauchte er eine Fabrik. Unglücklicherweise bereitete sich die Regierung auf den Krieg vor, und Honda konnte kein Baumaterial finden. Anstatt aufzugeben, erfand er ein neues Verfahren, um Beton herzustellen, und baute so seine Fabrik.

Dann wurde die Fabrik zweimal bombardiert.

Hielt das Honda auf? Nein. Er sammelte, was er »Geschenke von Präsident Truman« nannte – übrig gebliebene Benzinkanister, die amerikanische Soldaten zurückließen. Sie wurden zum neuen Rohmaterial für seinen Herstellungsprozess.

Dann zerstörte ein Erdbeben die Fabrik.

War Honda endlich besiegt? Das Japan der Nachkriegszeit litt unter einem extremen Benzinmangel, der die Japaner dazu zwang, zu laufen oder Fahrrad zu fahren. Der beharrliche Erfinder wandte seine Kreativität auf seine eigene Situation an und baute einen kleinen Motor für sein Fahrrad. Seine Nachbarn sahen das und wollten auch einen, aber er hatte kein Material, mit dem er Nachbildungen hätte bauen können.

Nach Ablehnung, Verhöhnung, Engpässen, Krieg und Naturkatastrophen war Honda jedoch noch nicht bereit aufzugeben. Er schickte Briefe an 18 000 Fahrradgeschäftsbesitzer und bat um Spenden, die ihm bei einer Idee helfen könnten, um Japans Wirtschaft neu zu beleben. Von 5 000 Menschen kamen Spenden herein und Honda begann, winzige Fahrradmotoren zu bauen. Nach einigen Versuchen produzierte er die kleine Maschine *Super Cub*, die in Japan ein riesiger Erfolg war. Hondas Firma wuchs und er fing an, seine Geschäfte auf den europäischen und amerikanischen Markt auszuweiten.

Honda hörte nie damit auf, auf die Gegebenheiten des Marktes zu reagieren. Einen extremen Benzinmangel in den USA in den 1970er-Jahren und das wachsende Interesse an kleinen Autos bemerkend, begann Hondas Firma damit, kleinere Fahrzeuge zu entwickeln, als man je zuvor gesehen hatte, und veränderte damit für immer die Autoindustrie. Heute ist die Honda Company mit mehr als 100 000 Angestellten in Japan und den USA einer der größten Automobil-Hersteller der Welt. Alles nur, weil ein entschlossener Erfinder sich einer Idee verpflichtete, handelte, sich anpasste, wenn es nötig war, und nie aufgab. Versagen wurde einfach nicht als Möglichkeit in Betracht gezogen.[20]

Eine erstaunliche Geschichte, nicht wahr? Nur wenige, die in ihre Hondas steigen, haben auch nur eine Ahnung davon, was nötig war, um dieses Auto in ihre Einfahrt zu stellen. Aber die Wahrheit ist, dass die meisten sehr wertvollen Dinge im Leben auf genau die gleiche Art erreicht werden, besonders die Dinge, die nicht jeder erreicht. Die Dinge, die die meisten tun, erfordern nicht viel Ausdauer und deswegen werden sie von fast allen getan. Je mehr Wert etwas hat, desto mehr Beharrlichkeit wird benötigt, um es zu erreichen.

Zum Beispiel können die meisten Menschen etwas zum Mittagessen finden. Auch wenn ein Restaurant geschlossen hat, ist es keine große Sache, ein anderes zu finden. Die normalen Dinge des täglichen Lebens erfordern selten viel Beharrlichkeit. Auch Menschen mit wenig Antrieb oder unzufriedenem Lebensstil bewerkstelligen sie. Aber Beharrlichkeit ist fast immer ein großer Teil davon, etwas Wertvolles zu erreichen. Ich meine solche Dinge wie:

- Ein geschäftliches oder finanzielles Ziel zu erreichen
- Ein persönliches Ziel zu erreichen, wie signifikante Gewichtsabnahme
- Eine Fähigkeit zu beherschen
- Eine gute Ehe zu führen
- Ausgeglichene Kinder großzuziehen
- Karriere zu machen
- Ein Geschäft aufzubauen
- Eine Depression zu überwinden
- Einen Freundeskreis aufzubauen
- Einen Angestellten oder ein Team zu finden
- Fit zu werden
- Eine Krankheit zu überwinden oder damit zu leben
- An einer schwierigen Ehe zu arbeiten
- Erfolgreich ein gesellschaftliches Beziehungsleben zu führen
- Eine Abhängigkeit zu überwinden
- Ein emotionales Problem oder Verhaltensmuster zu überwinden

Denken Sie an Menschen, die Sie kennen, die irgendeines von den oben genannten Dingen erreicht haben. In der größten Mehrzahl der Fälle werden Sie erkennen, *dass sie ihr Ziel durch Beharrlichkeit erreicht haben*. Niemand, der Schwieriges erreicht, tut das schnell oder leicht. Es kommt von anhaltender Bemühung. Wie Herr Honda sagt: »Meiner Meinung nach kann Erfolg nur durch wiederholtes Versagen und Selbstprüfung erreicht werden. Tatsächlich repräsentiert mein Erfolg ein Prozent der Arbeit, das aus den 99 Prozent hervorging, die als Misserfolg gewertet wurden.«

In dem Kapitel über Versagen haben wir die Wichtigkeit dessen gesehen, Versagen auf genau diese Weise zu betrachten. Aber das ist nur der erste Schritt. Wir werden sehen, was als nächster Schritt erforderlich ist: mit Ausdauer und Beharrlichkeit weiterzumachen.

Nichts geschieht von heute auf morgen oder kampflos

Meine dreijährige Tochter hat oft Wünsche, wie wir alle. Aber ich bemerke etwas bei ihr, was mich um ihre Zukunft besorgt werden lässt. Sie will ihre Sachen jetzt. Und sie will sie, ohne etwas dafür getan zu haben. Nicht nur will sie nicht auf den Nachtisch warten, sie will auch nicht ihre Bohnen essen, um den Keks zu bekommen. Stellen Sie sich das vor. Sie ist nicht schlecht; sie ist nur drei Jahre alt. Sie ist, was wir »kindlich« nennen. Das bedeutet, dass es ihr an der nötigen Reife fehlt, zu erkennen, dass man nicht immer alles haben kann, wann man es will, und dass man auch nicht etwas haben kann, ohne zuerst etwas dafür zu geben. Was schlimmer ist, sie hat kein Interesse daran, diese Fähigkeiten zu entwickeln. Sie müssen deshalb von außen gefördert werden durch einen Prozess namens Disziplin.

Ich muss mich als ihr Vater auf diesen Prozess konzentrieren – ihr die Gaben der Ausdauer und Beharrlichkeit zu vermitteln. Wenn ich ihr diese zwei Fähigkeiten vermitteln kann, dann wird sie am Ende die Kekse im Leben bekommen, die Belohnungen, die, wie die Bibel sagt, »Leben und Freude« schenken, wenn »Träume wahr werden«.[21] Um das, was sie will, im Leben zu erreichen, muss meine Tochter zuerst diese beiden wichtigen Qualitäten entwickeln. Also muss ich ausdauernd und beharrlich an dem Prozess arbeiten, diese Qualitäten in ihr zu entwickeln.

Wenn wir diese Art der Unreife bei einem Kleinkind sehen, denken wir uns nichts dabei, weil wir es erwarten. Wir lachen über die kindliche Unreife, die die Kekse des Lebens jetzt und ohne Mühe haben will. Kleine Kinder denken: »Die Welt sollte existieren, um mich glücklich zu machen.« Und wenn sie sie nicht glücklich macht, dann beschweren sie sich, als ob etwas falsch liefe. In kleinen Dosierungen und bei sehr geringem Lebensalter ist das niedlich. Aber zu viel einer guten Sache kann krank machen. Und das ist der Grund, weswegen alle Eltern irgendwann den Siedepunkt erreichen, wenn sie mit dieser Forderung nach sofortiger Befriedigung und dem Protest, wenn sie nicht kommt, konfrontiert werden. Wir verstehen diesen Wunsch bei kleinen Kindern, aber wenn sie wachsen, erwarten wir, dass sie ihren Wünschen gegenüber eine reifere Einstellung entwickeln und dass ihnen klar wird, dass die Welt ihnen nicht sofortige Befriedigung schuldet. Dinge, die es wert sind, erfordern Mühe, Ausdauer und Beharrlichkeit.

Allzu oft halten aber sogar Erwachsene an dem kindischen Wunsch nach sofortiger Befriedigung fest. Er ist bei Erwachsenen selten so offensichtlich wie bei Kindern, besonders wenn er bei uns selbst auftaucht. Sie glauben, nicht in diesem Sinne schuldig zu sein? Naja, vielleicht nicht, aber bevor Sie diese Aussage für sich in Anspruch nehmen, überlegen Sie sich, ob Sie jemals von einem dieser Beispiele des »Ich will es jetzt und ich will es ohne Schwierigkeiten« beeinflusst wurden:

- Schnelle Abnehmprogramme und Diäten, die ohne viel Mühe ein leichtes Purzeln der Pfunde versprechen
- Finanzielle Strategien, die immer darauf abzielen, wie schnell und leicht man viel Geld verdienen und sein Haus oder Boot besitzen kann
- Lotterielose kaufen, in der Hoffnung, den Jackpot zu knacken
- Einer hastigen romantischen Leidenschaft nachgeben und glauben, dass daraus eine gute, anhaltende Beziehung erwachsen wird
- Das Denken, dass ein Schritt auf der Karriereleiter oder eine Beförderung Ihnen einfach zufallen sollte, weil Sie es »verdienen« oder Talent haben

- Der Wunsch nach einer schnellen oder kurzzeitigen Therapie zur Lösung von tief sitzenden Gefühls- und Beziehungsproblemen
- Das Denken, dass ein wenig »Qualitätszeit« mit einem Kind ausreichend Erziehung ist für die gute Entwicklung des Kindes
- Das Denken, dass die Erfahrung eines geistlichen Hochs gleichbedeutend ist mit geistlicher Reife und Intimität mit Gott

Müssen nicht die meisten von uns zugeben, dass sie irgendwann einmal einer dieser Strategien zum Opfer gefallen sind? Es ist menschlich, den einfachen Weg oder die schnelle Lösung oder den Aufstieg ohne Gegenleistung zu wollen, und fast jeder gibt irgendwann dieser Versuchung einmal nach. Aber wenn die Wirklichkeit sich uns aufdrängt, lernen wir, dass diese Art zu denken nur eine kindische Fantasie ist, ein Wunsch, der in der wirklichen Welt keine wirklichen Belohnungen erbringt. Schade.

Aber warten Sie. Das Gefühl der Enttäuschung, wenn der *Etwas-für-Nichts*-Ansatz nicht fruchtet, ist wichtig, wie meine Dreijährige gerade entdeckt. Sie will immer noch den Keks und sie ist enttäuscht, weil sie ihn nicht hat. Sie hat einen Vater, der ihr dabei im Weg steht, ihn zu bekommen, ohne zuerst das Schwere hinter sich zu bringen.

Wenn wir diese beiden Elemente zusammennehmen – den Wunsch nach dem Keks und die Unmöglichkeit, ihn zu bekommen, bevor man nicht das Schwere erledigt hat –, haben wir die Anfänge einer Formel dafür, um zu bekommen, was sie will. Ihr Wunsch, plus die Unbequemlichkeit der Enttäuschung, zusammen mit der Voraussetzung, ihr Gemüse zuerst aufzuessen, bewirken, dass sie die Voraussetzung erfüllt, um den Preis zu erringen: Ausharren durch die Voraussetzung hindurch, um das Ziel zu erreichen. Wie es in dem Buch der Sprüche steht: »Es ist gut, wenn ein Arbeiter Hunger hat, denn sein leerer Magen treibt ihn an« (Sprüche 16,26). Und wenn sie den Keks bekommt, ist es eine Freude, ihre glückliche Aufregung zu sehen.

Menschen ernten die in den aufgelisteten Beispielen versprochenen Belohnungen durch denselben Prozess. Nicht durch die versprochenen »sofort und leicht«-Methoden, sondern mit der einzigen Formel, die funktioniert: »später und mit Mühe«.

Die Wörter *später* und *Mühe* entsprechen den beiden Wörtern, die das Thema dieses Kapitels sind: *Ausdauer und Beharrlichkeit.* Diese beiden Worte sind sich sehr ähnlich, aber eines davon fügt der grundsätzlichen Idee eine leicht andere Bedeutung hinzu.

Beharrlichkeit bedeutet, dass es beständige Mühe im Angesicht von Schwierigkeiten kosten wird, etwas zu erreichen. Ausdauer fügt dem das Element der verzögerten Befriedigung hinzu. Beharrlichkeit sagt uns, dass es von Anfang an harte Arbeit ist. Und dann sagt uns die Ausdauer, dass es noch schwerer wird, weil wir Schwierigkeiten begegnen, die die Befriedigung noch weiter in die Ferne rücken, und wir deshalb beständig sein und bis zum Ende durchhalten müssen. Mit anderen Worten, um Ihr Ziel zu erreichen, müssen Sie beharrlich sein: rangehen und dranbleiben. Und dann müssen Sie Ausdauer haben: weiter dranbleiben, wenn es schwierig wird.

»Oh, bitte!«, rufen wir. »Es muss ja wohl einen besseren Weg geben! Sicher gibt es eine Abkürzung.« Ja, die gibt es meistens schon. Es gibt in den meisten Bereichen des Lebens schnelle Wege zu scheinbaren Belohnungen. Aber die Belohnungen »erscheinen« nur als solche, da sie nicht anhalten.

- Die Forschung zeigt, dass Menschen, die schnell Gewicht verlieren, es nicht endgültig loswerden und sogar wieder mehr zunehmen, als sie abgenommen haben. Außerdem ist das wieder zugenommene Gewicht schwerer wieder loszuwerden als das ursprüngliche Übergewicht.
- Die Mehrheit der Lotteriegewinner ist innerhalb kurzer Zeit bankrott. Die Mehrheit verliert die Millionen, die sie gewonnen hat, wieder.
- Schnelles »Verliebtsein« und sexuelle Beziehungen, die nur auf romantischen Gefühlen aufgebaut sind, ohne die beziehungsbildenden Fähigkeiten, die sie untermauern, enden in Unzufriedenheit und oft einem Druck, schnell eine andere Beziehung einzugehen.
- Ein Aufstieg auf der Karriereleiter, der auf Vetternwirtschaft oder Begünstigung oder Erbschaft ohne eigenen Verdienst basiert, versagt am Ende.

- Schnelle »Wohlfühl«-Therapien, die keine Veränderungen des Charakters beinhalten, haben Rückfälle zur Folge.
- Sporadische »Qualität, nicht Quantität«-Erziehung bietet nicht die anhaltende Charakterentwicklung, die Kinder brauchen.
- Subjektive geistliche Hochs verblassen und erzeugen nicht die Art von Glauben und geistlicher Reife, die beständige geistliche Disziplinen wachsen lassen.

Aber sogar diese gescheiterten Versuche können etwas Gutes bewirken, genau wie bei einer Dreijährigen. Wenn sie dafür sorgen, dass Ihnen die Wahrheit bewusst wird, dass »schnell und leicht« Sie Ihr Ziel nicht erreichen lässt, und Sie immer noch das starke, unerfüllte Verlangen haben, dann haben Sie die zwei Elemente, die Sie für den Erfolg benötigen: die Motivation und einen Weg.

Sie wollen es und jetzt wissen Sie, wie Sie es erreichen: Tun Sie die Arbeit, Schritt für Schritt, und erkennen Sie, dass die Belohnung nach der Arbeit kommen wird. Auf die obige Auflistung angewandt heißt das:

- Jeden Tag verlieren Menschen Gewicht und nehmen nicht wieder zu. Sehr viele sogar, wie die Forschung zeigt. Sie tun es mit ein wenig Mühe, Zeit und Geduld. Sie verlieren es langsam, nicht schnell, durch strukturierte Methoden, die man durchhalten kann. Sie hungern nicht oder sind ewig im Fitness-Studio. Sie beginnen mit einem gesunden Lebensstil und bleiben beständig dabei. Deswegen verlieren sie nicht nur die Pfunde, sie nehmen sie nicht wieder zu. Warum? Weil sie jetzt tun, was jeder tut, der fit bleibt: gesund essen und sich bewegen. Es gibt keine schlanken Menschen, die so essen und leben wie diejenigen, die Übergewicht haben. Genauso wie es keine reichen Leute gibt, die mehr ausgeben, als sie haben, und auf Kredit leben.
- Jeden Tag schaffen es Menschen, finanzielle Unabhängigkeit zu erreichen. Aber sie tun es nicht schnell und mühelos. Die Mühe ist nicht erschöpfend, aber sie erfordert das, worüber wir hier sprechen. Ein bisschen Arbeit und etwas verzögerte Befriedigung. Sie lassen zu, dass mit der Zeit Ansparungen möglich sind. Auf der Geschäftsebene geschieht es auch so,

langsam, unablässig und mit Methoden, die man durchhalten kann. Kaufen Sie sich ein gutes Buch über finanzielle Planung und Sie können die Formel selbst nachlesen.

- Jeden Tag haben Menschen gute, anhaltende Beziehungen. Aber sie sind das Ergebnis, dass sie an Kommunikation, Vergebung, Annahme, Charakter, Intimität, Verletzlichkeit und Opferbereitschaft füreinander und für die Beziehung arbeiten und eine Verzögerung der Befriedigung akzeptieren, wenn die Dinge schwierig werden.

- Jeden Tag arbeiten Menschen hart, bilden sich weiter und trainieren, halten durch und machen Jobs, die ihnen nicht gefallen und die nicht ihr letztendliches Ziel sind. Sie riskieren etwas und machen sich auf, erholen sich von Misserfolg usw., um befriedigende Karrieren aufzubauen. Sie verdienen sich ihre Stellung durch harte Arbeit und erwarten nicht, dass ihnen alles auf einem silbernen Tablett serviert wird, weil sie »etwas Besonderes« sind.

- Jeden Tag genesen Menschen von Gefühls- und Beziehungsproblemen, Abhängigkeiten und anderen Schwierigkeiten. Aber sie tun es, weil sie beständig an ihren Verhaltensmustern arbeiten, die sofortige Erleichterung, die ihnen ihre Abhängigkeiten und Abwehrmechanismen bringen würden, verzögern, und die harte Aufgabe auf sich nehmen, zu lernen, wie man in Beziehungen und anderen Situationen anders handelt.

- Jeden Tag erziehen Menschen gesunde Kinder, die ausgeglichen sind und sich dem Leben anpassen können. Aber sie tun es mit konsequenter Opferbereitschaft, die ihnen die Zeit und Energie gibt, beständig große Mengen an Liebe, Struktur, Disziplin und Lehre auf ihre Kinder auszugießen.

- Jeden Tag entwickeln Menschen die Art von Glaube, die erfüllend, bedeutungsvoll, aufregend und unterstützend in den schlimmsten Lebenskrisen ist. Aber sie tun es durch die Ausübung der altbewährten geistlichen Disziplinen und durch Beständigkeit.

Das ist der Grundsatz: Sie können die Ergebnisse erzielen, die Sie in den verschiedenen Bereichen Ihres Lebens erzielen wollen, *wenn Sie das auf die Art tun, auf die andere Menschen Ergebnisse erzie-*

len. Sie tun es durch beharrliche Mühe und Ausdauer. Das ist der einzige Weg.

Es erfordert Muskeln, es zu erreichen und zu behalten

Vor Kurzem hörte ich bei einem Treffen im Vorübergehen, wie sich eine Gruppe Teilnehmer darüber unterhielt, schnell rauszugehen und Lotterielose zu kaufen. Der Jackpot war in dieser Woche auf eine astronomische Summe angestiegen, was diese kleine Gruppe in höchste Aufregung versetzt hatte. Ich mischte mich kurz ein und sagte: »Warum wollen Sie bankrott gehen?«

Sie schauten mich alle an, als ob ich von einem anderen Planeten sei, und dann sagte einer von ihnen: »Wir reden nicht vom bankrott gehen. Wir reden davon, Millionen zu gewinnen!«

»Ja, ich weiß«, sagte ich. »Aber die Mehrzahl der Leute, die gewinnen, gehen bankrott. Also sieht es für mich so aus, als ob Sie darauf aus sind.«

Sie schauten mich ein wenig eigenartig an, als ob ich ihrem Traum eine kalte Dusche verpasst hätte. Ich denke nicht, dass sie mir geglaubt haben. Auch wenn sie es getan hätten, waren sie zweifellos davon überzeugt, dass sie unter den wenigen sein würden, die ihren Gewinn halten würden. Wir hatten nicht die Zeit, darüber zu reden, warum die meisten Gewinner in der Lotterie zu Verlierern werden, aber wenn wir Zeit gehabt hätten, dann hätte ich ihnen gesagt, dass es einen guten Grund dafür gibt.

Es ist der gleiche Grund, warum Menschen, die schnell Gewicht verlieren oder sich spontan verlieben, bald wieder dort landen, wo sie angefangen haben. Es geschieht, weil sie das Ergebnis nicht selbst erreicht haben. Die gleichen Fähigkeiten, die man benötigt, um ein Ergebnis zu erzielen, braucht man auch, um daran festzuhalten und es funktionieren zu lassen.

Ein gutes Gewicht zu halten erfordert Selbstkontrolle und einen gesunden Lebensstil. Wenn Menschen nicht über diese beiden Eigenschaften verfügen, ist Gewichtszunahme eine sichere Sache.

Wenn sie, auf der anderen Seite, diese erforderlichen Eigenschaften entwickeln und durch Beharrlichkeit das Übergewicht abnehmen, dann haben sie auch die erforderlichen Fähigkeiten, um nicht wieder zuzunehmen. Aber wenn nicht, dann nicht.

Wenn jemand durch Verzögerung der Befriedigung, Impulskontrolle und gutes Selbstmanagement finanzielle Unabhängigkeit aufbaut, dann wird er, wenn er das Ziel erreicht, auch in der Lage sein, es zu erhalten. Aber wenn Sie einem impulsiven Menschen plötzlich viel Geld geben, dann gilt das alte Sprichwort: »Ein Narr und sein Geld sind schnell geschieden.« Wenn Sie dem einen Weg folgen, dann verlieren Sie auf zweifache Weise, und wenn Sie dem anderen Weg folgen, dann gewinnen Sie auf zweifache Weise. Auf die schnelle und leichte Art verlieren Sie zuerst einmal, weil diese Art nicht funktioniert. Und dann verlieren Sie wieder, weil Sie nicht die Art von Person werden, die jemals den Prozess durchziehen kann, damit er funktioniert. Auf die realistische Art, auf dem Weg der Sorgfalt und Ausdauer, den Gott entworfen hat, gewinnen Sie, weil Sie die Dinge auf die Art tun, die tatsächlich Ergebnisse erzielt. Und dann gewinnen Sie noch einmal, weil Sie die Art von Mensch werden, der seinen Erfolg erhalten kann, nachdem er ihn erreicht hat.

Wie wir gesehen haben, ist die Verzögerung der Befriedigung ein großer Teil dieses Wegs. Die Forschung hat z. B. gezeigt, dass die Fähigkeit, eine Verzögerung der Befriedigung zu akzeptieren, eine bessere Voraussage für den zukünftigen Erfolg von Kindern ist als IQ-Tests. Wenn es um Leistung geht, scheinen Intelligenz, Talent oder glückliche Zufälle längst nicht so wichtig zu sein wie ein guter Charakter. Es ist einfach irgendetwas an der Notwendigkeit, Dinge auf die altmodische Art zu tun, die die Menschen immer nach oben bringt. *Erst die Arbeit, dann das Vergnügen.*

In dem Prozess der Ausdauer wird Charakterstärke aufgebaut. Muskeln entwickeln sich. Reife wird errungen. Wie uns Jakobus sagt:»Liebe Brüder, wenn in schwierigen Situationen euer Glaube geprüft wird, dann freut euch darüber. Denn wenn ihr euch darin bewährt, wächst eure Geduld. Und durch die Geduld werdet ihr bis zum Ende durchhalten, denn dann wird euer Glaube zur vollen Reife gelangen und vollkommen sein und nichts wird euch fehlen« (Jakobus 1,2-4).

Das gleiche Prinzip schreibt vor, dass man kleinen Vögeln erlaubt, beim Schlüpfen selbst die Schale aufzubrechen, anstatt ihnen dabei zu helfen und sie vor der Zeit herauszulassen. Ein Teil davon hat mit dem Zeitablauf des Reifens zu tun, aber ein anderer Teil hat mit dem eigentlichen, ausdauernden Prozess zu tun, in dem der Vogel gegen die Schale hackt und sich seinen Weg nach draußen erarbeitet. Der Prozess baut die Muskeln und die Stärke auf, die der Vogel braucht, um in der Außenwelt zu überleben. Wenn Sie dem Vogel die Arbeit abnehmen, wird er sterben, weil er nicht dafür ausgerüstet ist, das Leben zu meistern. Er ist nicht dort angekommen auf die »altmodische« Art der Verzögerung der Befriedigung und des Verdienens seiner Belohnung – der Freiheit. Deswegen stirbt er, zu schwach, um es in der wirklichen Welt zu schaffen.

Aber dieser langsamere, sicherere Ablauf ist extrem gegen unsere Natur. Wir wollen es *jetzt* haben, deswegen konzentrieren wir uns darauf, das Ziel zu erreichen, aber nicht darauf, die Fähigkeiten zu erwerben. Vor einigen Tagen habe ich abends mit meiner sechsjährigen Tochter Lesen geübt. Es ist ihr aufgegangen, dass das Erkennen der Wörter als Ganzes die einfache und leichte Art ist und dass das Erlesen der Wörter Buchstabe für Buchstabe etwas Mühe macht. Sie liebt es, wenn sie Wörter sieht, die sie schon kennt und die sie dadurch schnell herunterlesen kann. Für sie ist es aufregend, wenn sie einen ganzen Satz lesen kann, ohne auf eine Hürde zu stoßen. Sie liebt die Errungenschaft, lesen zu können.

Sie las mir ein Buch vor und es ging gerade mühelos voran, als sie auf ein ziemlich schwieriges Wort traf, das sie nicht kannte. Sie zögerte ein bisschen und versuchte dann, es zu überspringen, um wieder in Schwung zu kommen. Aber ich musste sie bremsen. »Warte. Noch mal zurück. Wie war das Wort?«, fragte ich.

»Ich weiß es nicht. Es ist zu schwer«, sagte sie.

»Das macht nichts, wenn du die Buchstaben sagst. Wenn du die Buchstaben zusammensetzt, dann kannst du jedes Wort, das du jemals siehst, lesen. Also mach es mal. Wie sind die Buchstaben?«

Ich konnte sehen, wie sie tief in sich gehen musste, um die Ausdauer zu erlangen, um sich durch vier gewaltige Silben und einige sehr irritierende Laute hindurchzuzwingen. Sie hatte keine Ahnung, was das Wort war oder wo diese Laute sie hinführen würden. Ich musste sie durch jede einzelne Silbe, jeden Konsonanten, jeden Vokal hindurchlenken.

Während sie gewissenhaft jeden Laut aussprach, konnte sie jeden der Vorhergehenden noch nachhallen hören, bis sie endlich am Ende ankam. Sie hatte das Wort Stück für Stück ausgesprochen, ohne es zu erkennen, und als sie es dann zusammensetzte und alles auf einmal sagte, ging ihr ein Licht auf. Glücklich wiederholte sie es und strahlte vor Aufregung übers ganze Gesicht. Sie war mit Recht stolz darauf, etwas geschafft zu haben, von dem sie geglaubt hatte, es nicht tun zu können.

Aber was mir wichtig war, war nicht die Tatsache, dass sie das Wort geschafft hatte. Ich freute mich, weil sie die Fähigkeit einübte, die ihr helfen würde, *jedes* Wort zu erfassen. Wenn sie lernte, wie man sich die Silben erarbeitete, würde sie Wörter lesen können, die sie nicht kannte und noch nie gesehen hatte. Weil sie bei der Erarbeitung beharrlich blieb, entwickelte sie den Muskel, den Jakobus meint. Im Bereich des Lesens wurde sie »vollkommen«. *Der große Wert von Beharrlichkeit und Ausdauer liegt darin, zu wem wir werden, während wir beharrlich und ausdauernd sind.* Wir werden zu der Sorte Mensch, die wir sein müssen, wenn wir erfolgreich sein wollen.

Manchmal sind Hindernisse in Wirklichkeit offene Türen

Das alte Sprichwort: *Gott schließt nie eine Tür, ohne eine andere zu öffnen*, zeigt uns einen der besten Gründe dafür auf, Ausdauer zu zeigen. Das Leben ist eine Reise, und es beinhaltet meistens ein paar Sackgassen, bis wir dort ankommen, wo wir hinwollen. Wir haben gesehen, dass diese unbeabsichtigten Abstecher einen Nutzen haben, weil wir unterwegs Charakter und Fähigkeiten entwickeln. Aber was wir oft nicht bemerken, ist, dass die Sackgasse oder das Hindernis selbst möglicherweise ein enormer, unerkannter Segen sein kann. Wenn wir beharrlich und ausdauernd sind, werden wir entdecken, dass eine geschlossene Tür uns in Richtung einer anderen, oft besseren Gelegenheit lenkt.

Ich habe einmal ein Publikum gefragt, wie ihr Leben gewesen wäre, wenn sie alles bekommen hätten, von dem sie gedacht hatten, es haben zu wollen. Stöhnen und Lachen ertönte, als ihnen klar wurde, wie viel besser es ihnen dabei ging, eine bestimmte Beziehung oder Gelegenheit verloren zu haben, als wenn es geklappt hätte. Was sie zu wollen vermuteten, war nicht das, was sie brauchten. Gott wusste es besser.

John und ich (Henry) haben vor etwa zehn Jahren gesehen, wie sich diese Wahrheit in unserer eigenen Arbeit bestätigte. In den zehn Jahren davor hatten wir ein Unternehmen aufgebaut, das in einer psychiatrischen Klinik arbeitete, und wir liebten unsere Arbeit. Jeder Tag war eine Freude und eine Herausforderung. Wir leiteten das Unternehmen, machten die klinische Arbeit, entwickelten Therapie-Programme, schrieben das Gruppenmaterial für die Krankenhäuser, entwickelten Material für persönliches Wachstum und hielten Seminare im ganzen westlichen Teil der USA. Zusätzlich hatten wir eine Radiosendung im Westen und schrieben Bücher über unser Material. All das waren Arbeitszweige unseres Unternehmens, und die Struktur des Unternehmens ermöglichte die Arbeit und lieferte die Mittel. Das alles war für uns sehr erfüllend.

Dann, fast über Nacht, wurde die medizinische Industrie vom Versorgungsmanagement und der Gesundheitsverwaltung verschluckt. Vor dieser Veränderung hatten die Versicherungen erlaubt, dass Patienten lange genug in Therapiezentren blieben, um wirklich an ihren Problemen zu arbeiten und echte Besserung herbeizuführen. Aber mit den neuen Versorgungsmanagement-Modellen konnten die Patienten nicht mehr lange genug in den Kliniken bleiben, um echte Hilfe zu erfahren. Patienten konnten nur lange genug in den Krankenhäusern bleiben, um in akuten Fällen oder Notfällen stabilisiert zu werden. Wir konnten nicht länger das tun, was wir am liebsten taten: kommunizieren und die geistlichen und psychologischen Aspekte der Probleme der Patienten aufarbeiten.

Plötzlich verwandelte sich die Klinik mehr in ein Geschäft als in eine Leidenschaft, den Leidenden zu helfen. Obwohl die Zentren noch überlebensfähig waren, wussten wir, dass das nicht länger unsere Berufung war. Zusätzlich hatte eine Fusion stattgefunden, die unsere Firma auch betraf. Die neue Struktur verschlimmerte das Problem noch und entfernte uns noch weiter von unserer Berufung.

Damit konnten wir nicht arbeiten, also wussten wir, dass es an der Zeit war, auszusteigen.

Ich erinnere mich gut an diese Tage und sie waren dunkel, jedenfalls am Anfang. Wir hatten den größten Teil von zehn Jahren, viele Opfer und harte Arbeit in den Aufbau des Unternehmens gesteckt, und wir waren endlich an einem Punkt angelangt, wo alles gereift war und gut lief. Wir genossen die Früchte unseres Traums. Dann, bumm! Der Schlag in den Magen. Die Tür schlug uns vor der Nase zu. Alles, was wir in unseren Traum gesteckt hatten, ging den Bach hinunter. »Wie konntest du das zulassen, Gott?«

Was wir nicht wussten oder zumindest vergessen hatten und zu blind waren, zu erkennen, war, dass da, »wo Gott eine Tür schließt, er eine andere öffnet«. In der Ausstiegsphase setzten wir uns mit dem Unternehmen zusammen, an das wir verkauften, um zu diskutieren, ob es einen Weg gab zusammenzuarbeiten. Wir hatten wenig Hoffnung, dass sich etwas entwickeln könnte. Alles, was wir aufgebaut hatten, schien sich aufzulösen, aber wir entschieden uns, in dem Prozess beharrlich und ausdauernd zu sein. Wenn es auch nur eine geringe Chance gab, einen Weg zu finden, um alles, was wir aufgebaut hatten, zu nutzen, dann wollten wir sie finden. Dann entwickelte sich aus langen Meetings und viel Hin und Her eine Idee.

Das neue Unternehmen hatte gerade eine Radiosendung erworben, die im ganzen Land bei 200 Radiostationen lief. Die klinischen Dienste, die sie anboten, benötigten eine Erweiterung, also baten sie uns, die medizinischen Experten bei den Live-Anrufen in der Sendung zu sein. Die Idee hörte sich interessant an, aber was würden wir im »echten Leben« arbeiten, wenn wir nicht länger in einer Klinik arbeiteten?

Dann stießen wir darauf. Wenn wir täglich mit Millionen von Menschen im ganzen Land sprachen, könnten wir ein Unternehmen gründen, das die Themen, die unsere Leidenschaft waren, verbreitete. Wir hatten dies vorher als Nebenprodukt im Zusammenhang mit unseren Therapie-Zentren gemacht; nun konnten wir das auf konzentrierte und umfassendere Weise tun. Also begaben wir uns auf einen neuen Pfad. Wir produzierten Seminare für unsere Zuhörer und fingen an, Kirchengemeinden und Organisationen dabei zu helfen, in Kleingruppen und anderen Angeboten das Material zu nutzen, das wir für die Bewältigung von Lebensfragen entwickelt hatten. Zusätzlich zu den ursprünglichen Radiosendungen haben wir jetzt wöchentliche Satellitenübertragungen in über 3 000 Kirchengemeinden, wo das Publikum zusammen unsere Fernsehsendung *Lösungen* sieht und sich dann in kleinen Gruppen trifft, um seine Fragen weiter zu besprechen.

Jahre später haben wir jetzt das Vorrecht, mit Tausenden von Kirchengemeinden und Organisationen durch unser Material und unsere Vorträge zusammenzuarbeiten. Mit ihnen als Partner bewerkstelligen wir die tolle Arbeit, das Leben, die Beziehungen und die Träume von Menschen in ihren Gemeinschaften wiederherzustellen. Jeden Tag erhalten wir Briefe und Anrufe oder sprechen mit Menschen, die uns von den lebensverändernden Erfahrungen erzählen, die sie mit einer unserer Gruppen, einem unserer Bücher, Videos oder Arbeitsmaterialien gemacht haben. Das finden wir aufregend, weil Menschen, die wir noch nie kennengelernt haben, *durch die Arbeit anderer, die unser Material benutzt haben, beeinflusst worden sind.* Die Fruchtbarkeit unserer Arbeit ist vervielfacht worden, nicht durch uns, sondern durch andere.

Wir waren enttäuscht, als unsere Pläne vor zehn Jahren zusammenbrachen. Aber Gott ist größer als unsere Pläne, und er hat immer einen besseren Plan als jeden, den wir uns selbst ausdenken könnten.

Ich erinnere mich, dass ich mich, als wir durch diese schwere Zeit gingen, auf den Vers verließ, der besagt: »Vertraue von ganzem Herzen auf den Herrn und verlass dich nicht auf deinen Verstand. Denke an ihn, was immer du tust, dann wird er dir den richtigen Weg zeigen« (Sprüche 3,5-6). Ich konnte nicht verstehen, warum er zugelassen hatte, dass wir so viel Zeit und Mühe auf den Aufbau von etwas verwandt hatten, das so bald aufhören würde zu existieren. Es schien so eine Verschwendung zu sein. Ich konnte zu dem Zeitpunkt nicht sehen, dass es gar keine Verschwendung war. Gott würde das ganze Material und die Modelle, die wir entwickelt hatten, in einem viel größeren Zusammenhang nutzen, als es ursprünglich unser Plan war – ein Zusammenhang, der uns befähigen würde, noch mehr Gutes zu erreichen. Jetzt, aus der klaren Sicht des Nachhineins, muss ich zugeben, dass ich erkennen kann, was er getan hat. Ich wünschte, ich wäre damals sicherer gewesen, dass er wusste, was er tat. Ich stellte ihn viel infrage und ich fühlte mich von ihm enttäuscht. Aber jetzt weiß ich, was ich damals hätte wissen sollen: Vertraue ihm. Er ist immer auf etwas aus – auf etwas Gutes.

Wenn Sie eine Beziehung mit Gott haben, gilt das für Sie auch. Wann immer Sie auf eine geschlossene Tür treffen, weiß Gott, was er tut. Vertrauen Sie ihm; er ist auf Ihrer Seite. Er hat einen Plan. Aber sein Plan wird sich nie erfüllen, wenn Sie nicht beharrlich und ausdauernd sind. Das ist Ihr Anteil, und es alles zusammenkommen zu lassen, ist sein Anteil. Wenn Sie aufhören, sobald Sie auf ein Hindernis oder eine geschlossene Tür stoßen, können Sie Ihr Versagen nicht auf das Hindernis oder die geschlossene Tür schieben. Wenn Sie zu irgendeinem Zeitpunkt aufhören, es zu versuchen, dann ist Ihr letztendliches Versagen Ihre eigene Verantwortung. Machen Sie weiter, bis Sie das Richtige gefunden haben. Das Hindernis ist nicht da, um Sie aufzuhalten, sondern um Sie in die bessere Richtung zu lenken – Gottes Richtung für Ihr Leben. Deswegen sind Beharrlichkeit und Ausdauer von so entscheidender Bedeutung. Wir müssen weitermachen, auch wenn wir auf Hindernisse und Hürden stoßen. Sie sind vielleicht die Stärkung der Schale, die wir, wie der Vogel, durchbrechen müssen, um stark genug zu werden, um erfolgreich zu sein. Oder sie sind vielleicht die geschlossenen Türen, die Gott benutzt, um unser Leben zu seinem perfekten Plan umzuleiten. Jetzt mal ehrlich, trotz des gebrochenen Herzens und der Qual der Ablehnung: Sind Sie nicht froh, dass aus der Beziehung, die Sie in der Schule hatten, nichts geworden ist?

Ein Schritt führt zum anderen

Der andere große Punkt an Beharrlichkeit und Ausdauer ist, dass die Hürden selbst oft die Schritte sind, die zu einer offenen Tür führen. Eine Hürde führt zur nächsten, die zur nächsten führt, die zum Erfolg führt. Wenn wir bei der ersten aufhören, dann finden wir nicht den Hinweis, den die nächste aufzeigt.

Sehen Sie es wie ein Vertreter, der Verkaufsgespräche führt. Er klopft an eine Tür und die Einkaufsleiterin will sein Produkt nicht, aber sie erinnert sich an eine Firma, die es vielleicht braucht. Er geht bei dem Einkaufsleiter dieser Firma vorbei und stellt fest, dass er das Produkt auch nicht braucht, aber er hat gerade beim Mittagessen jemanden darüber reden hören, dass sie ein ähnliches Produkt benötigen. Der Vertreter lässt sich den Namen geben und ruft an und die Stimme am anderen Ende sagt: »Ich kann kaum glauben, dass Sie mich anrufen. Ihr Produkt ist genau das, was wir gesucht haben. Wann können Sie vorbeikommen?«

Man weiß nie, was sich aus dem nächsten Gespräch oder dem nächsten Anklopfen ergibt. Denken Sie daran: »Denn wer bittet, wird erhalten. Wer sucht, wird finden. Und die Tür wird jedem geöffnet, der anklopft« (Matthäus 7,8). Aber wenn wir aufhören zu bitten, zu suchen oder anzuklopfen (zu beharren und ausdauernd zu sein), kann nichts passieren, um das Versprechen einer offenen Tür zu erfüllen.

Eine andere Art, es zu betrachten, ist, dass jeder Schritt immer den Schritt danach beinhaltet. Der Sinn, eine Leiter oder eine Treppe hochzusteigen, ist es, oben anzukommen. Sie machen nicht eine bestimmte Stufe zu Ihrem letztendlichen Ziel; Sie sehen sie nur als eine weitere Stufe, die Sie bewältigen müssen, um oben anzukommen. Aber was wäre, wenn Sie nach ihrer ersten Stufe zornig oder entmutigt werden, weil Sie sich nicht sofort ganz oben wiederfinden? Wenn das Ihre Strategie wäre, würden Sie nie oben ankommen. Sie nehmen jede Stufe, um die nächste zu erreichen.

So gut wie alles funktioniert auf diese Art. Wir lernen Leute kennen, die uns andere vorstellen, die zu denen werden, die wir anfangs gesucht haben. Wir gehen zum Arzt, der feststellt, dass wir einen anderen Arzt brauchen, und uns an den richtigen verweist. So funktioniert das meiste im Leben. Menschen, die aufhören und nicht beharrlich und ausdauernd sind, nachdem aus den ersten Schritten nichts wird, arbeiten gegen das System und werden mit Sicherheit ihren Traum nicht verwirklichen.

Es gibt noch eine wichtige Sache, an die man denken sollte. Unsere Erklärungen lassen Sie vielleicht denken, dass der Prozess der Beharrlichkeit Sie in gerader Linie führt, wo ein Schritt immer auf einem einzigen direkten Weg zum nächsten führt. So funktioniert das nicht. Sie müssen das Ganze nicht als geraden Weg sehen, sondern als Weg voller Neuerungen. Ein Schritt führt zu einem

Hindernis oder einer Tür, die Sie auf einen gänzlich anderen Weg führt. Es ist nicht immer noch mehr vom Gleichen. Aber ohne die Beharrlichkeit, den Schritt auszuführen, würden wir nicht den Pfad finden, auf dem wir schließlich gehen. Erinnern Sie sich an Herrn Honda und seine Kolbenringe? Er baute schließlich den Accord und viele andere Dinge, die größer waren als nur ein Ring auf einem Kolben in einem Automotor. Aber seine Beharrlichkeit und Ausdauer dabei, die Schritte zu gehen, führten zu der Neuerung, die zu dem besseren Weg führte.

Woran arbeiten Sie zurzeit, bei dem Sie durchhalten müssen, um festzustellen, wohin es führt? Wenn Sie auf eine Sackgasse gestoßen sind, könnte das bedeuten, dass Sie noch einen Schritt machen müssen – oder zwei oder drei –, bevor Sie den Weg finden, der zu der Belohnung führt, die Sie anstreben. Das Einzige, was Sinn macht, ist immer weiter die Schritte zu gehen. Die offene Tür wartet auf Sie auf einem der Wege, die Sie noch finden sollen. Wenn Sie sie nicht finden, weil Sie nicht beharrlich und ausdauernd sind, dann ist es nur Ihre eigene Schuld. Gott ist auf Ihrer Seite. Er will, dass Sie gewinnen. Und wenn Sie es nicht tun, dann hat er etwas anderes für Sie, das ein Teil seines Planes ist. Also bitten Sie, suchen Sie und klopfen Sie weiter an und Sie werden die Tür finden, die er für Sie geöffnet hat.

Vom Frucht-Fokus zum Gärtner-Fokus

Zum Teil meinen wir hier eine Veränderung des Fokus. Es ist nur natürlich, dass wir auf das Ziel oder die mögliche Frucht unserer harten Arbeit schauen und uns danach sehnen. Tatsächlich zeigt die Forschung, dass es sehr wichtig ist, Ihre Ziele aufzuschreiben, für sie eine Vision zu entwickeln, sie in Gedanken zu bewegen, um die Dinge im Leben zu erreichen, die Sie erreichen wollen. »Zielorientiert« zu sein ist eine wunderbare Sache. Gott hat uns einen Verstand gegeben, der geradeaus auf das erwünschte Ergebnis blickt und dann einen Weg erarbeitet, um es zu erreichen. Das ist gut.

Aber diejenigen, die tatsächlich dort auch ankommen, sind nicht nur »zielorientiert«, sondern haben auch einen »Prozess-Fokus.«

Mit anderen Worten, *um das Ziel zu erreichen, das sie erreichen wollen, konzentrieren sie sich auf die Dinge, die passieren müssen, damit es auch klappt.* Das ist die harte Arbeit von Beharrlichkeit und Ausdauer.

Eine wunderbare Analogie dafür sind der Gärtner, der Bauer oder der Weinbauer. Natürlich wollen diese Arbeiter die letztendliche Ernte einfahren, aber sie sitzen nicht fast das ganze Jahr herum und wünschen sich das. Was sie tun, ist auf den Feldern zu arbeiten. Sie säen den erforderlichen Samen, bewässern die Pflanzen, lockern die Erde um die Wurzeln herum auf und entfernen das, was sie zu ersticken droht. Sie düngen die Pflanzen und geben ihnen die Stoffe, die sie nicht selbst produzieren können. Sie beschneiden sie, damit die überflüssigen Triebe ihr Wachstum nicht behindern. Sie rotten die Krankheiten aus, die die Pflanzen befallen könnten, und bekämpfen Insekten und Räuber, die stehlen, was sie ernten wollen. Mit anderen Worten: Sie sitzen nicht einfach das ganze Jahr herum und wünschen oder fordern, dass die Frucht entstehen soll. Stattdessen arbeiten sie jeden Tag daran und tun sehr, sehr banale Dinge, die scheinbar wenig mit einer Rose, mit Getreide oder einer schönen Flasche Chardonnay zu tun haben. Sie konzentrieren sich die ganze Wachstumsperiode über auf Hunderte von kleinen Details.

Dann ist eines Tages Erntezeit. Und sie freuen sich an dem, was ihre Beharrlichkeit und Ausdauer bewirkt haben. Wie das Buch der Sprüche über diese Art des Durchhaltens sagt: »Faule Menschen wollen viel und bekommen wenig, doch wer fleißig ist, dem wird es gut gehen und er wird zufrieden sein« (Sprüche 13,4).

Nichts davon ist höhere Wissenschaft; es ist die schöpferische Ordnung. So entsteht alles, was einen Wert hat, von Honda-Autos bis zum Abnehmen von 50 Kilo. Alle Ziele werden durch die beharrliche Ausführung von täglichen, banalen Aufgaben erreicht.

Wenn Sie also heute an Ihr Ziel denken, dann denken Sie auch an den Prozess, der nötig ist, um Sie dorthin zu bringen. Wenn Sie abnehmen wollen, denken Sie an dieses Prinzip, damit Sie motiviert sind, die 45 Minuten im Fitness-Studio durchzuhalten. Wenn Ihr Ziel eine gute Partnerschaft ist, dann denken Sie an den Wert des Prozesses, während Sie wieder das kleine Opfer bringen, um die Dinge zu erarbeiten. Wenn Ihr Ziel ein besseres Geschäft ist, denken

Sie an dieses Prinzip, während Sie das nächste Problem angehen oder das nächste Telefonat führen.

Sie verstehen schon. Aber denken Sie daran, Ihr Ziel zu erreichen hängt davon ab, wo Sie Ihren Fokus setzen. Richten Sie Ihren Blick auf das Ziel. Aber lassen Sie auch Tag für Tag die *Hände am Pflug* und konzentrieren Sie sich heute darauf, was Sie tun müssen, um anzukommen. Tun Sie morgen dasselbe und am nächsten Tag und am übernächsten. Wie die erfolgreichen Mitglieder der Anonymen Alkoholiker bei jedem Treffen sagen: »Komm immer wieder. Es funktioniert.« Diese Ermahnung gilt für die meisten Dinge, die einen Wert haben.

Das ganze Bild

Eine Sache, die man beim Prinzip der Beharrlichkeit nicht vergessen sollte, ist, dass es nicht in einem Vakuum funktioniert. Man muss die Ausdauer zusammen mit allen anderen Prinzipien, die wir in diesem Buch dargelegt haben, anwenden. Blinde Beharrlichkeit kann einfach bedeuten, »dasselbe immer und immer wieder zu tun, in der Erwartung eines anderen Ergebnisses«. Es könnte auch Ausdauer sein, einfach immer nur mit dem Kopf gegen die Wand zu schlagen, aber davon werden Sie nur Kopfschmerzen bekommen.

Während Sie also beharrlich sind, überprüfen Sie Ihre Gedankengänge. Sorgen Sie dafür, dass Sie in Verbindung treten mit der Unterstützung, die Sie brauchen, um den Prozess durchzuziehen. Arbeiten Sie Ihre Misserfolge durch und lernen Sie daraus. Stehen Sie zu den Ergebnissen und sehen Sie sie als Ihr Problem. Sagen Sie Nein zu den Dingen, die im Weg sind. Unternehmen Sie neue Schritte und gehen Sie Risiken ein. Alle diese Schritte wirken zusammen, und während das geschieht, passiert auch etwas anderes:

Sie stellen fest, dass das Ergebnis nicht die einzige Belohnung ist!
Der echte Preis ist das Wachstum, das Sie auf Ihrer Reise erlebt haben. Er ist die Person, zu der Sie geworden und die Menschen, die Ihnen auf dem Weg begegnet sind. Er ist die Reife, die Sie erlangt und die Lektionen, die Sie gelernt haben. Wie es in Jakobus 1,4 heißt: »Und durch die Geduld werdet ihr bis zum Ende durchhal-

ten, denn dann wird euer Glaube zur vollen Reife gelangen und vollkommen sein und nichts wird euch fehlen.« Das ist das Tolle am »Durchhalten«. Sie werden ein besserer Mensch.

Ich bin inzwischen überzeugt, dass Gott das meiste von dem, was er auf der Erde erledigen möchte, ohne die Hilfe eines Menschen erledigen kann. Aber er gibt uns die Chance, an den Aufgaben, die er uns überlässt, beteiligt zu sein. Nicht nur, damit es erledigt wird, sondern auch, damit wir erwachsen werden können. Er sagt, dass wir sein »Werk« sind. Wir sind seine Kinder und er nutzt die Arbeit, die wir tun, und die Situationen, in denen wir sind, dazu, um uns zu besseren Menschen zu machen. Die mehr in der Lage sind, ihn zu lieben, und mehr in der Lage, andere zu lieben. Mehr in der Lage, bleibende Frucht zu bringen als Ergebnis unseres inneren Wachstums. Oft sind wir, wo wir sind, oder tun die Arbeit, die wir tun, oder die Aufgaben, die wir erfüllen, weil er einen Teil dessen, was wir sind, wachsen lässt. Und auch wenn schlimme Dinge passieren, die nicht Teil seines Plans sind, verspricht er uns, bei uns zu sein, während wir ausharren. Er will uns beim Wachsen helfen und von dem heilen, was diese gefallene Welt uns angetan hat. Wie man so sagt: Was uns nicht umbringt, macht uns stärker.

Lernen Sie also, was echte Gewinner als wahr ansehen: *Die Reise ist wertvoller als der Preis.* Die Reise dorthin ist das, was wir »Leben« nennen. Und im Leben sind wir dazu bestimmt zu wachsen und zu dem zu werden, was wir werden sollen. Seien Sie beharrlich, ausdauernd und wachsen Sie. Sie erlangen dann nicht nur den Preis, sondern Sie werden auch lernen, den Wachstumsprozess an sich zu genießen und als wunderbare Reise anzusehen – ein echter unerwarteter Preis, währenddessen Sie ein besserer Mensch werden. Genießen Sie die Reise!

Abschließende Bemerkungen

Sie haben die acht Prinzipien des *Keine-Ausreden*-Plans gelesen. Was nun? Wenn das Material in diesem Buch für Sie Sinn gemacht hat, dann sind Sie wahrscheinlich bereit, sich von dem »Schuldzuweisungs-Spiel« zu verabschieden, Ihre Ängste zu überwinden und sich daran zu machen, Ihre Träume zu verwirklichen. Wenn wir Ihnen sagen, dass Sie dies erreichen können, dann ist das nicht nur eine Art Motivationsgerede oder ermutigendes Wunschdenken. Wir sehen es jeden Tag erfolgreich geschehen bei Menschen, die die Verantwortung für ihr eigenes Leben übernehmen.

Es ist Ihnen sicherlich klar, dass Sie daran arbeiten müssen, so wie z. B. Ihre Wohlfühlzone verlassen oder zu Ihren Problemen und Schwierigkeiten stehen oder die Opfermentalität, die Sie gefangen hält, aufgeben. Diese Art von Arbeit ist jede Mühe wert, die Sie daran setzen, und kann große Frucht in Ihrem Leben bringen.

Es ist natürlich gleichzeitig völlig berechtigt zu fragen, ob es eine Garantie gibt, dass das Ganze all Ihre Mühe auch wert ist. Sie werden dazu aufgefordert, Dinge zu tun, die für Sie neu und anders sind. Was können Sie im Gegenzug erwarten?

Ihre Chancen darauf, das bessere Leben, das Sie anstreben, auch zu bekommen, werden ungleich größer, wenn Sie die Prinzipien in diesem Buch anwenden. *Sie funktionieren wirklich.* Es sind bewährte Prinzipien, die das Leben vieler durch viele Jahre hindurch verändert haben. Aber es kann keine hundertprozentige Garantie geben. Es ist immer ein Risiko dabei. Wir hoffen jedoch, dass Sie jetzt diesem Risiko gegenüber weniger ablehnend sind, als Sie es vielleicht vor dem Lesen dieses Buches waren.

Gleichzeitig gibt es aber eine negative Garantie, die auf uns alle anwendbar ist. Sie ist ernüchternd, sie ist sicher und wir können uns darauf verlassen. Die negative Garantie ist: Wenn wir weiterhin andere für unsere eigene Situation verantwortlich machen und Angst davor haben, für unser eigenes Leben verantwortlich zu sein, werden wir auch weiterhin die Misserfolge und Enttäuschungen erleben, die wir immer erlebt haben. In dem Ausmaß, in dem Sie der Verantwortung für sich selbst aus dem Weg gehen, werden auch Ihre Lebensziele sich Ihnen entziehen.

Schuldzuweisungen und die *Ich-bin-nicht-schuld*-Mentalität können zu einem gewissen Grad tröstlich sein. Sie funktionieren wie ein Betäubungsmittel, das uns vorübergehend unempfindlich macht für die Last der Verantwortung für unser Leben. Aber alle Betäubungen verfliegen mit der Zeit, und der Trost der Schuldzuweisung verliert sich immer in dem Licht dessen, was wir wirklich anstreben. Es ist viel besser, den Schmerz der Verantwortung auf sich zu nehmen und ein gutes Leben zu ernten, als sich von der verführerischen Botschaft der Schuldzuweisung ablenken zu lassen.

Der geistliche Entwurf

Die Vorstellung eines besseren Lebens ist nicht einfach etwas, das Leute sich vorgaukeln. Das Ersinnen eines besseren Lebens ist Teil dessen, wie wir geschaffen sind. Gott hat Sie so geschaffen, dass Sie Sinn, Bestimmung und Erfüllung brauchen. Er hat die Fähigkeit in Sie hineingelegt, sich auf das Leben einzulassen und unter seiner Führung etwas daraus zu machen. Es gibt für Sie einen Plan. Obwohl der Plan tief in Ihnen wohnt, hat er seinen Ursprung außerhalb von Ihnen, bei Gott: »»Denn ich weiß genau, welche Pläne ich für euch gefasst habe‹, spricht der Herr. ›Mein Plan ist, euch Heil zu geben und kein Leid. Ich gebe euch Zukunft und Hoffnung.‹«[22] Unser Wohlergehen, eine positive Zukunft, ein Grund zur Hoffnung und Freiheit von Unheil sind alle Teil des besseren Lebens, das Gott für uns will, und er hat die Dinge so strukturiert, dass Sie in dieses Leben eintreten können. Er tut seinen Anteil dabei, die Ereignisse zu koordinieren, Sie zu unterstützen und zu führen. Sie müssen Ihren tun, indem Sie sich für die richtige Methode entscheiden und sie befolgen, die Methode der Verantwortung für Ihre Entscheidungen und Ihren Lebensweg.

Träumen Sie weiter

Wie fangen Sie also an? Fangen Sie immer mit Ihren Träumen und Wünschen an. Dort haben Sie die größte Hebelwirkung und den größten Erfolg. Wovon träumen Sie? Welche Hoffnungen haben Sie? Was soll geschehen?

Bei den meisten von uns sind die Antworten auf diese Fragen in zwei Teile geteilt: Wir wollen das Gute bekommen und wir wollen das Schlechte loswerden. Wir haben positive Wünsche und Ziele für Lebenserrungenschaften und Beziehungserfolge. Gleichzeitig wollen wir die negativen Dinge, die uns binden, uns unglücklich machen und wertvolle Zeit und Energie vergeuden, meiden, loswerden und beenden. Wie beim Sport müssen wir Stürmer sein – Träume und Wünsche erreichen, aber wir brauchen auch eine Abwehr – um Hindernisse zu überwinden und das Schlechte, das uns passiert, loszuwerden.

Sie haben vielleicht schon vor langer Zeit aufgegeben, zu träumen, sich Ziele zu setzen und zu planen. Sie sind vielleicht entmutigt worden. Oder Sie haben sich vielleicht damit abgefunden zu denken, dass sich nie etwas ändern wird. Niemand kann Ihnen einen Vorwurf daraus machen, entmutigt zu sein, das passiert uns allen. Aber Entmutigung ist ganz einfach ein Zeichen dafür, dass der Weg, den Sie eingeschlagen haben, nicht der richtige für Sie ist. Es gibt sehr wahrscheinlich einen anderen Weg, der besser für Sie funktioniert. Erlauben Sie sich wieder zu träumen und zu hoffen, dieses Mal mit der offenen Einstellung, dass gute Dinge geschehen können.

Sich selbst fragen und antworten

Wenn wir damit beginnen, zu träumen, zu hoffen und Ziele zu setzen, kommen uns immer wieder Gedanken an bestimmte Bereiche unseres Lebens, die uns wichtig sind. Man entdeckt oft mehrere Bereiche in seinem Leben, in denen sich Schuldzuweisung, Passivität und Angst breitgemacht haben. Es kann hilfreich sein, sich jeden dieser Bereiche anzusehen und sich zu fragen: *Wie trage ich hier zu meinem Unglücklichsein bei?* Es ist eine der hilfreichsten Fragen, die man sich je stellen kann.

Wir haben fünf kritische Lebensbereiche ausgewählt, in denen Schuldzuweisung oder ein *Es-ist-nicht-meine-Schuld*-Denken besonders destruktiv sein können. In jedem dieser Bereiche geben wir Beispiele der Schuldzuweisungs-Denkart, die dem Problem zugrunde liegen könnten. Nach dem Beispiel zeigen wir einen Weg, um das Problem von dem Standpunkt des Verantwortungsbewusstseins aus anzugehen. Wir hoffen, dass diese Beispiele Ihre Gedanken anregen und Sie dazu ermuntern, in diesen Bereichen positiv zu handeln.

Kritischer Bereich Nr. 1:
Liebe

Die Liebe ist eine der größten und wichtigsten Erfahrungen, die man je machen kann. Sie ist ein Geschenk und kann unser Leben erfüllen. Wir haben alle eine tiefe Sehnsucht danach, mit jemandem von Herzen in einer sicheren und wachsenden Beziehung verbunden zu sein.

Sie sind vielleicht Single und suchen die richtige Person, oder Sie mögen verheiratet sein und sich wünschen, dass Ihre Beziehung glücklicher, tiefer und intimer wäre. In beiden Situationen ist eine gesunde, zuverlässige, aufregende und positive Liebesbeziehung ein wichtiger Teil des Lebens. Aber die Dinge laufen in Ihrem Liebesleben nicht gut. Ihre gesellschaftlichen Beziehungen laufen nicht gut oder Sie haben gar keine. Ihre Ehe ist vielleicht leer oder voller Schmerz und Konflikte.

Vermeiden Sie das Schuldzuweisungsspiel und fragen Sie sich: Welchen Anteil habe ich an dieser Situation? Hier sind einige der häufigsten Antworten auf diese Frage und einige Lösungen, die sich auf die acht Prinzipien, die wir in diesem Buch vorgestellt haben, gründen:

- Ich habe den Mangel an Veränderung bei meinem Ehepartner (oder Freund oder Freundin) für mein Unglücklichsein verantwortlich gemacht. *Ich kann glücklich werden, auch wenn er (oder sie) sich nie verändert.*
- Ich habe zu schnell aufgegeben. *Ich kann an einem guten Plan festhalten, auch wenn es schwierig wird.*
- Ich habe nicht klar gesagt, was ich will und brauche. *Ich kann ihn (oder sie) freundlich, aber direkt wissen lassen, was ich will und brauche.*
- Ich habe Angst vor Konfrontation gehabt. *Ich kann lernen, in Liebe und Wahrheit zu konfrontieren.*
- Ich habe es vermieden, meinen eigenen Mangel an Liebe oder mein Kontrollbedürfnis in der Beziehung zu betrachten. *Ich kann die Verantwortung dafür übernehmen, nicht liebevoll oder kontrollierend gewesen zu sein, und ich kann diese Dinge ändern.*
- Ich habe Dinge ertragen, die ich nie hätte tolerieren sollen. *Ich kann zu schlechter Behandlung Nein sagen und Schritte unternehmen, um der Art, wie man mich behandelt, Grenzen zu setzen.*
- Ich habe zugelassen, dass ich mit diesem Problem allein geblieben bin. *Ich kann mich öffnen und mit Menschen in Verbindung treten, die mein Unterstützer-Team sein werden.*

In Ihrem neuen Leben mögen Sie auch andere Einstellungen und Antworten finden als die, die wir hier aufgelistet haben. Der Punkt ist, wenn Sie derjenige sind, der handelt und sich verändert, bewegen Sie sich auf Ihr Ziel zu – was nicht passieren kann, wenn Sie in der Schuldzuweisung feststecken. Denken Sie daran, keiner außer Ihnen selbst kann das für Sie tun.

Kritischer Bereich Nr. 2:
Arbeit

Wir wollen alle ein sinnerfülltes und erfüllendes Arbeitsleben haben. Wir wollen einen Beruf, der uns herausfordert und zu unseren Fähigkeiten passt. Aber oft kommen Probleme auf. Vielleicht finden Sie sich auf dem falschen Karriereweg wieder. Oder Sie sind schon auf dem richtigen Weg, aber Sie sind nicht so weit, wie Sie es zu diesem Zeitpunkt in Ihrem Leben wollen. Vielleicht sind Sie in dem richtigen Industriezweig oder der richtigen Firma, aber Sie sind nicht so vorangekommen, wie Sie es wollten. Oder Sie sehen sich in einer anderen Branche. Oder Sie stellen alles an Ihrer Arbeit infrage und fragen sich, wo in aller Welt Sie eigentlich wirklich hinpassen.

Das *Es-ist-nicht-meine-Schuld*-Denken kann Menschen jahrzehntelang in ihrem Arbeitsbereich lähmen. Der Chef, der Supervisor, die Wirtschaft, alle sind schuld, aber der Einzige, der wirklich leidet, sind Sie. Niemand würde abstreiten, dass Chefs und wirtschaftliche Schwankungen sehr wichtige Faktoren sind, aber es gibt immer Dinge, die Sie in Ihrem eigenen Leben ändern können. Lassen Sie uns noch mal einige Antworten des Schuldzuweisungsspiels betrachten, die nicht funktionieren, und die »Übernehmen Sie die Kontrolle«-Alternativen, die den Unterschied ausmachen können:

- Ich habe darauf gewartet, dass der Chef meinen Wert erkennt. Ich kann mit ihm ein Treffen vereinbaren, um sicherzugehen, dass er weiß, was ich tue.
- Ich habe keine Verantwortung übernommen für Einstellungen, die ich zum Arbeitsplatz mitgebracht habe und die es anderen schwer machen, mit mir zu arbeiten. Ich kann um Feedback bitten und ändern, was geändert werden muss.
- Ich habe nicht aktiv nach mehr Weiterbildung und Erfahrung gesucht, um meinen Marktwert zu erhöhen. Ich kann die Zeit finden, das zu tun und trotzdem noch meinen Lebensunterhalt verdienen.

- Ich bin nicht auf meine Vorgesetzte zugegangen und habe versucht, Missverständnisse auszuräumen. Ich kann die Initiative übernehmen und sie wissen lassen, dass ich ein Team-Spieler sein und ihnen helfen will, ihre Ziele zu erreichen.
- Ich habe meiner Firma die Schuld zugeschoben, anstatt zu überlegen, was ich tun kann, um zum Wachstum und Erfolg der Firma beizutragen. Ich kann mich entscheiden, Teil der Lösung zu sein, anstatt Teil des Problems.
- Ich habe Angst davor gehabt, kreativ zu sein. Ich kann Ideen sammeln und aufhören, auf der sicheren Seite sein zu wollen.
- Ich habe mit neuen Ideen angefangen und sie dann nicht durchgezogen. Ich kann durchhalten, auch wenn die erste Reaktion nicht sehr positiv ist.
- Ich habe mich davor gefürchtet, neue Jobs und Gelegenheiten auszuprobieren. Ich kann mich umsehen und schauen, was es noch so auf dem Markt gibt, das vielleicht zu meinen Fähigkeiten und Träumen passt.

Der Arbeitsmarkt reagiert nicht nur auf Talent, sondern auch auf Verantwortung und Initiative. Ich habe viele Menschen, die nicht die talentiertesten waren, mehr Erfolg haben sehen als ihre begabteren Kollegen, weil sie sich selbst beobachtet und Veränderungen vorgenommen haben.

Kritischer Bereich Nr. 3: Elternschaft

Wenn Sie Kinder haben, dann wissen Sie, wie sehr Sie gerne sehen würden, dass sie erfolgreich sind, gute Freunde haben und behalten und zu verantwortungsbewussten Menschen werden. Die größte Hoffnung jedes Elternteils ist es, seine Kinder erwachsen und erfolgreich werden zu sehen. Gleichzeitig stehen alle möglichen Hindernisse guter Elternschaft im Weg. Ein Kindergartenkind wird seinem Bruder oder seiner Schwester gegenüber aggressiv.

Ein Schulmädchen hat nicht die guten Noten, die es haben könnte. Ein Teenager kämpft mit Drogen oder Alkohol.

Das Problem wird oft vertieft durch die Tatsache, dass die Person mit dem Problem sich nicht wirklich darüber Gedanken macht. Sie sorgen sich mehr um die Sache, als Ihr Kind das tut. Sie sind damit allein. Ihr Kind kommt nicht auf Sie zu und sagt: »Hilf mir.« Das kann zu einem Gefühl der Hilflosigkeit und Entmutigung führen.

Denken Sie daran, dass, auch wenn Ihr Kind es nicht weiß, es Sie braucht und es braucht, dass Sie ihm mit diesem Problem helfen. Seien Sie ein Mensch, der die Initiative ergreift, und untersuchen Sie diese Bereiche, in denen Sie vielleicht versagt haben ... und denken Sie über die verantwortliche Alternative nach:

- Ich habe meinem Kind die Schuld zugeschoben und vermieden, meinen Anteil an dem Problem, dem es gegenübersteht, zu sehen. *Ich kann die Art ändern, wie ich es erziehe, sodass es eine bessere Chance hat, erfolgreich zu sein.*
- Ich habe Angst vor ihrer Wut gehabt oder davor, ihre Gefühle zu verletzen. *Ich kann lernen, ihre negativen Reaktionen nicht persönlich zu nehmen.*
- Ich habe zu schnell aufgegeben, wenn er sich mir widersetzt hat. *Ich kann beharrlich sein mit meinen Regeln und meiner Disziplin in dem Wissen, dass Erfolg seine Zeit braucht.*
- Ich habe die Misserfolge nicht sehen wollen, weil sie andeuten könnten, dass ich kein guter Vater/keine gute Mutter bin. *Ich kann mit meinem Versagen ohne Schuldgefühl oder Scham umgehen – es ermöglicht mir zu lernen, wie ich reifen kann.*
- Ich habe mich nicht an andere um Hilfe gewandt. *Ich kann demütig sein und gute Menschen um Unterstützung und Rat bitten.*
- Ich habe der Denkweise nachgegeben, dass sie einfach so ist. *Ich kann ihr das Geschenk der Gewissheit geben, dass sie ein besserer Mensch sein kann, genau wie ich auch.*

Die besten Eltern sind nicht diejenigen, die alle Antworten haben. Sie sind diejenigen, die die Verantwortung für die Probleme übernehmen und nach Antworten suchen. Wenn Sie Ihren Anteil an dem Problem eingestehen, dann können Sie Ihrem Kind helfen, auch zu seinem Anteil zu stehen. Dabei lernt es auch den Wert von Verantwortung und Eigentümerschaft.

Kritischer Bereich Nr. 4: Beziehungen

Ein Mensch mit guten Beziehungen ist der reichste Mensch der Welt. Freundschaften und Familienbeziehungen sind ein zentraler Teil eines wirklich bedeutungsvollen und sinnerfüllten Lebens; ihr Wert kann nicht überschätzt werden. Sie sind hoch gesegnet, wenn Sie zuverlässige, stabile Menschen haben, die für Sie da sind.

Die meisten Menschen haben größere oder kleinere Schwierigkeiten in ihren persönlichen Beziehungen. Ein Freund und Sie haben eine Meinungsverschiedenheit, die ausufert. Eine Beziehung geht zu Ende. Sie entdecken, dass Sie die falschen Menschen als Freunde ausgesucht haben. Oder Sie entdecken innerhalb Ihrer Familie eine kontrollierende Dynamik, die Sie mit einem unglücklichen und hilflosen Gefühl zurücklässt.

Werfen Sie einen Blick auf die unten aufgeführten typischen Beziehungsprobleme und die Vorschläge, um Verantwortung dafür zu übernehmen:

- Ich habe im Stillen anderen die Schuld zugeschoben, ohne etwas zu sagen. Ich kann ihnen sagen, was los ist, damit sie eine Chance haben, mich zu hören und sich zu ändern.
- Ich habe angenommen, dass Menschen sich nie ändern werden, also habe ich aufgegeben. Ich kann ihnen mit der gleichen Gnade begegnen, die ich gerne von ihnen hätte.
- Ich brauche ihre Anerkennung so sehr, dass ich mir nicht vorstellen kann etwas zu sagen, das sie vertreiben würde. Ich kann meine Bedürfnisse nach Anerkennung von anderen erfüllt bekommen, sodass ich stärker und gefühlsmäßig weniger abhängig werde.

- Ich habe sie verurteilt. Ich kann das Richten Gott überlassen und um Gnade für sie und mich selbst bitten.
- Ich habe an sie einen Maßstab angelegt, der nicht vernünftig ist. Ich kann in meinen Erwartungen ihnen gegenüber realistisch sein.
- Ich habe vermieden darauf zu achten, wie ich auf sie wirke. Ich kann sie fragen, wie ich auf sie wirke, und das verändern, was geändert werden muss.

Sie werden in diesen Überlegungen Freiheit finden. Die Verantwortung für ein Beziehungsproblem zu übernehmen kann viel dazu beitragen, ihre schwierige Verbindung mit einem Freund oder einem Familienangehörigen zu heilen.

Kritischer Bereich Nr. 5: Schlechte Angewohnheiten und persönliche Probleme

Es mag Ihr Traum sein, ein freier Mensch zu werden – frei von einer Angewohnheit, einer Abhängigkeit oder Verhaltensmustern, die Sie aufzehren und Sie gefangen halten. Es gibt viele dieser möglichen Gefängnisse, von solchen, die nur stören, bis zu denen, die lebensbedrohlich sind. Depressionen, Essstörungen, Probleme mit Zorn, Ängste, Drogen- und Alkoholabhängigkeit sowie sexuelle Abhängigkeiten sind nur ein paar Beispiele. Diese können alle die Fähigkeit eines Menschen, das bessere Leben zu erleben, wofür er geschaffen wurde, lähmen.

Wenn Sie solche und ähnliche Probleme haben, schauen Sie sich die folgenden Möglichkeiten an, bei denen Sie die Schuld eventuell auf andere geschoben haben, und überlegen Sie sich, was Sie tun könnten, um die Herrschaft darüber zu übernehmen.

- Ich habe darauf gewartet, dass andere erkennen, wie sie dieses Problem in mir verursacht haben. Ich kann mich entscheiden, heil zu werden, ob sie jemals ihren negativen Einfluss auf mich erkennen oder nicht.

- Ich habe Gott die Schuld dafür gegeben, mich nicht beschützt zu haben. Ich kann die Schuldzuweisung loslassen, weil ich weiß, dass er mit mir gelitten hat und sich mit meinem Schmerz identifiziert.[23]
- Ich habe die Angewohnheit oder das Problem benutzt, um Schmerz zu lindern, deswegen habe ich sie oder es nicht aufgeben wollen. Ich kann der darunter liegenden Verletzung und dem Schmerz ins Auge sehen, damit ich frei werden kann.
- Wenn andere versucht haben, mit mir in Verbindung zu treten, habe ich ihre Versuche zurückgewiesen. Ich kann das Risiko eingehen, gute Leute an mich heranzulassen, um mich zu lieben und zu unterstützen.
- Ich habe mich selbst als so anders als alle anderen gesehen, dass keiner wirklich für meine Situation Verständnis haben konnte. Ich kann begreifen, dass es Menschen gibt, die mich verstehen, und dass sie helfen können.
- Anstatt mich als jemanden zu sehen, der in der Vergangenheit ungerecht behandelt wurde, habe ich eine Opferrolle angenommen und bin passiv geblieben. Ich kann die Opferrolle ablehnen und meine eigene Identität annehmen als Person, die sowohl schmerzhaftes Gepäck als auch Segnungen hat.

Niemand, der Verständnis für diese Kämpfe hat, würde jemals jemanden, der darin gefangen ist, für persönliche Probleme verurteilen. Probleme mit Zorn und Ängsten, Essstörungen und Abhängigkeiten beinhalten fast immer eine Kombination von Verletztsein und Vermeidung des Schmerzes, der nötig ist, um heil zu werden. Sie brauchen andere, die Mitgefühl für Ihre Verletzung zeigen, Sie lieben und Sie ermutigen, Verantwortung für die Heilung zu übernehmen. Das ist der Weg des Wachstums, der in tiefe und permanente Veränderung und Verwandlung mündet.

Gehen Sie es nicht alleine an

Ein Wort der Ermutigung: Wenn Sie bessere und wichtigere Veränderungen bei der Übernahme von Verantwortung sehen wollen, müssen Sie in Verbindung mit anderen treten. Finden Sie ein paar Menschen oder nur eine einzige Person, mit denen/der Sie dieses Buch lesen oder einfach nur die Ideen darin besprechen. Beziehung ist eine mächtige Kraft für Veränderung. Sie vervielfacht die Effekte jedes Gedankens oder jeder Mühe, die Sie in diese Prinzipien investieren. Die Unterstützung, die Sicherheit, das Feedback und die Hilfe, die Sie von den richtigen Leuten erhalten, werden einen großen Unterschied machen.

Und zu guter Letzt, denken Sie daran, dass Gott bei diesen Veränderungen auf Ihrer Seite ist. Er ist auf Ihrer Seite, er geht mit Ihnen, führt Sie und begleitet Sie auf dem Weg, den er für Sie entworfen hat: »Der Herr spricht zu mir: ›Ich will dir den Weg zeigen, den du gehen sollst. Ich will dir raten und dich behüten.‹«[24] Bitten Sie ihn um Hilfe und setzen Sie Ihr Vertrauen in seine Wege.

Gott segne Sie!

Dr. Henry Cloud
Dr. John Townsend
Los Angeles

Anhang

1 Um das Urteil des Richters in diesem Fall zu lesen, gehen Sie bitte online zu fl1.findlaw.com/news.findlaw.com/cnn/docs/mcdonalds/plmnmcd122030pn.pdf

2 Bei Interesse an mehr Grundlagen und Tipps aus diesem Bereich verweisen wir auf unser Buch: Rescue Your Love Life: Changing Those Dumb Attitudes. 6 Behaviours That Will Sink Your Marriage. Nashville, TN: Integrity Publishers, 2005

3 Hervorhebungen durch den Autor

4 Hervorhebungen durch den Autor

5 Bei Interesse an einer kompletten Abhandlung über dieses Thema lesen Sie das Buch von Henry Cloud: *How To Get A Date Worth Keeping*. Grand Rapids, MI: Zondervan, 2005

6 Deutsch: *»Alleinstehende Frauen, die aktiv um Männer werben«. Das englische Wort »swarm« bedeutet auch »Schwarm« oder« ausschwärmen«* (Anm. d. Übers.)

7 Ich schlug mein Buch vor: Henry Cloud. Vier Schritte in eine gesunde Zukunft: Heilung von seelischen Schmerzen. Holzgerlingen: Hänssler Verlag, 2005

8 Ein Rechenschafts-Partner ist eine Person, mit der man verabredet, sich gegenseitig über den Umgang mit Problemfeldern rechenschaftspflichtig zu sein (Anm. d. Übers.)

9 Siehe Matthäus 16,18

10 Für Unterstützung in diesem Bereich siehe unser Buch: How to Have that Difficult Conversation You've Been Avoiding. Grand Rapids, MI: Zondervan, 2006

11 Siehe Matthäus 16,21-23

12 Siehe Matthäus 16,25

13 Siehe Johannes 3,3-7

14 Siehe Lukas 17,21

15 Siehe Johannes 2,18-22

16 Siehe Matthäus 5,4

17 Siehe www.teamhoyt.com

18 Galater 6,5. Für eine eingehendere Betrachtung des Themas Lösung von Co-Abhängigkeit in Beziehungen siehe unser Buch: Nein sagen ohne Schuldgefühle: Wie man sich gegen Übergriffe schützt. Holzgerlingen: Hänssler Verlag, [11]2007

19 Siehe Römer 8,28

20 Siehe http://bspage.com/1article/peo23.html
21 Siehe Sprüche 13,12
22 Jeremia 29,11
23 Siehe Hebräer 4,15
24 Psalm 32,8

Henry Cloud

Lebe und sei erfolgreich!

Gb., 13,5 x 20,5 cm, 216 S.
Nr. 394.447
ISBN 978-3-7751-4447-6

Manche Leute haben den Erfolg gepachtet: Sie bewegen sich vorwärts. Sie bleiben nicht stecken, machen nicht immer wieder die gleichen Fehler. Sie erreichen ihre Ziele und finden das, was sie im Leben suchen. Die Frage drängt sich auf: Was haben diese Menschen gemeinsam?

Der Psychologe Dr. Henry Cloud entdeckt: Erfolgreiche Menschen sind völlig verschiedene Typen. Jeder hat das Zeug zum Erfolg. Doch eines haben diese Menschen gemeinsam. Sie folgen einem besonderen Verhaltensmuster. Jeder kann diese Verhaltensstrategie erlernen. Lernen Sie das Geheimnis des Erfolgs kennen!

Bitte fragen Sie in Ihrer Buchhandlung nach diesem Buch!
Oder schreiben Sie an: Hänssler Verlag
im SCM-Verlag GmbH & Co. KG, D-71087 Holzgerlingen.

Henry Cloud, John Townsend

Nein sagen ohne Schuldgefühle

Pb., 13,5 x 20,5 cm, ca. 336 S.
Nr. 394.953,
ISBN 978-3-7751-4953-2

Werden Sie von anderen ausgenutzt? Fällt es Ihnen schwer, Nein zu sagen? Klare Grenzen sind wichtig, um ein ausgewogenes Leben zu führen. Grenzen definieren, wer wir sind und wer wir nicht sind; wo unsere Verantwortung liegt und wo nicht.

Die Unfähigkeit, angemessene Grenzen zu ziehen, ist für den Menschen schädlich. Und doch ist dies eines der ernsthaftesten Probleme von Christen heute, weil sie denken, sie dürfen es nicht tun – aus Nächstenliebe.

Dr. H. Cloud und Dr. J. Townsend bieten biblisch fundierte Antworten auf Fragen zum Thema Grenzen-Setzen. Sie zeigen, wie man vernünftige Grenzen gegenüber den Eltern, dem Ehepartner, den Kindern, Freunden, Mitarbeitern und uns selbst absteckt.

Bitte fragen Sie in Ihrer Buchhandlung nach diesem Buch!
Oder schreiben Sie an: Hänssler Verlag
im SCM-Verlag GmbH & Co. KG, D-71087 Holzgerlingen.

Ben Carson

Das Ziel heißt Leben

Gb., 13,5 x 20,5 cm, 320 S.
Nr. 394.907,
ISBN 978-3-7751-4907-5

Es geht um Sekundenbruchteile. Das Leben der Zwillinge hängt am seidenen Faden. Tabea und Lea sind am Kopf zusammengewachsen. Ihre letzte Rettung: Ben Carson.

Ben Carson erzählt nicht nur von schwierigen Eingriffen, verzweifelten Eltern und lebenshungrigen Kindern. Weit mehr: Der Meisterchirurg teilt sein Erfolgsrezept mit dem Leser: Wie man gute Entscheidungen trifft, Risiko wagt und seine persönlichen Ziele erreicht.

Nur in der deutschen Ausgabe: ein extra Kapitel von Carson über die Operation von Tabea und Lea und ein Vorwort von Nelly Block, die berichtet, wie es ihrer Tochter Lea heute geht.

Bitte fragen Sie in Ihrer Buchhandlung nach diesem Buch!
Oder schreiben Sie an: Hänssler Verlag
im SCM-Verlag GmbH & Co. KG, D-71087 Holzgerlingen.

Paul J. Meyer

Vergeben befreit

Gb., 13,5 x 20,5 cm, 176 S.
Nr. 394.711,
ISBN 978-3-7751-4711-8

»Ich wurde betrogen, belogen und mir wurden zehn Millionen Dollar gestohlen, doch ich entschied mich zu vergeben. Ich wurde angegriffen, über mich wurden Lügen verbreitet und ich wurde gedemütigt, doch ich entschied mich zu vergeben.«

Der Bestsellerautor Paul J. Meyer berichtet authentisch, wie er es gelernt hat, immer wieder zu vergeben. Mit wertvollen Beispielen und Tipps hilft er dem Leser, Vergebung praktisch werden zu lassen.

Nur wer anderen und sich selbst vergibt, kann ein befreites Leben führen.

Bitte fragen Sie in Ihrer Buchhandlung nach diesem Buch!
Oder schreiben Sie an: Hänssler Verlag
im SCM-Verlag GmbH & Co. KG, D-71087 Holzgerlingen.